现象与原理:
黑格尔论述市民社会的不同视角

刘心舟 著

同济大学出版社

图书在版编目（CIP）数据

现象与原理：黑格尔论述市民社会的不同视角 / 刘心舟著. —上海：同济大学出版社，2020.8
 ISBN 978-7-5608-8888-0

Ⅰ.①现… Ⅱ.①刘… Ⅲ.①黑格尔(Hegel, Georg Wehelm 1770—1831)-社会哲学-研究 Ⅳ.①B516.35

中国版本图书馆 CIP 数据核字(2019)第 287933 号

现象与原理：黑格尔论述市民社会的不同视角
刘心舟 著
责任编辑 丁会欣 责任校对 徐春莲 封面设计 陈益平

出版发行	同济大学出版社 www.tongjipress.com.cn
	（地址：上海市四平路1239号 邮编：200092 电话：021-65985622）
经　销	全国各地新华书店
排　版	南京文脉图文设计制作有限公司
印　刷	江苏句容排印厂
开　本	889 mm×1194 mm　1/32
印　张	9.125
字　数	245 000
版　次	2020年8月第1版　2020年8月第1次印刷
书　号	ISBN 978-7-5608-8888-0
定　价	48.00元

本书若有印装质量问题，请向本社发行部调换　版权所有　侵权必究

序:现代性中的伦理困局

陈家琪

刘心舟 2009 年开始在同济大学人文学院哲学系攻读外国哲学的硕士学位,由于表现优异,2011 年硕博连读,中途曾去德国柏林的洪堡大学进修两年,2016 年底博士毕业。她的这本《现象与原理:黑格尔论述市民社会的不同视角》是在她的博士论文基础上,进行了大幅度的修正与提升后的产物。当年决定让她来研究黑格尔哲学中的"市民社会"问题,主要是因为在马克思那里,"市民社会"也就是尚处于萌芽状态中的资本主义社会,其中所涉及到的关键问题,是因所有制的占有而导致的交换领域中的剩余价值问题。但在黑格尔的著作中,"市民社会"又不仅仅只是一个政治经济学视野下的社会形态(尽管它无疑非常非常重要)。刘心舟把它理解为整个现代性危机这一广博视野中的核心问题,于是也就给我们提出了一个全新的问题意识,这就是伴随着市民社会的出现,人们的政治、伦理意识都发生了怎样的变化,而这些变化在人类历史的长河中又处于怎样的位置。

"市民社会"(Civil Society)在许多地方都有着不同的翻译和理解,如"公民社会""文明社会""民间社会"等。包括马克思所理解的"资本主义社会"。所有这些理解,其实都预告着一个在人类历史上全新的、可称之为"现代"的社会形态的出现。刘心舟在书中多次引用了哈贝马斯的这样一段论述:"黑格尔是使现代脱离外在于它的历史的规范影响这个过程并升格为哲学问题的第一人。"这也就是说,从黑格尔开始,"现代"作为一个历史中的时代概念,已超出了传统意义、也就是历史连续性中的又一个"时代"对它的限制,而上升为一个全新的哲学问题。当李鸿章当年说我们自己遇到了三千年未有之大变局时,他显然还远远没有意识到这是一个新的"时代"的来临,而这个全新的时代所带来的一切又都不同于以往。这个"时代"也就是此刻,我们所生活的当下,我们也正处于"现代性这一尚未完成的方案"之中。

那么,所谓的"现代性危机"又来自何处?

阿伦特曾把所谓的现代性危机概括为三点:超验的不可能、传统的断裂和权威的丧失。黑格尔以自己的形而上学回到了超验之学,以对古希腊城邦制的向往连接上传统,并以"普鲁士国家哲学代言人"的身份恢复着权威的力量。其中必经的一个环节就是特殊性原则,也就是主观意识的觉醒是如何过渡到客观理性,或称之为绝对精神的。

刘心舟对黑格尔的《精神现象学》和《法哲学原理》作了系统的对比研究,从中发现围绕着现代性问题,黑格尔的这两本书在视角上呈现出一种市民社会在主观意识中的"现象"与客观发展中的"原理"的相互关系。这一切入问题的角度本身,至少在我有限的阅读范围内,尚属新奇并耐人寻味。

"现代"的出现,最显著的标志,就是黑格尔所理解的特殊性原则的觉醒。这里的"特殊性原则",也就是我们通常所说的个体性或差异性原则。西方近代以来的文艺复兴和启蒙运动,既可以理解为这种特殊性原则的推力,也可以理解为其结果。在黑格尔所生活的时代,它最显著的标志就是法国大革命的爆发与伴随着英国工业革命所展开的政治经济学研究,其代表人物有英国的霍布斯、洛克、休谟、亚当·斯密,法国的卢梭和德国的康德。这些都是我们耳熟能详的人物,对于他们的学说,大家也都略知一二。但刘心舟的独到之处在于,第一,她把《精神现象学》中的黑格尔理解为一种"主观意识介入其中"的黑格尔。随着这种"介入",我们也就不得不经历了一个建立在血缘传承基础上的伦理共同体的瓦解;与之相对应的市民社会,则成为个人出于自利目的而组成的逐利平台。这一过程中所体现出的"文明"(进步),不在生产力或GDP的"量"上的增加,而在逐利中是否有意识和足够细致地实现了社会的分工这一"质"上的改变。亚当·斯密的"看不见的手",指的就是尽管个人只在追逐个人的私利,实际上又会满足社会共同富裕的普遍性要求。所谓自由主义的政治学说,就在于强调政治国家的合法性和目的性,就体现在能维护这个完全市场化、经济化了的市民社会的运转上。但事实上,刘心舟引用弗格森的话说,无论经济社会如何发展,都无法实现人们心目中的平等,而且只会抹去人们的道德感。在财富取代了德行,法律取代了政治这一大背景下,康德的"为道德而道德,为义务而义务"的说教一方面真正为道德与义务奠定了理论依据,另一方面,又不得不把内在的道德命令与外在的逐利之权利区分开来,从而构成他的自然与自由的二元论特色。刘心舟在这里区分开了"人权"与"公民权"这两个概念,认为强调"人权"的国家都倾向于把单个的人看成是具有各自权利和利益的主体,所谓的共同体自身并没有独立的意义和目的。共同体的存在,亦即诺奇克所谓的"守夜人国家",就只是维护或保护个人的权利。而他们所说的"天赋人权",也只是出于人类曾经有过一个人人自由平等的"自然状态"这一假定下的理论设定。与之不同的"公民权"则认为"人是政治的动物",所谓政治,就指的是公共事务,于是共同体相对于个人,就公共事务而言,不但具有独立的意义,而且具有了某种优先性。个人的私人生活也只有在共同体中才能实现自己的最高价值。共同体的独立意义何在?刘心舟依据霍耐特的《政治的权利》区分了三种自由,即消极的自由(在不伤害他人的前提下,一种没有外在抵抗的自由);反思的自由(个人按自己的意志来做出自己的决定,其道德上的最高标准就是康德的自律和赫尔德的自我实现);社会的自由(黑格尔的理解,即把前两种自由都纳入其中,使之成为社会自由这一客观机制中的发展环节)。这种自由也就是黑格尔心目中古代希腊的城邦自由,维系着它的自由秩序的是伦理与宗教。而这两点,在现代社会中都面临着巨大的挑战。

这本书的第二个特点,就在于她把《法哲学原理》中的黑格尔,看成是一个跳出了自己的主观意识经历,从而能对市民社会采取一种客观分析的黑格尔。于是，特殊性原则的觉醒就成为了实现普遍性原理的必由环节。这是黑格尔在《法哲学原理》中特别强调的一点，认为早在古代希腊，特殊性原则就已显现，但当时的人并不意识到它作为"反题"的意义，所以既有了现实生活中苏格拉底的悲剧，也有了理想化的柏拉图的《理想国》。所谓对市民社会的客观分析，就指的是一种理解的态度，把外在于个人之上共同体（如国家）所具有的力量和对个人的保护作用（想想霍布斯的利维坦），理解为共同体自身在发展、健全中的所需要的因素，就是说，它不是人与人的契约的产物，也不是一种自上而下的统治关系，而是上面所说的"社会自由"的必要环节。刘心舟敏锐地意识到城市的出现与发展，以及城市中市民阶层的公共生活方式，既是分析和理解市民社会的入口，也是化解所谓现代性伦理危机的一把钥匙。黑格尔把市民社会中自发的同业公会、自治团体和民间自然组成的护卫组织（所谓的警察）都理解为伦理共同体（国家）的发展因素。其中市民社会中的政治参与和公共舆论对于代议制民主制和立法权的完备有着特别的意义。于是国家的权力与个人所要求的权利，特别是所拥有的财富之间就走出了善恶二元对立、非此即彼的关系模式，而成为通过国家而实现利益普遍性的"法权"（Recht）。而"Recht"这个德语单词，在英语中既可以理解为法律，也可以理解为权利。关于这个问题，还可以参照邓安庆教授在《法哲学原理》新译本中的有关说明。刘心舟特别强调了，所谓理解自己的时代，就是理解 Recht 这一概念在现实化中的各种形态，形态的关联就是概念间的关联，这是理解时代的第一步;第二步即力求从这些形态中发现其理念,因为整个形态就是 Recht 这一理念外化了的整体。

从"现象"走向"原理",而"原理"又与黑格尔哲学中的概念辩证法以及有关理念外化、物化的学说密不可分。毕竟,"现代社会"的更高原则不能仅仅停留在特殊性原则的觉醒上,它一定要实现自己的普遍性原则,尽管这一原则的实现看起来近乎遥遥无期。这其实也就是刘心舟在这本书的最后向黑格尔,更准确地说,也就是向她自己所提出的五个问题。哪怕能够实现,这与"历史的终结"又有何关联?

重读刘心舟的这本书,与当年初读她的博士论文的感觉大不相同。我很高兴地承认,重读的过程对我而言,也是一个重新学习、并再一次清理个人思想的过程。其实这么多年来,我也一直在教学与研究中思考着黑格尔在《法哲学原理》中所提出的问题。刘心舟的这本书,可以引起讨论的问题还很多,除了她自己在最后所提出的五个问题外,黑格尔的体系化的思维方式,以及他到底是怎样理解立法权(市民社会的政治参与)、行政权(从市民社会自发的警察组织演进而来)与君主个人之间的关系的,还有黑格尔在《法哲学原理》中始终站立在共同体(家庭、市民社会、国家)一边,到底是说明了他哲学中"保守"的一面,还是作为一种保守主义思潮(体现在对法国大革命的重新认识上)应该引起我们更为深刻的认识?这些问题都既要放在黑格尔的时代仔细辨析,也要在各个不同国家的现代性危机、特别是我们自身所面临的问题中加以讨论,前提自然是要认真读书,敞开讨论。

最后,我想引用这本书中已经引用过了的、黑格尔 1819 年 10 月 30 日所写给克罗采尔(Greuzer)的一封信来结束这篇已经显得过长了的"序言":

"我快要 50 岁了,一生中的 30 年都是在一段恐惧和希望并存的、永不安宁的时间中度过的,我很希望能从这种恐惧和希望中摆脱出来,但我必须看到,恐惧和希望只会永远继续下去,是的,当人们处在模糊混乱的时刻,只会越来越生气。"

2019 年 11 月 23 日,汕头大学别墅区 D 栋 04 房间

目　录

序

绪论 …………………………………………………………… 1

第一章　意识视角下的教化王国——主体的分裂与市民社会自治 ………………………………………………… 22

　第一节　意识视角:主体性的觉醒与现实王国的分裂 …… 22
　　一、从自然意识到精神 ………………………………… 25
　　二、怀疑主义与意识的经验科学 ……………………… 29
　　三、教化作为自身异化的精神 ………………………… 38

　第二节　所有权:现代市民社会的基石 ………………… 40
　　一、主体的分裂:道德和权利 ………………………… 44
　　二、权利的分裂:人权或公民权 ……………………… 52
　　三、所有权作为"天赋权利" …………………………… 59

　第三节　分工与财富:经济关系的体系化与绝对化 …… 64
　　一、劳动分工作为社会组织的形式 …………………… 66
　　二、封建农业与城市商业之争、土地权力的祛魅 …… 71
　　三、从权力到财富:"反政治的政治哲学" …………… 78

第四节　原子个人与经济关系的统治：黑格尔对市民
　　　　社会的基本诊断 …………………………………… 85
　　一、自由意识与劳动概念——现代的成果与问题 …… 87
　　二、原子式的个人与"散文气味"的时代 …………… 99
　　三、教化王国的分裂——权力与财富的善与恶 ……… 111

第二章　知识视角下的伦理世界——重返伦理实体 …… 127
第一节　知识视角：合乎理性的知识与和现实的和解 …… 127
　　一、何谓知识及知识的体系 ……………………………… 129
　　二、知识视角下的市民社会：外部国家 ……………… 134
　　三、知识视角下的自由：从"选择的自由"到
　　　　"必然的自由" …………………………………………… 137
第二节　道德、法权和警察：从"所有权"回到"人权" ……… 146
　　一、道德的独立价值 ………………………………………… 148
　　二、作为个体性原则的法权 ……………………………… 157
　　三、公共利益和公共事务 ………………………………… 166
第三节　需要的体系：自下而上的合法化 ……………………… 172
　　一、具体的社会：分工和等级 …………………………… 173
　　二、对经济关系之体系的批判：贫困问题 …………… 180
　　三、如何解决贫困：从家庭内部救助到社会救助 …… 188
第四节　教育、等级和同业公会：市民社会的深度
　　　　伦理化 ……………………………………………………… 195
　　一、教育的双重功能：技能知识与伦理知识 ………… 196
　　二、家族伦理的替代者：等级和同业公会 …………… 202
　　三、从伦理到政治参与 ……………………………………… 211

第三章 市民社会与国家的调和何以可能——逻辑的与历史的论证 ……… 217

第一节 理解"罗陀斯":自上而下的合理化 ……… 217
  一、三种错误的国家观 ……… 218
  二、现代国家的理念:特殊利益和普遍精神的统一 …… 224
  三、从市民社会中警察权到国家中的行政权 ……… 232
  四、从市民社会中的政治参与到国家中的立法权 …… 236
  五、社会舆论对代议制的补充 ……… 239

第二节 历史哲学的尝试 ……… 243
  一、历史与时代精神的变迁 ……… 248
  二、历史哲学视野下的市民社会及"历史的终结"
  ……… 252

结语 ……… 259

参考文献 ……… 266

后记 ……… 277

绪　论

  我们不难看到，我们这个时代是一个新时期的降生和过渡的时代。人的精神已经跟他旧日的生活与观念世界决裂，正使旧日的一切葬入于过去而着手进行他的自我改造。……现存世界里充满了的那种粗率和无聊，以及对某种未知的东西的那种模模糊糊若有所感，都预示着有什么别的东西正在到来。可是这种逐渐的并未改变整个面貌的颓毁败坏，突然为日出所中断，升起的太阳就如闪电般一下子建立起了新世界的形象。①

——黑格尔《精神现象学》

一、现代性视野下的市民社会问题

  哈贝马斯将黑格尔称为"使现代升格为哲学问题的第一人"②，这是因为，在黑格尔那里，现代性真正意识到了自身是"前无古人"的，它必须而且只能在自身内部发生分裂的前提下，巩固自己的地位。也就是说，现代性要求一种"自我确证"，这种自我确证意味着一整套

---

① 黑格尔：《精神现象学：上卷》，贺麟、王玖兴译，商务印书馆，1979，第7页。
② 哈贝马斯：《现代性的哲学话语》，曹卫东等译，译林出版社，2004，第19页。

复杂而矛盾的任务。一方面,现代性必须首先从消极的方面理解自己:它与传统已然断裂、它自身就是分裂的,因此它既不能从传统中,也不能从自身中不证自明地找到自身的依据。另一方面,这种完全消极的理解也带来了自由和重建的可能性,它必须重新审视那个与自己断裂的、看似毫无关系的传统;同时也必须重新审视那个被寄予了过度的期望的"未来"和"进步"。因此,现代性的根基是一种怀疑,它的自我确证是以怀疑为前提的。在黑格尔看来,这种对自身基础的怀疑,以及对重建自我确证的迫切要求,是现代性的特征。黑格尔认为,这种自我确证的要求本质上是一种哲学的追问和对哲学本身的要求,也即从思维的角度把握其时代。真正的现代性既失去了传统这一依傍,又从未有过对"未来"的盲目迷信。这种双重的幻灭却产生了两个积极的效果:就现代性自身的态度而言,是对迷信的排除;就它对对象的态度而言,是对外在的成见的排除。因此它所带来的,就是以思想的态度而非迷信和盲从的态度,将它自身作为对象加以把握。

  我们必须在上述背景中审视黑格尔对市民社会问题的思考。"市民社会"是现代性进行自我确证时所采取的一个基本概念。因为严格来说,市民社会是一个纯然现代的概念,我们甚至可以说,"现代"和"古代"之不同的一个重要标志,就在于现代世界是围绕着"社会"构造起来和运转的;而不像古代那样,要么是围绕"城邦",要么是围绕"教会"或"王国"构造的。因而它首先意味着和传统的不同。但同时,现代的市民社会又从它的传统中获取了自身的参照和规定,它在排斥了古代世界的某些特征的同时,也保留和强调了另一些特征。这两者都意味着,市民社会这一概念不仅仅是对某种"现状"的描述,也不仅仅是与"现存的东西"的某种被动的"符合";相反,它更多地必须被理解为是一个"理念",也就是说,在市民社会中体现着现代性以思想的方式把握自身的努力。在这个概念中,包括着对诸多问题的思考,如:在现代性的条件下为什么需要社会、现代的社会和古代的社会有什么不同,以及最为根本的——现代社会应当如何应对这些不同等一系列问题。我们必须带着现代性这一问题意识,才能切中市民社会的核心。

因此,首先要做的就是厘清"市民社会"概念的历史源流,这样我们才能理解,现代意义上的市民社会概念与它在过去的各个重要历史时期的意义有什么不同,现代性背景下的这一概念又在哪些方面吸收了它在传统中的意义。市民社会(英文为 civil society,在黑格尔那里相应的德文为 die bürgerliche Gesellschaft)最早可追溯到亚里士多德,他在《政治学》一书中首先提出了"Politike Koinonia"的概念,它指的是一种"城邦"(polis),即"自由和平等的公民在一个合法界定的法律体系之下结成的伦理-政治共同体"。后来西塞罗在公元前一世纪将它译为拉丁文"societas civilis",它"不仅指单个国家,而且也指业已发达到出现城市的文明政治共同体的生活状况。这些共同体有自己的法典(民法),有一定程度的礼仪和都市特性(野蛮人和前城市文化不属于市民社会)、市民合作及依据民法生活并受其调整,以及'城市生活'和'商业艺术'的优雅情致"①。也就是说,当我们追溯"市民社会"的内涵时,首先注意到的就是,亚里士多德为它赋予了最重要的意义:社会应当是一个"伦理-政治"的共同体。其核心有两个:首先,一个理想的社会被认为是必须具备伦理性的,应当能够让其中的成员发自内心地认同这一共同体,并在其中找到自身存在的意义,而

---

① 米勒、波格丹诺主编《布莱克维尔政治学百科全书》,邓正来等编译,中国政法大学出版社,1992,第 125 页。

不能只是一种冷冰冰的统治和服从的关系。其次,它被认为是具有政治性的,也就是说,它意味着其成员以一种有组织的方式关切和参与公共事务。而西塞罗则在亚里士多德的基础上,为它补充了几个重要的特征:第一,它必须具有法典,并且这种法典并非一纸空文,而是渗透到市民的互相合作和他们的个人生活当中;第二,它是与"自然状态"相对立的"文明状态"。"Civil"一词本就兼有"城市的"和"文明的"两个意思,而这种文明的生活的规则,总是围绕着商业活动的要求而建立的。

在中世纪,"社会"的概念开始与政治权力分开,并构成了对政治因素的限制。只不过,在中世纪这一特殊的时代中,社会是以教会的形式体现的,因而具有很强的宗教色彩。在中世纪以前,世俗的统治者都被赋予了宗教的职能,因而政治权力具有政教合一的特征。而犹太教则最早为教会与国家、精神领域与世俗领域的区分提供了先例。其教义认为,一个社会可以在表面上服从外来者的征服,但同时在精神上坚持一种对宗教共同体的忠诚,这种忠诚是与统治者相分离的。作为古犹太教的一个分支,基督教在实现了对几乎整个西方世界的精神统治之后,依然保留着这样一种政教分离的基本政治观念。"该隐的物当归该隐,上帝的物当归上帝。"[1]尽管各个时期,人们对政治和宗教两种权力的具体关系有着不同的诠释,但政教分离这一基本观念在整个中世纪都是普遍信条。并且,当时人们认为,世俗权威和宗教权威是上帝为了不同的目的而赐予人类的两个权力的中心,这两种权力应当在国家内部保持平衡和互相制约。以两个权力中心(世俗权力和教会权力)取代古代的单一权力中心(城邦的权力),这一改变对现代性来说是一个非常重要的思想资源。

---

[1] 《马太福音》第22章第21节。

除了教会之外,中世纪还提供了一个与现代城市更为相似的样板,也即脱离了氏族血缘纽带的"自由城市"。希腊以及罗马时代的城邦,是以氏族为基础来划分的,一个人能否取得市民资格,关键在于他是否拥有氏族成员的身份;城邦的民主制度作为一种理念,无法动摇以氏族为依托的祭祀团体的传统势力。因此在古希腊城邦中,"外乡人"没有公民权,并且城邦中的官职也被氏族成员垄断。而基督教则使西欧社会脱离了氏族血缘的控制,也就是说,在基督教信仰的观念中,最基本的社会单位是个人,而不是氏族。在人的精神生活方面,人不是作为氏族成员,而只是作为他个人,进入一种没有亲情纽带的信仰集体中。在人的世俗生活方面,这一观念催生出基于个人和利益团体之间盟约的自由城市。这样的城市一方面不受氏族力量的控制,因而是一个"陌生人的社会";另一方面也不是教会祭祀的场所,因而是纯粹世俗生活的共同体。它所承担的角色是非常复杂的:"它不仅是工商业所在地,政治上的行政区,司法上的法庭所在地,军事意义上的堡垒,同时也是社会行会的集结地。"①氏族团体的瓦解和教会的某种"缺位",提供了一个自由的空间,使工商业行会得以发展并在城市里建立起基于盟约的共同体。在12世纪的意大利,城市中的市民誓约团体逐渐强大,他们经常对抗教会和行政司法长官的权力要求、主张自己的政治和经济权利。为了扩大城市共同体的政治和经济势力范围,这种市民誓约团体逐步转变为具有军事色彩的团体,并主张自己独立的立法权和司法权②。这种中世纪的自由城市可以被视为是现代意义上的市民社会的雏形,尽管它仍然处在争取自己的权利和地位的斗争中,因此还没取得相对固定和普遍的

---

① 黄凤祝:《城市与社会》,同济大学出版社,2009,第121—122页。
② 同上,第124—125页。

形式；同时它也在很大程度上既依赖又敌对于王权和教权，尚未取得稳定和独立。

在近代自由主义政治哲学家那里，社会的概念得到了前所未有的发展和强调。霍布斯、洛克和卢梭等人通过"自然状态"的假说，将"社会状态"视为对立于"自然状态"的"文明状态"；并认为这一社会是在天赋权利的基础上组织起来的。他们格外强调，这样一种围绕天赋权利自发建立的社会，是独立于国家的。自由主义者虽然是一个内部纷繁复杂的群体，但一般说来，他们有一个共同点：关注如何使国家和教会的权力都受到限制（尽管他们大都力图证明政治国家的必要性）①；而为了限制政治和宗教的权力，他们都诉诸社会的自发的力量。我们甚至可以说，"社会"是现代自由主义思想的核心。"洛克式观点具有一个特征，即认为社会先于国家而在，国家只是处于社会中的个人为了达至某种目的而形成契约的结果；正是在这个意义上，我们说自由主义思想家透过对自然状态的假定以及社会契约论的手段而赋予了社会以前政治或国家的生命。"②这是因为，现代自由主义者所最为看重的是以下三个理念，即自由、平等和经济的发展，这三者共同构成了"文明"的要素。他们认为，在自然状态下，自由、平等以及对经济发展非常重要的劳动分工和货币使用，都会自发地发展。也就是说，他们认为，即使没有国家，在自然状态下社会也能够存在。只不过这种社会是没有受到法律保护和普遍承认的，因而是不稳定的。此外，现代的市民社会除了具有"自然的"一面之外，还

---

① J. Keane 认为，在黑格尔以前，关于如何通过社会的力量对必要的政治国家进行制约，有三种模式，即霍布斯、洛克-康德和潘恩模式。邓正来认为，其中最具典型意义的是洛克-康德模式。参见邓正来：《国家与社会》，北京大学出版社，2008，第26页。
② 邓正来：《国家与社会》，北京大学出版社，2008，第27页。

有另一个十分重要的方面,也即"法"的一面。也就是说,市民社会是通过公法而对个人的自由意志和权利进行保护的一种政治安排,而这种保护是来自国家的。

于是,我们在这里看到的是一种全新的关于社会的理念,它是外在于国家或政治的,国家至多是保护社会的工具,社会具有独立于国家的地位。并且,在社会中起主导作用的不是任何自然的团体,例如氏族、教会或政治统治者,而是由单个的人自由组成的联合。在其中,个人的自由和个人之间的平等是最为重要的。由此我们不难看出,现代意义上的市民社会将自己与古代的政治城邦、中世纪的教会和自由城市都区别开来。它不再是纯然政治的共同体,也不再需要通过宗教的力量为自己赢得独立,同时也不再仅仅是在中世纪的王权和教权的夹缝中零星而艰难地存在的个别现象。18世纪以后,社会真正取得了独立的地位和对自身的自发力量的认识。并且,社会本身以及社会中的基本构成者也即个人,成为整个现代世界的根本原则和核心。我们可以认为,城市和存在于城市中的社会是理解"现代性"问题的一把钥匙。

二、黑格尔对问题的阐述和解决

因此,现代性视野下的市民社会概念,可以非常简洁地总结为:是一种以法的形式保护个人的权利,并以这种受到法律保护的权利为核心而组织起来的共同体。然而,根据黑格尔的观察,这样一种社会的概念是"分裂的",也就是说,它将自己设定为个人追逐私人经济利益的场所,设定为古代城邦中的伦理因素和宗教中的信仰与真理因素的对立面。这种分裂所折射出的,事实上是整个现代世界中根本性的分裂。这种分裂首先体现为,基于个体性(特殊性)原则的社会从基于普遍性原则的国家中分裂出来。随着旧的制度和习俗的崩溃,人们不再认为自己生活于其中的伦理世界的一切规则是理所当然的,而想要凭自己的理性追求自由。于是人们失去了原本那种天然的对实体性的因素的认同,而陷于抽象的个体性和抽象的自由之中。并且这种抽象的个体为自己建立了一个与具有普遍性的国家相对立的、只为私人的特殊利益服务的社会。其次,这种分裂还表现为,市民社会内部也发生了分化。与生产、交换、分配有关的整个经济系统获得了巨大的独立性。在黑格尔生活的年代,在市民社会获得了最大发展的英国,社会的经济运转已经具有了足以和国家分庭抗礼的独立性和力量,并能够反过来影响甚至决定国家的决策和运转。在当今世界,巨型跨国企业甚至比许多国家的政府拥有更大的影响力。于是人们更倾向于理所当然地将自己定位为经济学中的理性自利的主体;而将社会仅仅界定为生产、交换和互助的公共事业,是为了实现和保护他们个别的欲望而设计的。因此在市民社会的研究中,主流的观点经常都只从经济学的角度出发,也即,只将社会视为"需要的体系"进行实证的研究。而关于伦理、价值、身份认同等话题,都被认为是与经济学无关的,从而被排除出对市民社会的研究。

  黑格尔对这样的时代状况有充分的把握。他对以法国大革命为代表的个人理性的觉醒,以及对以英国为代表的资本主义经济的发展都非常感兴趣。罗森克朗茨在《黑格尔的生平》(1844)中提到,黑格尔在法兰克福时期对英国的经济状况非常感兴趣,他经常阅读英国报纸并做了详细的笔记,也对相应的经济学理论非常重视,一度认真研读英国重商主义经济学家詹姆斯·斯图亚特爵士的著作《政治经济学原理》并做了大量的笔记(已佚失),并且也阅读了亚当·斯密、大卫·李嘉图等人的著作。卢卡奇认为,对英国国民经济学的研读在很大程度上影响了黑格尔的思想体系的形成。在研究英国的经济状况和经济学理论的基础上，黑格尔形成了他对市民社会、需要、劳动、劳动分工、劳动工具、不动产、所有权、警察、税收等问题的基本观念。劳动、分工等概念在黑格尔早年的《伦理体系》中也扮演了重要角色。而对于个人的理性和个体性原则的思考，更是贯穿了黑格尔的一生。《精神现象学》就完整地讨论了个人的意识是如何在历史的过程中发展为完整的精神的，并且反思了精神发展各个阶段中的内在矛盾和问题。黑格尔从根本上认为，精神的自由发展是整个历史的内在动力。但同时，黑格尔对国民经济学和个体性原则的接受都是有所保留的。他认为，国民经济学将私人的利益看作最高法则的做法是错误的。根据特殊性原则建立的市民社会本身必然会导致极端的奢侈和极端的贫困，并且它自己无法解决这一问题；只有国家才能为更高的共同福利服务、缩小贫富差距。在法国大革命中，个体性原则最终也演变为偏激的"绝对的自由"，这导致了对所有社会运转中的具体规则的全面否定，因而成了一种"绝对的恐怖"。

黑格尔在《精神现象学》中，就从上述两个方面对现代市民社会中的危机进行了诊断和批判。《精神现象学》的主要线索是：跟随经验性的"意识的视角"，考察意识发展过程中的各个阶段；市民社会（在《精神现象学》中被称为"教化王国"）就是其中的一个阶段。正是这样一种充分参与的视角，使《精神现象学》具有较少的"超脱"感，而具有更多的对现实问题的关切。黑格尔深入教化王国阶段的意识深处，描述了此一阶段的意识所深切体会到的自身的分裂和整个社会的不合理。从意识的视角看来，现代社会中的主体本身就是分裂的。首先，康德将主体的理性划分为理论理性、实践理性和判断力，由此"真理""善"和"美"就被区分开了。古典式共同体的理想所追求的是这三者在共同体中的统一,但自从完成"划界"之后,共同体就放弃了对作为一个整体的"真理"和"美"的追求,而将自己局限在实践领域内。因此,权利的概念就从主体中独立出来,并被赋予了在市民社会中的核心地位。其次,权利本身也是一个非常复杂的概念,根据18世纪的启蒙学说,它包括了自由、财产、安全、信仰自由等诸多方面的内容,而最后在市民社会中,"所有权"一家独大,压过了"权利"中其他方面的意义,成了整个社会赖以组织起来的真正的核心。因此,整个社会被简化为"世俗的"世界。与这个世俗的世界相对应的,则是一个纯然"精神的"世界,在其中起作用的是"自由的意识"。这种自由的意识将一切此岸的、现实的事务都推给世俗的世界,因此它自身就成了一种排斥一切现实的规定性的"绝对自由"。因此,黑格尔在《精神现象学》中对现代市民社会的批判就在于:整个现代世界是分裂的,它一方面是一个纯然经济的世界,排斥一切伦理的、道德的和精神的东西,将它们都斥为"伪善";另一方面则是一个纯然精神的世界,这个世界又排斥一切实存的、具体的和具有规则的东西,将它们都斥为"无精神"。这两个世界的互相排斥使它们双方都走向片面的极端。

而在《法哲学原理》中,黑格尔则对市民社会作出了非常不同的论述。如果说《精神现象学》倾向进行"批判",那么《法哲学原理》就更倾向"理解"。因此我们在其中更多看到的是对市民社会在整个伦理世界中的位置的描述、对它的结构的分析,以及对它的合理性的阐述。我认为,这种差异不能被简单地归结为,黑格尔早期的立场较为激进和具有批判性,晚年则越来越倾向保守。事实上,这种差异更多地来自《精神现象学》和《法哲学原理》这两部作品本身的内容和视角的不同。黑格尔始终将哲学视为一个首尾相连的体系,在体系的开端处，一切内容都还是潜在的、尚未得到完整的发展，因此也就还无法被彻底理解；而所谓的"终结"，则意味着一开始隐藏着的内容完整地展现出来了，因此"体系"并不意味着封闭和保守，而恰恰是将理念加以现实化的过程。具体到关于市民社会的问题时，也是同样的。《精神现象学》中从意识的视角出发论述了，当我们切实地生活在现代市民社会中时，会发现整个现代世界都是分裂的，因此感到市民社会是不完善的；黑格尔如其所是地对这种不完善和内部矛盾进行了批判。而《法哲学原理》则被黑格尔自己设定为"科学的体系"的一部分，因此采取的就是一种"科学的视角"，他试图以科学的方式（而不再是以主观的和参与的方式）探讨关于法和国家的具体内容。因此，黑格尔不再停留于根据某种外在的标准对市民社会进行批评，而是探讨现代市民社会为何如此、它的理念是什么，以及它的具体结构如何体现出来、应当如何将它的理念加以现实化。

黑格尔在《法哲学原理》中，将市民社会规定为"伦理世界"的一部分，因此，"伦理性"是一个核心的概念。伦理性意味着：首先，市民社会本身是一种将人群组织起来的方式，这种组织并非以家庭血缘为纽带，也并非以宗教信仰和政治权力为纽带，而是以个人自由意志的选择和个人之间的合作为纽带联系起来的。因此，它归根结底是一种人与人之间的进行联系和交往的方式，在这一意义上说，市民社会的本质就是伦理的。

其次，黑格尔认为，市民社会内部存在着一种具体的结构和层次，它是与伦理性的要求相适应的。第一个层次是作为"需要的体系"的市民社会，在其中，人们通过个人的劳动和劳动产品的交换，使所有人的需要得到满足。这一分工劳动、相互交换、自由竞争的经济体系即需要的体系，它大致等同于英国国民经济学所理解的市民社会。黑格尔格外强调,在需要的体系中个人意志找到了不同的满足方式。也就是说,根据劳动方式的不同,所有人划分为三个不同的等级:实体性等级(农业)、产业等级(手工业、工业和商业)、普遍等级(国家公职人员)。个人可以以这三个等级为依托选择自己喜欢的职业,来满足自己的特殊需求和体现各自的自由意志。第二个层次则是作为法律和司法机构的市民社会,它以法律的形式对所有权和从所有权中派生出来的其他个人权利和公共利益加以保护,它所涉及的是保护每个特殊的人的具有普遍性的自由。第三个层次则是作为警察和同业公会的市民社会。在其中,警察的作用(在后文会具体讨论,《法哲学原理》中的"警察(Polizei)"的含义与中文语境中的警察是不同的)是防范遗留在需要的体系和法律的体系中的偶然性,并且把特殊利益作为共同利益加以关照;同业公会的作用则是为特殊的个人提供一种基于职业的身份认同,因此个人就不仅仅是孤立的单子式的个人,而是处于与其他人、与普遍的整体的联系之中,是一种具有伦理性的个人。总之,可以看出,市民社会的三层具体的结构都是围绕着伦理性的因素组织起来的。

最后,黑格尔指出,市民社会之所以是一个伦理性的、能够自行运转的结构,不是由于任何外在的宗教或政治力量的强迫,也不是根据一套头脑中的理念凭空地制造出来的,而是完全出于社会本身的自发性。也就是说,《法哲学原理》从根本上批判了对市民社会的误解:它既不是英国式的脱离了价值和伦理的经济社会,也不是法国大革命式的反对一切规定性的绝对自由肆虐的混乱战场,而是一种自发地生成和具有自我规定与纠错能力的"有机体"。它的诞生源于对抽象的普遍性的不满,因此它本身是个人的自由和理性充分展现自身的场所。同时它又是对普遍性的真正实现,因此它一方面自下而上地发展出了一套具有伦理性的结构,另一方面又自然而然地为伦理世界的下一阶段也即国家的理念作好了准备。黑格尔认为,"国家"这一处于更高阶段的普遍性的力量,能够为市民社会中所无法解决的问题和它的矛盾(如作为社会现象的非理性生产、贫富分化和个人的孤立和无意义感等)提供一种解答与和解。

三、黑格尔之后的市民社会问题以及对当代中国的意义

黑格尔死后直到今天,出现了各种重要的对他的批评——有时候,切中要害的批评更应该被理解为是对理论的推进。第一种重要的批评来自对形而上学和体系哲学的拒斥。黑格尔是最后一个体系化的哲学家,他之后任何体系化的尝试都被视为狂妄的和不可能的。黑格尔认为,市民社会必须被理解为伦理世界的一个环节,而伦理世界意味着"世界精神"之整体,它必须在绝对精神的历程中得到理解。这也是黑格尔认为国家是一个比市民社会更高的阶段,在国家中能够解决市民社会内部的矛盾和问题的根本原因。但如果我们已经从原则上拒绝了黑格尔的形而上学和目的论的历史哲学观念,那么黑格尔的整个论证就会被彻底动摇。因此有理由认为,尽管黑格尔对市民社会在现代世界中的重要性的充分意识,以及他对市民社会所折射出的现代性的分裂问题的敏感性是非常重要的——换言之,他所提出的问题和批判是非常重要的;但他试图用国家乃至历史来为市民社会的问题提供"和解"的解决方案,却是成问题的。

更为重要的批判来自马克思。马克思和黑格尔一样,都以市民社会专指一个纯然现代的现象,并且认为它的核心是生产方式的改变,这种改变导致原有社会结构瓦解,新的社会结构则是围绕着财产

关系而建立的。"'市民社会'这一用语是在18世纪产生的,当时财产关系已经摆脱了古典社会的和中世纪的共同体。真正的市民社会只是随同资产阶级发展起来的。"①黑格尔认为,这样一个社会尽管有种种问题,但它强调个体性原则,并致力于使自由的理念在所有人身上得到普遍实现,这两点无疑是现代的重大进步;而马克思则更强调市民社会在生产力的解放方面的作用。市民社会将人从土地的束缚和教会的束缚中解放出来,使他们获得了摆脱权力的"自由"和"中立"地位,完全投身于生产;并且,生产者之间的"自由竞争"也在客观上极大地推动了生产力本身的发展。但同时,马克思非常深刻地指出,市民社会以及随之而来的现代工业化生产方式是以剥削和压迫为前提的。资本的增值所依靠的,是榨取那些将自己的劳动力当作唯一的商品出卖的劳动者所生产的剩余价值。因此,马克思对黑格尔对市民社会的构想进行了以下几个方面的质疑和批判。

首先,马克思认为,市民社会以及它所承载的现代生产方式,即使在经济学的范围内,也并不是真正"自由的"。资本的增值速度总是与资本的规模成正比,因此所谓的自由竞争市场,最终会形成寡头垄断,从而取消"自由"。因此,这种生产方式所形成的市民社会,一定是一个阶级对立的社会。其次,马克思不同意黑格尔认为市民社会是个体性原则实现自身的场所的观点。因为无论在何种市场状况下,对不占有资本的劳动者来说,都会被迫将自己的劳动力作为商品出卖,而没有任何意义上的经济自由,因此黑格尔所赞扬的个体性的觉醒和政治与信仰的自由,都最终会成为一种空话。在市民社会中,

---

① 马克思、恩格斯:《马克思恩格斯选集:第一卷》,中共中央编译局编译,人民出版社,1995,第130—131页。

"人"被异化为"所有者",他们对权利的追求必然是互相冲突的。也就是说,他们都会将其他人的自由视为对自己的利益的限制,而不会如黑格尔所设想的那样,将之视为对自由的普遍实现。最后,黑格尔认为市民社会是一个独立于国家的领域,但国家却可以从更高的层面上解决市民社会内部所无法解决的个体性原则与普遍性原则冲突和贫富差异两大问题;而马克思从根本上质疑黑格尔关于国家对市民社会具有统摄作用的看法。马克思认为,市民社会相对于国家的独立地位只是一种表面上的东西,事实上它并没有使社会中的私人交换过程摆脱权力的影响。相反,在契约自由的表象之下,会形成经济方面的新的权力关系,并且这种权力关系会反过来渗透进国家权力的领域中。马克思认为,资本的力量能够"摧毁一切万里长城",取消前现代的政治权力中一切"温情脉脉""浪漫"的东西①,而将权力同化为一种为资本增值服务的东西。因此他认为,黑格尔所设想的通过国家权力制约市民社会中的个体性狂暴和恶性竞争,只是一种幻想;事实情况会和黑格尔的设想刚好相反:国家无法为市民社会注入"伦理因素",市民社会却会为国家权力注入"经济利益",以至于国家不是实现普遍自由的场所,而只会维持资产阶级的特殊利益。

但笔者认为,即使参照了马克思的批判,黑格尔在《精神现象学》中对市民社会的批判和在《法哲学原理》中对市民社会结构的分析,都是非常有意义的。因为黑格尔的批判切中了现代性问题的要害:他对市民社会被简化为私人逐利的场所的担忧,事实上正是马克思的资本主义批判的先声;而他对唯有在市民社会中才能觉醒和成长的个体性原则的赞扬和强调,则体现出一个"现代人"的根本态度:对

---

① 马克思、恩格斯:《马克思恩格斯选集:第一卷》,人民出版社,1995,第254—255页。

于个体的自由和理性这一现代性的最伟大的成果,现代人必须主动地加以贯彻和维护。而黑格尔在《法哲学原理》中对市民社会的正面论述,则具有更为具体和重大的意义。他批判了将市民社会还原为"市场"或需要的体系的做法,而力图阐明市民社会中超出市场逐利的层面之外的庞大结构,并分析了这一具体的结构何以是"伦理的"。也就是说,市民社会的诞生和不断完善的过程,本就是被一种具有伦理性的目标所激发;并且社会中每一具体而微的部门,如法律体系、同业公会组织、公共事业组织、警察等,都承担了特定的伦理功能,并且这些部门无一例外地在国家中有相应的部门与之呼应,如国家的立法机关呼应了市民社会中的成文法和执法机关;国家的行政机关从公共服务组织和警察机关中产生,并对后者形成支持和统摄;同业公会则为国家中的政治参与提供了最为合适的平台。黑格尔将市民社会纳入他的整个法哲学的体系之内进行审视,事实上为我们提供了一种理解现代社会的重要视角:现代社会不该被理解为与"普遍性"和"价值"的领域相分裂的"自私自利的个人"和"利益"的领域,而必须被理解为,它一方面是一个具有充分的独立性、以个体性原则为核心的自由交往的场所;同时它本身又具有普遍的价值追求,并且有能力通过自发地将社会组织起来,从而切实地实现这种追求。

  笔者认为,对黑格尔不同时期对市民社会的论述进行比较,并将"现代性"和"伦理"作为贯穿起这种比较研究的红线,对于理解当代中国的市民社会而言是具有现实意义的。在《法哲学原理》中,黑格尔似乎从根本上摆脱了个人的意识所无法避免的"态度",转而进行针对事情本身的客观分析。也就是说,他的某种"保守立场",并非是因为丧失了批判性,而是从要么赞扬要么批判的立场选择中跳了出来,开始着手对"社会本来如何"以及"社会应当如何"进行研究和设想。在这种集中于事情本身的研究和设想中,黑格尔指出了一个最为关键的理念,即"伦理"。他指出,如果我们想要看清和解决现代社会的各种问题,那么唯一的办法就是将被忽视和排斥的伦理性重新注入社会。同时我们也应当看清,伦理性的因素并不是由一个外在的传统或外在的国家强加给社会的,而是相反,现代社会之所以是有活力的,恰恰是因为它从来就是一种自发的东西,它的一切合理的内部结构和对自身的改良,都是来自广义的"伦理"自身的冲动。

事实上,进入20世纪90年代后,市民社会开始成为我国学界的热门话题,而讨论这一话题所采取的普遍概念框架则是"市民社会与国家"这一对"矛盾"。因此中国的市民社会话语一开始就与对社会政治前景的设想中的思路转向相联系,因而它更多的是一种规范性的话语,而不完全是经验性的研究[1]。这种研究思路具有特定的社会历史背景,但同时,我们也无法否认,在这样一种研究思路中,"市民社会"更多的是作为"国家"的反题出现的,它本身的具体内容、丰富性和矛盾之处在一定程度上被遮蔽了。因此,黑格尔对市民社会本身的伦理因素的发掘,以及他对市民社会的具体构成与国家的具体构成之间的同构性的揭示,可以为我们以一种不同于"国家-市民社会"框架的视角,对市民社会本身进行理解,提供一些非常有益的灵感。

一旦我们"如其所是地"理解现代社会,就会发现,现代社会中的伦理虽然非常不同于古代的基于血缘、封建权力和宗教的伦理,但它依然是一种具有强大且合乎理性的力量的东西,并且能够为生活在现代世界中的人所理解,并赖以安身立命。或者说,在黑格尔看来,

---

[1] 王小章:《国家、市民社会与公民权利——兼评我国近年来的市民社会话语》,《浙江大学学报》(人文社会科学版),2003年第9期,第145—153页。

理解和投身于自己的时代、为实现它的合理性而努力,以及努力寻求"与现实保持更为温暖的和平"①,是一种人类的责任与尊严。从这个意义上说,黑格尔是一个真正的"现代的产儿",他对自己时代采取一种积极的态度,并现实地投入其中。这一点值得一种跨越地域和时代的敬佩。

四、翻译的问题

最后谈一下关于翻译的问题。在黑格尔的文本中,"市民社会"对应的德语是"die bürgerliche Gesellschaft",它与英文的"Civil Society"是等同的。这个词可译作"市民社会""公民社会""文明社会""民间社会"等。另外在马克思的文本中还经常出现"资产阶级社会"这一译法。关于上述这些译法的取舍,与不同的学者对概念的理解以及他们自身的理论旨趣有关。

在以上译法中,最为常见的是"市民社会",对这一译法最具代表性的论证来自张康之、张乾友先生的《对"市民社会"和"公民国家"的历史考察》一文。他们采取这一译法的主要原因是:他们认为"公民国家"与"市民社会"是成对出现的概念。"近代社会的历史在一切方面都表现出分化的特征,社会的分化呈现出不同的领域、不同的阶级、不同的利益集团以及不同的构成部分。市民社会与国家的分立正是这一社会分化的结果。"②因此他们认为采取"市民社会"的译法更能强调从古代走向近代社会这一发展过程的历史内涵,并且更能体现"公民国家"与"市民社会"之间不同的概念内涵。

---

① 黑格尔:《法哲学原理》,邓安庆译,人民出版社,2016,第14页。
② 张康之、张乾友:《对"市民社会"和"公民国家"的历史考察》,《中国社会科学》,2008年第3期,第15页。

对"公民社会"译法最具代表性的论证来自周俊、郁建兴先生的《Civil Society 的近现代演变及其理论转型》一文。他们采取这一译法的主要原因是：黑格尔和马克思都指出,政治革命虽然实现了"Civil Society"与政治国家的分离,但事实上"'Civil Society'中的成员既是享有私权的'私人',又是参与政治共同体的'政治人',因此,'Civil Society'具有私人社会与公民社会两层含义"①。并且在晚期资本主义时期,经济系统与政治系统之间的分离已经不复存在,经济、政治和文化之间的张力日益突出。因此他们认为"公民社会"的译法更能体现关于"Civil Society"的讨论中的现实和理论的双重变革、展现这个概念的复杂内涵。

"文明社会"这一译法中最具影响力的使用则来自林本椿、王绍祥先生所译亚当·弗格森（Adam Ferguson）的 *An Essay on the History of Civil Society*，他们将书名译为《文明社会史论》。在汪丁丁先生所撰写的中译本序中追溯了"Civil"一词的古典来源："拉丁文'civis'（公民）,其三重含义是：(1)公民权益的,(2)合法的,(3)民法。"之后由于亚里士多德的政治学和伦理学对中世纪政治哲学和法学的影响,这个词带上了浓重的希腊文"polis"（政治）的影响。这个希腊词的三重涵义是："(1)作为公民整体的'城邦'……(2)概括了文化艺术和整体精神生活方式的'文明',并且通过这一含义与另一个关键的希腊语词'ethos'（社会整体的精神以及由此衍生的风俗习惯'ethic'相联系);(3)公民精神生活的主要方面。"②因此他们认为此书更为适合的译名应当是《公民社会史论》,但由于"公民社会"一词"经

---

① 周俊、郁建兴：《Civil Society 的近现代演变及其理论转型》,《哲学研究》,2009 年第 1 期,第 82 页。
② 汪丁丁：《文明社会史论·中译本序言》,载弗格森《文明社会史论》,林本椿、王绍祥译,辽宁教育出版社,1999,第 3 页。

过'后马克思主义'经典作家的阐释与社会批判理论家的运用,已经几乎完全被'当代化'了"①,因此他们转而采用"文明社会"这一译名。他们认为这一译名尚保留着它原有的"城邦居民""享有公民权利""文明社会"等原初的核心涵义。

"民间社会"这一译法则更为常见于台湾学界。邓正来先生在《台湾民间社会语式的研究》中考证,"最早以此一概念为出发点进而提出'民间哲学'或'民间社会理论'的,据有关文献,大概是南方朔、木鱼、江迅等人。"②这一译名的内涵以及相应的分析框架,与上述"市民社会""公民社会""文明社会"大致相当,因此不赘述了。

最后,"资产阶级社会"经常出现在对马克思的文本的翻译中。马克思在谈到"资产阶级"时经常使用一个法语词"bourgeois";谈到"市民社会"时使用的德语则与黑格尔的用法一样,都是"die bürgerliche Gesellschaft"。在德语中,"bürgerlich"一词本就具有"市民的"和"资产阶级的"两重意义;而"Bourgeois"专指"资产阶级"。在马克思的文本中,"市民社会"或"资产阶级社会"大致具有三层含义:首先是贯穿整个历史进程的市民社会,指的是物质生产的场所;其次是与政治国家相对应的经济领域、私人生活领域和社会自治组织;最后一层含义则是专指资本主义生产方式下由资产者所组成的团体。在马克思文本的中译中,前两层含义大致取"市民社会"的译法,最后一层含义则取"资产阶级社会"的译法,以求得翻译的精确性。

本书采用的是"市民社会"这一译法。原因有三:首先,本书主要

---

① 汪丁丁:《文明社会史论·中译本序言》,载弗格森《文明社会史论》,林本椿、王绍祥译,辽宁教育出版社,1999,第4页。
② 邓正来:《国家与社会》,北京大学出版社,2008,第48页。

讨论的是黑格尔的观点，而黑格尔对这一问题最为集中的讨论出自《法哲学原理》。此书1979年商务印书馆版的译者范扬和张启泰先生以及2016年人民出版社版的译者邓安庆先生都将相应的概念译为"市民社会"，沿用这一译法是最为顺理成章的。其次，"市民社会"本就是在国内学界较为通行译法，沿用可以避免混乱。最后，结合上述对各种译法的内涵的分析来看，这一译法也最为符合本书的观点和讨论范围。

第一章 意识视角下的教化王国
——主体的分裂与市民社会自治

第一节 意识视角:主体性的觉醒与现实王国的分裂

黑格尔生活在一个政治事件和思想观念都风起云涌的时代,他从青年时代起就对政治十分关注①,并且作为一个学者,他的这种关

---

① 古留佳在《黑格尔传》中所描述的黑格尔,从青年求学时代起就对政治非常感兴趣并积极参与。古留佳写道,黑格尔在中学时基本上是一个品学兼优且循规蹈矩的"乖"学生。但他在神学院求学期间,"智力一栏的评语总是'强',而在品行一栏,则从'优良'降到'及格',有时甚至是个'劣'字"。品行不再"优良",却并不是因为黑格尔如当时大学生所流行的那样,成为一个放肆的酒鬼,而是因为"新的兴趣闯进了黑格尔的生活,政治使他着了迷"。黑格尔对政治的兴趣同时体现在"实践"和"理论"两方面。就实践而言,黑格尔对当时最大的政治事件,即法国大革命极为关注,并在图宾根这一远离革命风潮中心的小镇,作出了自己的呼应。"法国革命受到了德国进步力量的热烈欢呼。同其他城市一样,图宾根也出现了一个政治俱乐部。人们在那儿交流有关法国事件的新闻,阅读法国报纸,谈论德国的命运。图宾根人学法国人的样,栽了一棵自由树。据说,黑格尔和他的朋友谢林一起,也参加了这项活动。黑格尔是俱乐部的积极分子,他在会议上发表政治演说,受到了朋友们的喝彩。"而对于宽泛意义上的"政治理论",黑格尔同样非常感兴趣。古留佳尤其指出了卢梭在当时思想界的地位和黑格尔对他的崇拜和思考。"卢梭是对社会罪恶和封建奴役愤然提出控诉的人,他的革命思想吸引了黑格尔。(转下页)

注不仅是私人的兴趣,更重要的是,这也是他的哲学思考的重要主题。如哈贝马斯所说:"黑格尔是使现代脱离外在于它的历史的规范影响这个过程并升格为哲学问题的第一人。"①他自觉地思考那些随着"现代性"的诞生才出现的时代问题。

"现代"在人们的政治生活中的重要表现就是,整个世界组织的方式改变了,"社会"的力量开始出现。黑格尔虽然在《法哲学原理》中第一次正式使用"市民社会"这一概念,但他对现代意义上的市民社会的思考,却从第一部公开发表的著作《精神现象学》,甚至更早的《伦理体系》就已经开始了。在《精神现象学》中,黑格尔没有使用"市民社会"这一术语。他将这股旧时代烟消云散后新兴的"社会力量"称为"教化的王国"。我们可以把黑格尔在《精神现象学》中对"教化王国"的批判看作一种基于对时代的理解所进行的现代性批判。

我们不难看出,黑格尔在《精神现象学》中对教化王国的论述与《法哲学原理》中对市民社会的论述不尽相同。前者更多的是站在沉浮于时代潮流的经验意识的主观立场上,庆祝现代在争取自由的斗

(接上页)卢梭也是最先洞察资产阶级进步有其缺陷的人们中的一个。……卢梭相信,大多数无权无势的人们终将摆脱暴政并将获得平等。他认为理想的国家体制,就是古代的城邦国家。而在黑格尔看来,法国的事件正是卢梭思想的事件。"(参见古留佳《黑格尔传》,"行动在先"章节。引文出自第10—11页。)另一方面,黑格尔也对英国的社会状况和英国古典政治经济学非常关注。卢卡奇在《青年黑格尔》中引用罗森克朗茨的说法:"同时他开始接近政治实践的直接领域,并发现自己在这方面的兴趣不断增加。首先他对尤其是英国的经济和所有权关系特别着迷。"[Georg Lukács, *The Yong Hegel—Studies in the Relations between Dialectics and Economics*, trans. Rodney Livingstone (London: Merlin Press, 1975), p.170.]本章将分别沿着从卢梭到康德的"权利"道路和从洛克到亚当·斯密的"经济学"道路,考察黑格尔对他的时代的政治思想的思考。

① 哈贝马斯:《现代性的哲学话语》,曹卫东等译,译林出版社,2004,第19页。

争中的成果,同时也体会这一社会中的纷繁矛盾、描述个人的意识所感受到的分裂和痛苦,并对它进行批判;后者则更侧重于从科学的角度解释社会本身的结构,而很少论及意识的主观感受。这是因为,《精神现象学》中的意识还不是思维,因此,它一方面不是点状的、简单的和普遍性的思想,整部《精神现象学》所做的,正是考察意识向着科学①发展的过程中的各种形态;另一方面,科学也还没有取得具体的内容和形式,还只是一种直接性。从意识的角度出发,意识把现实性的一面放在自身中,因此它必定把非现实性的一面放在科学、普遍的实体中。因此黑格尔说,《精神现象学》并非科学本身,而只是相当于科学的"准备阶段",是关于意识的经验的科学。由于采取这样一种意识视角进行描述,因此在《精神现象学》中,黑格尔非常直观地给出了经验中的意识在面临经过了从罗马到中世纪再到启蒙运动的多重分裂的共同体时,所感受到的深刻的异化。同时,意识也只能陷于异化的和两分的观点之中,无法把对立的双方综合起来,达到一种对全体的真理的认识。

　　黑格尔在《精神现象学》中依循经验性的意识视角,一方面肯定了市民社会的崛起意味着自由和理性的胜利,另一方面则对市民社会和共同体危机作了诊断,因此在这里市民社会被理解为一种被上帝抛弃了的、不具有真理性和实体性的,且自身之中就充满分裂的教化的现实王国。这一观点是黑格尔对启蒙运动之后的世界所面临的旧有的秩序已经瓦解,新的秩序和概念尚未充分形成之时的时代状况的诊断。

---

① 在黑格尔的语境中,"科学"(Wissenschaft)的含义十分宽泛:即包括今天意义上的"自然科学",也包括"人文科学";更指作为一个完整的体系的"知识之整体",它与"哲学"是同义的。

一、从自然意识到精神

黑格尔最初计划《精神现象学》的副标题是"意识的经验的科学",他在此书的"导论"①中也表明了这个意思,他说此书是"以正在显现为现象的知识为对象,它本身就似乎不是那种在其独有的形态里发展运动着的自由的科学;而从这个观点上看,这种陈述毋宁可以被视为向真知识发展中的自然意识的道路"②。在导论中,黑格尔还说明,此书的内容是关于"自然的意识将证明它自己只是知识的概念或是不实在的知识"③。因此,在这里问题的两方面:意识,以及意识的对象也就是科学,都尚未呈现出它的完善的状态,而是同时经历了从萌芽到展开、从开端到实现的过程。安东·伊万恩科(Anton Ivanenko)在《科学之前的科学:黑格尔的精神现象学和费希特晚期著作中关于达到知识视角的问题》中说:"《精神现象学》的目标是达到'绝对知识',也就是说,达到知识和意识的同一和思维和对象的同一。而为了达到这一同一,人们必须先经过一条通向知识的学说的准备道路。"④根据

---

① 张世英先生在《自我实现的历程》中说,"导论"是在正文之先写的,而当时黑格尔的计划只是写意识的经验发展过程(相当于此书的(甲)"意识",(乙)"自我意识",(丙)"理性"三部分共五章),但在写作的过程中,黑格尔改变了初衷,又加入了"精神"和"宗教"的部分(相当于此书的第六章和第七章),所以张世英先生认为,"'导论'的内容从严格意义上来讲,只是针对'意识''自我意识''理性'三部分的导论,这三部分乃是讲的个人意识的发展过程。"(参见张世英:《自我实现的历程》,山东人民出版社,2001,第 80 页)。
② 黑格尔:《精神现象学:上卷》,贺麟、王玖兴译,商务印书馆,1979,第 63 页。
③ 同上。
④ Anton Ivanenko: "Wissenschaft vor Wissenschaft: Das Problem des Erreichens des Standpunktes der Wissenschaft in Hegels Phänomenologie des Geistes und in Fichtes Spätwerk", in Hegel Jahrbuch 2014: Hegel gegen Hegel, hrg. Andreas Arndt, Myriam Gerhard, Jure Zovko (Berlin/München/Boston: De Gruyter, 2014), p.98.

黑格尔的体系,在体系发展的终点,意识最终会意识到自己就是精神;各种纷繁而片面的意见也会扬弃自身并成为科学,于是二者最终就合一了,并且意识到对方并非外在的对立面,相反,精神和科学是同一的、思维和存在也是同一的。但在《精神现象学》中却尚未走到这一步,因为《精神现象学》本身就是对这一进展过程的描述。

首先,在《精神现象学》的一开始,意识证明了自己只是不实在的知识,它的一个重要特征便是对于自己的对象的敏感性;更精确地说,在《精神现象学》中并不存在真正外在于意识的对象——无论是认识的对象或是实践的对象——所有的对象都是意识所外化出来的;而意识每次将自己外化并带着敏感的情绪投入和经验对象的过程,事实上也就是它认识自己的过程。正是在这一积极投入外部、丧失自己的"客观性"的过程,才是意识之上升为精神的辩证道路。同样的,意识的对象,即科学,在开端处也还不够完善,它只不过是一种现象,是意识试着理解自身和自身的产物的某种尝试。因此"科学"呈现出不断变化的、临时性的特征,因而也只不过是一种"现象"。但黑格尔认为,我们不必因为它不完善而否定它的价值甚至排斥它,因为科学最终是为了并且必定能够将各种纷繁的现象变成真正的科学。而想要做到这一点,科学就必须面对这些现象。就像意识要允许自己的诸种不成熟的形态依次出现一样,科学也应当允许自己在不确定性和矛盾中扬弃和丰富自己。因此,无论是对意识或意识中的科学(即诸种意见)而言,《精神现象学》中所描述的貌似的"歧路",最终会演变为意识之上升为精神的必经之路,意识在经历它自己的一系列的形态后,就会一方面将自己纯化为精神;另一方面达到独立于自己的任何一个特殊阶段而独立自存并具有真理性的科学。

具体说来,这一进步过程中的每一阶段,都遵从它自身的规则,发展出与之前的阶段不同的内容。安东·伊万恩科说:"黑格尔在《哲学百科全书》中将关于对象的思考分为三种形式(主观精神、客观精神和绝对精神)。一方面,这与《精神现象学》中对视角的转变之意义的描述是一致的:思维不断改变着自己对对象的态度,直到它本身达到和对象的同一。另一方面,关于对象的思考的三种形式的运动采取的是一种纯粹概念的形式,而《精神现象学》则描述了意识的各种不同的形式。"①黑格尔指出,处在开端阶段的意识与科学的主要功能是"判断":"它在认识实体性的东西时不是从这种一致方面来认识,而是从它本身包含着的不一致和矛盾性方面来认识,所以它非常善于对实体性的东西下判断②,但善于判断,却丧失了把握的能

---

① Anton Ivanenko, "Wissenschaft vor Wissenschaft: Das Problem des Erreichens des Standpunktes der Wissenschaft in Hegels Phänomenologie des Geistes und in Fichtes Spätwerk", in *Hegel Jahrbuch 2014: Hegel gegen Hegel*, hrg. Andreas Arndt, Myriam Gerhard, Jure Zovko (Berlin/München/Boston: De Gruyter, 2014), pp.98-99.

② "判断"(Urteil)和"概念"(Begriff)都是黑格尔的《逻辑学》中的术语,了解一下黑格尔分别赋予了这两个词怎样的认识论意义,能够帮助我们了解:为什么"判断"和"把握"体现了对对象的不同程度的理解;为什么黑格尔认为,在论及实体性的东西时,光有"判断"是远远不够的。"把握"(Begreifen)与"概念"(Begriff)一词同源,分别是动词形式和名词形式。在《小逻辑》中,"概念"指的是整个概念论(Die Lehre vom Begriff),它包括了三个章节:"(一)论主观的或形式的概念。(二)论被认作直接性的概念或客观性。(三)论理念,主体和客体、概念和客观性的统一,绝对真理。"([德]黑格尔:《小逻辑》,贺麟译,商务印书馆,1996,第 330 页。)也就是说,它包括了普遍性、特殊性和个别性的运动过程之整体;以及包括了认识的主体和认识的对象之整体。因此"把握"在黑格尔那里意味着积极的和具体的理解,尤其指的是在纷繁复杂的表象之下,发现和理解其理性的内核:"(理性的东西)把它的核心用各色包皮裹起来,开始时意识在包皮里安家,而概念则首先贯穿这层包皮以便发现内部的脉搏,同时感觉到在各种外部形态中脉搏仍在跳动。"(黑格尔:《法哲学原理》,范扬、张启泰译,商务印书馆,1979,第 11 页。)
而"判断"则只是整个"概念论"中的第一部分,它指的是用普遍的谓词对特殊的主词加以言说,"判断通常被认为是一种主观意义的意识活动和形式,这种活动和形式仅单纯出现于自我意识的思维之内"。(黑格尔:《小逻辑》,贺麟译,商务(转下页)

(接上页)印书馆，1996，第 340 页。)它包括质的判断、反思的判断、必然的判断、概念的判断四种。在关于政治社会的讨论中所涉及的应当是第四即"概念的判断"。"概念判断里的主词，最初是一个体事物，而以特殊定在返回到它的普遍性为谓词。换言之，即以普遍性与特殊性是否一致为谓词，如善、真、正当等等。这就是确然判断。"(黑格尔：《小逻辑》，贺麟译，商务印书馆，1996，第 353—354 页。)也就是说，判断只不过是一个将谓词加到主词上面的单一行为而已，它是非常简单的，缺乏对来龙去脉和各种复杂的因素的进一步考察和说明。因此这本来并非讨论哲学和政治事务的恰当形式，但是，在黑格尔的时代，这种方式却往往被误用在对政治哲学和政治事物的讨论中。黑格尔认为，一般说来，那些讨论缺乏"理解"，而只是在"下判断"，因而只是在表达一种空洞的自我确信和对社会的盲目不满。黑格尔在第 178 节的[说明]中颇有深意地展开说："确然判断，虽说一般社会不承认它自称为有何独立的可靠性但是由于近来主张直接知识和直接信仰的原则的流行，甚至在哲学里也被发挥成为独特的重要形式的学说了。我们可以在主张这种原则的许多所谓哲学著作里，读到千百次关于理性、知识、思想等等的论断或确信。因为外在的权威此时反正已没有多大效力了，于是这些论断便想通过对于同一原则之无穷地一再申述，以求赢得对它们的信仰。"(同上，第 354 页。)

此外，还有必要提及阿伦特对"判断"的解释，她的解读与黑格尔在《小逻辑》中的论述归属于完全不同的语境，但如果我们同意"概念"本身是一种心智活动的创造，对同一个"词"作出不同的解释，往往意味着不同思想家各自所特有的理论旨趣；并且"解释"最终是一种与实践密切相关的行动，那么在此提及阿伦特对"判断"的解读以及这种解读背后的实践态度，就是非常有意义的。事实上阿伦特通过对《判断力批判》进行一种政治哲学式的解读，而将"判断"视为一个与黑格尔那里的理性领域中的概念和康德那里的审美领域中的概念都不同的，独属于实践领域的概念，并且将它与对历史的理解、与正义和人类尊严有关的东西联系起来。首先，阿伦特同康德的看法，判断与逻辑的运作没有任何共同之处。当涉及判断这一人类所特有的机能时，"我们搜寻的应该就是那种'沉默的感觉'"，康德将这种"沉默的感觉"当成"品位"来处理，因此将它归入审美的领域。但接着阿伦特就指出，这种"沉默的感觉"不应被理解为仅仅与狭义的审美相关，而是应当与对"历史"的理解有关。阿伦特指出，"历史"一词是从希腊文 historein 派生出来的，而"historein 的意思是'去探查，以便能够说出它是怎样的'……这一动词进而起源于荷马(《伊利亚特》卷十八)，在那里出现了名词 histor(大意为'史家'[historian])，而荷马的那位史家就是判断者"。也就是说，从词源学的角度追溯，"历史"和"判断"本就是一体的，对历史的讲述本身就是一种"判断"；并且"判断力"真正的用武之地，也是对历史和过去进行讲述和评判。"如果判断力指的是我们处理过去的能力，那么，史家就是进行探查的人，他通过讲述过去而对过去作出了判断。"(汉娜·阿伦特：《康德政治哲学讲稿》，罗纳德·贝纳尔编，(转下页)

力。"①正由于意识的特征是善于判断但缺乏把握能力,所以一方面,意识在经历各个环节时,对其中的自相矛盾之处格外敏感,但却缺乏将各个环节联系成一个整体、从它们的变化中发现必然性的能力;另一方面,如实描述意识的经历,并对这些经历中的"不一致"和"矛盾性"加以"判断"的《精神现象学》一书,也就自然而然地承担起了对意识各阶段和历史各阶段进行批判的任务。

二、怀疑主义与意识的经验科学

在讨论黑格尔在《精神现象学》中,追随着"意识"的"眼睛"和"道路",究竟对意识所感知到的现代性的状况作出了怎样的观察、批判和"把握"之前,先讨论一下关于怀疑主义的问题。这个问题之所以如此重要,必须先单独进行讨论,原因有二:其一,就意识本身而言,它始终是以"怀疑"的面目出现的;其二,怀疑是黑格尔所生活的"现代"在思想方面的显著特征。现代相比于"古代"的独特性和优越之处就在于学会了怀疑、学会了独立和自由的思考。换言之,学会了使用理性,因而得以进行"自我启蒙"。但同时,现代所面临的困惑和问

(接上页)曹明、苏婉儿译,上海人民出版社,2013,第 12 页。)最后,阿伦特就将"判断"与"重新主张并赢回人类的尊严"联系起来。她认为,揭示出"判断"与"历史"的关系,使得我们一方面能够将"历史"从根本上理解为"人对过去的讲述和判断",从而抵抗任何一种或明显或隐蔽的形式的历史决定论;另一方面又并不否认历史的重要性,因为真正需要人们以有尊严的姿态作出判断的事件,都是一种"历史事件"。由此阿伦特得以为判断赋予一种在实践领域中非常特殊而又最为重要的地位:"对她来说,下判断——跟思索一样——都能使人们从正在做的事情中撤退出来,以便反思其所作所为的意义。"(同上,第 181 页。)也就是说,正是判断的能力,使人能够在任何危险的、急迫的、被动的等情境中跳出来,能够摆脱任何经验性的条件的制约,而以一种忘我和旁观的态度反思事情究竟是怎样的、我究竟应该怎样做。阿伦特认为,正是这种对"撤退""旁观"和"反思"的坚持,使人能够不为外在的痛苦或强制所束缚,而维持人类的尊严。

① 黑格尔:《精神现象学:下卷》,贺麟、王玖兴译,商务印书馆,1981,第 70 页。

题,却也是怀疑走到了极端所产生的后果。因此,在怀疑主义这个名词之下,集合了诸多不同的面相:它可以是一种科学上的方法论,也可以超出狭义的"科学"的范围,而具有一些政治哲学的意味、具有某种时代精神的色彩。

1. 方法论的怀疑主义

怀疑是笛卡尔以来的现代哲学的开端。现代哲学之所以不仅仅是一个时间顺序意义上的描述,而能够在思想史的意义上与过去的哲学区别开,并且获得一种理论上的和历史哲学意义上的自觉,最重要的基础就在于,现代哲学秉持了怀疑精神。而这种怀疑,一开始产生于"为科学找到不容置疑的基础"这一问题,是一种对意识和科学的方法论讨论。

人们公认笛卡尔是现代哲学的开端,就是因为他提出,首先,普遍的怀疑是"思"的第一步。"只要我们在科学里除了直到现在已有的那些根据以外,还找不出别的根据,那么我们就有理由普遍怀疑一切,特别是物质性的东西。"[①]其次,也是更为重要的,普遍怀疑也是建立可靠的科学大厦的第一步和至关重要的必要条件。"如果我想要在科学上建立起某种坚定可靠、经久不变的东西的话,我就非在我有生之日认真地把我历来信以为真的一切见解统统清除出去,再从根本上重新开始不可。"[②]也就是说,笛卡尔认为,科学的基础是从一些清楚、明白的概念出发进行理性推演,最后得出一个必然正确的、内部自洽的体系[③]。而在这之前必须扫除"历来信以为真的一切见解",

---

[①] 笛卡尔:《第一哲学沉思集》,庞景仁译,商务印书馆,1986,第10页。
[②] 同上,第7页。
[③] 关于科学方法论的问题,虽然与本文主线并不直接相关,但却是一个非常有趣的话题,并且黑格尔始终将"科学(Wissenschaft)""真理(Wahrheit)"乃至于"绝对(Absolute)"和"上帝(Gott)"作为同义词使用。这是因为西方的"科学"(转下页)

(接上页)就其本来意义而言,并非指那些以"有用"为唯一目标的实证科学和技术,而是本身就是一种"真",就有独立的价值。因此对"科学之为科学"的原则和方法论的讨论,贯穿从文艺复兴和启蒙时代起,直到当下的整个科学史和思想史。可以说,理解"科学精神",是理解某一个具体的西方思想家乃至于理解西方思想史所必备的背景。因此我想对科学的方法论的变迁稍加讨论。

笛卡尔和他的同时代人都将几何学视为科学的典范,甚至认为哲学应当从方法论上模仿几何学,唯其如此,才能成为"科学"。例如斯宾诺莎的《伦理学》一书,就是用"几何学的方法"写的。斯宾诺莎认为"只有像几何学一样,凭理性的能力从最初几个由直观获得的定义和公理推出来的知识,才是最可靠的知识,因此,他写作《伦理学》时,就把人的思想、情感、欲望等等也当作几何学上的点、线、面一样来研究,先提出定义和公理,然后加以证明,进而作出绎理"。(斯宾诺莎:《伦理学》,贺麟译,商务印书馆,1997,第 i 页)

而之后这一方法论原理受到了不断的反思、批判和改进。首先是康德提出了先天判断和经验判断之间、分析判断和综合判断之间的区别。他承认,"几何学式"的方法论对于经验型的科学来说是正确的。并且"按照时间,我们没有任何知识是先行于经验的,一切知识都是从经验开始的。但尽管我们的一切知识是以经验开始的,它们却并不因此就都是从经验中发源的。"(康德:《纯粹理性批判》,邓晓芒译,杨祖陶校,人民出版社,2004,第 1 页。)因此知识可分为先天的(完全不依赖任何经验所发生的知识)和后天的(通过经验才可能的知识)。此外他还将判断分为分析的判断(谓词 B 属于主词 A,是隐蔽地包含在 A 这个概念中的东西)和综合的判断(B 是完全外在于概念 A 的,虽然它与 A 有某种联结)。从这种精细的区分出发,康德认为各门学科的知识其实遵循着不同的原则,例如纯粹数学判断和自然科学(物理学)就全部都是先天的和综合的。纯粹几何学则是综合的,但它是后天的,因为几何学的概念之联结并非从概念本身中推导出来的,而必须借助于直观。而康德的整个纯粹理性批判所要完成的任务,就是回答"纯粹数学、纯粹自然科学和形而上学是如何可能的"这一问题。也就是说,康德的写作《纯粹理性批判》的问题意识与笛卡尔的《沉思》是一脉相承的,他们都相信科学必须有一个"基础",并致力于找到这个基础。从古希腊直到今天,人们都并将数学和物理学理解为"经验的总结",而是理解为"理论体系的构造",这在数学家和物理学家那里都是一个共识。(安东尼·M. 阿里奥托:《西方科学史》,鲁旭东、张敦敏、刘钢、赵培杰译,商务印书馆,2011,第三章。)

而到了 19 世纪,"人文科学"为了解答新的问题,试图寻找一种理论自觉,因此它想要将自己与自然科学区别开,为自己寻找新的基础和方法。"人文科学和社会科学不仅需要解答新出现的社会、政治、经济和一切与人相关的问题,而且还面临着自身学科的理论、方法论和学科地位的问题。"(谢地坤:《走向精神科学之路》,江苏人民出版社,2003,第 1 页。)当时人文科学界的主流是穆勒和孔德(转下页)

即扫除任何外在的权威、传统或习俗,以及一切感官经验和物质性的东西。因为唯有在通过普遍怀疑扫除了一切偏见后,人才有可能进行自我启蒙。康德认为:"启蒙运动就是人类脱离自己所加之于自己的不成熟状态。不成熟状态就是不经别人引导,就对运用自己的理智无能为力。"[1]也就是说,怀疑的勇气和运用理性的勇气,就是启蒙的精神内核。

黑格尔非常赞同这种方法论意义上的怀疑主义,并认为这是通向自由和真理的必经之路。尽管黑格尔看到了怀疑主义在当时已经悖离了笛卡尔所规定的科学和方法论的范围,而更多的成了一种对待实体性的伦理和国家的任性妄为的态度,但他仍然认为,这种走向了极端的怀疑主义,并不能掩盖作为"方法"的怀疑的重要性。作为方法的怀疑论非但无害,反而还是积极的哲学的本质部分。因为在黑格尔看来,哲学或者说真理并不是什么确定的东西,尤其不是僵化的教条,而是一个发现和扬弃矛盾的过程。在这一过程中,否定与怀疑承担着必不可少的积极作用,是"真理性中的否定方面"。并且,这种方法论的怀疑主义并不是将真理的标准定位于自己内心的确信,从而仅仅将怀疑的矛头对准与自己的主观任性不符合的东西;而是更加彻底和严格的怀疑,也即"对显现为现象的意识的全部领域都加

(接上页)的实证主义和科学主义,即主张经验科学中的归纳方法同样适用于人类的精神科学,而狄尔泰认为,这是绝对不可接受的。因为他认为,哲学应当对生活发挥作用、应当干预时代的生活。因此他将"人文科学"界定为"精神科学"(Geistwissenschaft),它具有两方面的含义:"一方面,它是指抽象思维、逻辑推理、概念判断等理性的思辨能力和创造能力,这样的能力把人与一切其他生物区分开来。另一方面,它是指精神的这种能力所产生和形成的一切东西。狄尔泰称之为'精神的客体化'。"(谢地坤:《走向精神科学之路》,江苏人民出版社,2003,第6页)。

[1] 康德:《历史理性批判文集》,何兆武译,商务印书馆,1991,第22页。

以怀疑"①。不完善的意识的那种以自己为标准而否定其他的一切的态度,也同样是应加以审视和怀疑的对象。迈克尔·N. 福斯特(Michael N. Forster)认为,黑格尔相信,"古代的怀疑主义采用了这种不偏不倚的方法,因此它就能对各种信念都加以怀疑,而不只是站在某种信念的立场上,攻击另一种信念"②。

2. 作为"怀疑的文化"的怀疑主义

在《哲学史讲演录》中,黑格尔还提出了另一种"现代的怀疑主义",并对它大加批判。福斯特认为,黑格尔将这两种怀疑主义的不同解释为,两者从根本上就具有不同的出发点:"古代的怀疑主义基于一种方法,而现代的怀疑主义则基于某些具体的问题——也就是说,古代的怀疑主义用一种不偏不倚的态度对待论辩双方的论据,事先并没有预设过自己要特别偏向哪一方;相反,现代怀疑主义则非常依赖这种预先设定的偏向性。这就是黑格尔更赞同古代的怀疑主义的原因。他认为(我觉得他的观点非常正确),现代的怀疑主义从根本上失去了那种不偏不倚的方法。"③

我们很容易将古代的怀疑主义理解为古希腊的怀疑主义者的思想,而将现代的怀疑主义理解为专门针对笛卡尔或康德的思想。然而,从时间的意义上理解黑格尔所说的古代或现代,是一种误解。事实上,黑格尔对两种怀疑主义作出区别的标准在于:方法论的怀疑主义中永远都具有两个交替前进的因素:意识,以及意识的对象即真理;而现代的或者说坏的怀疑主义则放弃了真理,只固着于意识。

---

① 黑格尔:《精神现象学:上卷》,贺麟、王玖兴译,商务印书馆,1979,第 64 页。
② Michael N. Forster, *Hegel and Skepticism* (Cambridge, Mass: Harvard University Press, 1989), p.12.
③ 同上,第 11 页。

它先是将真理的标准移到意识自身的好恶上,进而从根本上放弃了真理这一理念。因此黑格尔将这种坏的怀疑论总结为"对真理的无能为力":"怀疑论实际上就是这样的一种麻木不仁,就是一种对于真理的无能为力,只能做到确认其自身,而不能做到确认普遍的东西,只是停留在否定的方面,停留在个人的自我意识上。"①

黑格尔发现,在现代,普遍怀疑不仅是哲学的基础,而且已经成为了一种"怀疑的文化"(skeptical culture)②。因此,黑格尔并非单纯地否定现代的怀疑主义,更将它当作现代思想乃至文化中的重要特征,而去考察它的来源。黑格尔认为,怀疑主义成为一种普遍的文化,首先发端于希腊伦理生活瓦解的时期。在希腊人的生活中,每个人都能够从伦理生活中找到对普遍性的归属感,因而那时的怀疑主义只不过是一种科学上的方法论,而非"文化现象"。但这种无条件依附和满足于普遍伦理的生活遇到了两个方面的挑战。首先,以苏格拉底为代表的特殊性原则觉醒了,他们的态度非常类似于笛卡尔:所谓的普遍性和伦理原则并不具有天然的合法性;只有经过个人的理性反思和承认的东西,才是需要遵从的。其次,罗马帝国的版图扩展也客观上使希腊伦理生活所依赖的城邦难以维系。因此,整个欧洲的生活方式和精神气质,就从伦理的转变为宗教的。而在黑格尔看来,宗教的生活本身就是一种分裂的东西:人们将所有普遍性的东西归于彼岸,而将所有特殊的东西归于尘世,并认为后者完全无价值。然而在现实中,起作用的又恰恰正是所谓的无价值的尘世的法则。因此,在这一转折和动荡的希腊化时期,世界已经经历过一个怀

---

① 黑格尔:《哲学史讲演录第三卷》,贺麟、王太庆译,商务印书馆,1983,第107页。
② 关于"怀疑的文化"(skeptical culture),参见 Michael N. Forster, *Hegel and Skepticism* (Cambridge, Mass: Harvard University Press, 1989), "Alienated Realms of Culture and Faith"。

疑主义的时代。随着宗教的地位上升和稳固,它为世界提供了普遍性和归属感,因此怀疑的文化暂时消失了。而到了现代,世界又再次面临着与古希腊伦理生活瓦解时十分相似的状况:笛卡尔的哲学可类比为苏格拉底式的特殊性觉醒;法国大革命所带来的宗教生活中的普遍性之瓦解,也可类比为希腊伦理生活的瓦解。因此,怀疑的文化又重新成为时代精神。

黑格尔看到了,当怀疑的文化无限度地远离真理而坚持对自己的确信时,就会产生一种恶果,也即"以为思维的自由和一般精神的自由只有背离,甚至敌视公众承认的东西,才能得到证明"①。彻底怀疑和全面否定的结果,却又吊诡地,必定是教条主义。列奥·施特劳斯也指出:"怀疑论哲学总是与教条主义哲学相伴,如影随形。"②这是因为,两者之间有着这样一层天然的联系:教条主义的基础是某种不可怀疑的最初前提,而怀疑论则为对这一前提的盲目信仰扫除了障碍:当人们承认和尊重已有的知识、传统、习俗等东西时,他们自然就会认为,仅仅只有一个最初的基础是远远不够的,因为他们掌握了关于世界丰富内容。而怀疑论却排除了这些内容,仅仅保留下所谓基础,于是人们就认为,"经受住了极端怀疑论的攻击的东西,就是智慧的绝对可靠的基础。智慧之成为现实,就等于在极端怀疑论的基础上建立起绝对可靠的教条主义的大厦"③。

这种态度在关于国家和伦理世界的关系上最为根深蒂固,造成的后果也最为严重。这种态度假设了,"似乎世界上不曾有过国家和

---

① 黑格尔:《精神现象学:上卷》,贺麟、王玖兴译,商务印书馆,1979,第4页。
② 列奥·施特劳斯:《自然权利与历史》,彭刚译,生活·读书·新知三联书店,2003,第174页。
③ 同上。

国家制度"①,因为它们全都被怀疑并被宣判为无效了,于是人们需要凭着头脑中的理念,重新构建起一套国家制度。因此,现代的怀疑主义,在关于国家和伦理世界的问题上,表现为一种全面否定②,它动摇了整个市民社会的合理性根基。哈丁蒙(Hardimon)认为:"黑格尔将这种怀疑主义的形式,即对现代社会世界的合理性的怀疑主义视为一种实践上的问题。在个人的层面上,这种怀疑主义使得人们无法在现代社会的世界中感到自己是'在家的'。在社会的层面上,这种怀疑主义动摇了现代社会世界作为一个'家园'的地位。"③

但这并不意味着黑格尔否认现代哲学的基础——或者说,否认笛卡尔著名的"我思故我在"。乌尔里希·克拉斯格斯(Ulrich Claesges)认为,黑格尔在《精神现象学》中赋予了怀疑主义一种"双重面相(Doppelgesicht)",它一方面是不完善的意识的骄矜,必须加以扬弃;另一方面却是一种必不可少的思维方法。"在《精神现象学》中,有一种'自我完善的怀疑主义',对此黑格尔是加以肯定的,并且将它作为贯穿《精神现象学》全书的方法;这种作为方法的怀疑不同于《现象学》所专门讨论的另一种狭义的怀疑主义,这种狭义的怀疑主义是虚假的知识的形态(黑格尔称它为'不完善的意识')。"④

---

① 黑格尔:《法哲学原理》,邓安庆译,人民出版社,2016,第4页。
② 我们可以看到,"全面否定"在后现代的思想家那里的相似表现。
③ Michael O. Hardimon, "Skepticism, Speculation, and Guidance: Hegel on the Pyrrhonian Guide to Action", in *Skeptizismus und spekulatives Denken in der Philosophie Hegels*, hrg. Hans Friedrich Fulda, Rolf-Peter Horstmann (Stuttgart: Klett-Cotta, 1996), p.281.
④ Ulrich Claesges, "Das Doppelgesicht des Skeptizismus in Hegels Phänomenologie des Geistes", in *Skeptizismus und spekulatives Denken in der Philosophie Hegels*, hrg. Hans Friedrich Fulda, Rolf-Peter Horstmann (Stuttgart: Klett-Cotta, 1996), p.117.

3.《精神现象学》中的怀疑主义方法

这种不偏不倚的方法，正是《精神现象学》中所采用的。《精神现象学》的任务就是不偏不倚地按照意识在各个形态中本来的样子呈现它们，并最终展现出各个形态之间依序前进的必然性和相互关联的必然性。因此，《精神现象学》对于意识的任何一个阶段的描述，单独看来，都充满了对这一阶段本身的怀疑和否定。但恰恰是否定、怀疑和矛盾，才是意识向自己揭示出，自己的某个特殊的阶段是不实的，它才获得了向更高的阶段进展的动力。因此黑格尔认为，对不真实的东西加以怀疑和否定，并不是一种纯然否定的东西，因为它是对特定的东西的怀疑和否定，因此本身就是具有特定内容的。

于是，《精神现象学》中既有虚无与怀疑主义的一面：它对于意识的任何一个阶段都一视同仁地认真考察，并指出它们的不实之处；又有肯定的一面，因为真正的否定并不是与对象无关的、只固执于抽象的主体性的空洞的否定，而是对某一个对象的有针对性的否定。这种有针对性的否定，就为新形式的出现作好了准备，因此，我们就能从《精神现象学》的整个貌似充满了对各种意识形态的怀疑和否定的过程中，看到穿越这一系列意识形态的过程，从而将意识纯化为精神、将意见纯化为科学。

因此我们可以看到，黑格尔在《精神现象学》中将市民社会也即"教化及其现实王国"归结为一种"自身异化了的精神"，并对它多有批判和否定。但正是此处的否定和批判，为之后在《法哲学原理》中，对市民社会的更具体和更正面的论述做好了准备。

黑格尔对"教化及其现实王国"的批判，是对"现实王国"的根本原则究竟从何而来、有怎样的表现的分析，从中我们可以看到，他对于同时代的主要政治哲学思想和时代状况的深切关注和思考。黑格尔并不片面地全盘接受任何一种当时存在的思潮——无论是契约论的国家学说，或者是将国家的权利建立在个人的所有权之上的学说，或是对原式的个人的道德自主性的强调——但他也没有抛弃以上的任何一种思想。我们之后会在《法哲学原理》中看到，《精神现象学》中所批判的东西，都又一次被接受了。因为黑格尔并不想否定所有权、劳动分工、个体性的觉醒等现代的成果；他所不能接受的只是对其中任何一者的片面强调而已。因此，《精神现象学》中对"教化及其现实王国"的否定，并不是对市民社会之觉醒的否定；相反，它是对市民社会的各个主要原则及其思想来源的厘清与批判，而批判本身，已经充满了对所批判的具体内容的关注，因此是对"怀疑一切""否定一切"的态度的拒绝。

三、教化作为自身异化的精神

想要理解黑格尔在《精神现象学》中对现代市民社会所作的批判，就必须首先对当时的时代状况有所了解。这种了解需包括两个层面：首先是社会事实层面，其次是思想层面。就社会事实而言，18世纪末19世纪初是一个风起云涌的时代，在欧洲发生了法国大革命，在英国则发生了工业革命，这两场革命发生于社会的不同层面，但它们所产生的断裂式的效果是相似的，其深远影响绵延至今。黑格尔作为一个对政治十分敏感的同时代人，他最重要的思想无不是对这两场革命或直接、或隐晦的回应。就思想层面而言，社会变革和思想革命几乎总是如影随形的，我们不可能也没有必要去分辨这两者究竟何者为因、何者为果。黑格尔生活在一个思想的群星闪耀时，当时的德国、法国和英国分别诞生了许多伟大的思想家，他们的理论一方面是对社会的巨变作出思考和回应；另一方面，他们的革命性思想又直接催生了现实世界中的革命。黑格尔在大量著作中都对这些同时代的思想事件进行了详细的解释和点评,并且他非常有意识地将这些思想纳入他的"哲学史"和"历史"的体系当中。只有先厘清这些深刻影响了黑格尔的社会和思想变革,我们才能够把握黑格尔所面临的时代的"总问题",从而才能理解他晦涩难解的文字背后的现实关怀和理论旨趣。

在《精神现象学》中,黑格尔将市民社会称为"现实王国",在其中,精神将自身异化[①]为"教化"。从黑格尔的描述中可以看出,这是一个充满变动、旧的秩序已经深受人们怀疑并且濒临瓦解,但新的秩序却又尚处于探索过程中的阶段。在本章中,笔者将以黑格尔在《精神现象学》中对现实王国的理解和批判为线索,考察他对当时市民社会领域中的现实状况的思考,并且考察他与当时具有代表性的理论的关系。这种变迁中的现实和理论可以更为具体地划分为以下三个方面。

(1) 从神的法律到法权。从共同体的合法性基础上看,"神的法律"不再是共同体组织的基础,从原先的伦理地基上升起了一种新的原则:"人的法律"——它的更广为人知的名词,就是人的权利(Recht)。"权利"在法国大革命中是一个非常宽泛的概念,而在具体的市民社会的形成和发展过程中,这个概念逐渐地分裂和收窄。笔者将考察这一过程中具有代表意义的思想家,以及黑格尔对他们的

[①] 马克思从黑格尔那里接过了"异化"这一术语,虽然他在使用这一术语时,所针对的东西和黑格尔不尽相同。黑格尔指的是精神的异化,或者说"外化",也即精神一方面否定自身并进入作为对立面的他者,同时又在他者中发现自身。马克思所讨论的则是劳动对于劳动者的异化。两者强调的具体内容虽然不同,但马克思的辩证方法以及他的异化概念是受到黑格尔的影响。在后文中,笔者还会更具体地谈到这个问题。

吸收和批评。

（2）从爱与忠诚的伦理秩序到财富的统治。从社会的组织方式上看，基于伦理原则的社会组织方式，也即对家庭的爱和对国家的忠诚已经瓦解；新的社会为自己创造出一个新的忠诚对象：财富。并且新的社会组织形式也建立在财富的生产和分配形式之上。笔者将考察，哪些思想家观察到了这一现象以及如何将它理论化和体系化，并讨论它所引起的各种经济和政治问题。

（3）从普遍性到原子式的个人。最后，从"时代精神"的基本原则上看，"普遍性"受到彻底而深刻的质疑，个人的特殊性原则成为统治整个社会的根本原则。契约论就是这一原则在国家学说上的具体表现。我将考察，黑格尔对于特殊性原则的貌似矛盾的态度：一方面他坚信特殊性原则的崛起是一个具有世界历史意义的事件，是自由和理性在世界中的外化；另一方面他又看出，这一原则对于国家和社会等普遍的和伦理的东西来说，是一种瓦解性的力量，他对此深感疑虑。

接下来，笔者将详细论述，黑格尔是如何在这三个层面上展开他的批判的。

第二节　所有权：现代市民社会的基石

在绪论中我已经提到，黑格尔所说的市民社会是一种现代意义上的概念，它与古典市民社会和中世纪市民社会有着本质的差异。甚至可以说，正是在这种差异中，现代市民社会才获得了使它与国家分庭抗礼、甚至凌驾于国家之上的力量。现代的市民社会"并不是那个使用了数个世纪的、与'政治社会'具有相同含义的古老概念，而是体现在黑格尔哲学中的一个比较性概念。此一意义上的市民社会与国家相对,并部分独立于国家。它包括了那些不能与国家相混淆或不能为国家所淹没的社会生活领域"①。而这一特殊的社会领域具有自己的原则。根据契约论的观点,这种原则不同于城邦的伦理原则,也不同于国家的权利原则,而是一种自然权利原则②,并且每个人都拥有平等的权利③。这些各自拥有权利的人们完全可以在自然状态

---

① 邓正来、亚历山大:《国家与市民社会:一种社会理论的研究路径》,中国政法大学出版社,1992,第125页。
② 施特劳斯认为,从"自然正当"到"自然权利"到转变,标志着从古典到现代的转变。他在《自然权利与历史》一书中集中讨论了这一概念的演变和背后的观念变迁。此书译者彭刚指出:"施特劳斯在此书中刻意用 natural right 一词指称两种正好对立的观念,即一是他所谓的古典的 natural right 学说,另一则是他所谓的现代的 natural right 学说。在指古典学说时他的 natural right 用法基本应该读作'自然正确''自然正当',或更准确些可以译为'古典的自然正义说';而在指现代学说时则就是指人们熟悉的西方17世纪以来兴起的所谓'自然权利'或'天赋权利'说。"(列奥·施特劳斯:《自然权利与历史》,彭刚译,生活·读书·新知三联书店,2003,第11页。)
③ 当论及"平等的权利"时,我们很容易联想到自然法的传统,并进而联想到某种神学传统。我们可以在登特列夫的《自然法》中找到对这种联想的中肯的澄清。他指出,格劳秀斯长久以来都被认为是近代自然法理论的建立者,但其实,自然法的观念一贯就既被天主教所接受,也被新教接受,于是人们或会认为,格劳秀斯只不过是从经院哲学中借用了这一观念。对此登特列夫指出,格劳秀斯的自然法理论的真正价值在于:"它除了表现一种思维方式之外,还主张一种价值,这种新价值就是个体之价值。"(登特列夫:《自然法:法律哲学导论》,李日章、梁捷、王利译,新星出版社,2008,第62页。)登特列夫认为,近代自然法观念的一个突出特征就是"激进主义",其"激进"表现在,对"法"或"权利"的重新界定。"正确地说,近代自然法理论根本就不是关于法律的一套理论,而是关于权利的一套理论。在相似的名词掩护之下,一番重大的变迁已经发生。近代政治哲学之 ius naturale 已不再是中世纪道德学家的 lex naturalis,也不是罗马法学家的 ius naturale。……正如霍布斯以他一贯的精明所指出的:'虽然谈论这个题目的人经常把 ius 和 lex(即权利与法律)混为一谈,我们却应该把它们分开;因为权利的本质在于去做或去克制之自由,法律则决定应该去做或去克制,而且使人不得不去做或不得不去克制;因此法律和权利之区分大得犹如义务和自由之区别。"(同上,第68页。)我们很容易看出,登特列夫和施特劳斯一样,都将从"法律"或"正当"向着"权利"的转变视为"古今之变"的标志,只(转下页)

中自行其是地生活——几乎所有主张契约论的思想家都不约而同地设定了"自然状态",这一点迥异于"人是政治的动物"的古典人性观。这些拥有平等权利的、独立的个人,只是为了避免自然状态下的暴力或不便,才决定将自己的全部或者一部分权利让渡出去,组建起一个共同体或国家。总之,权力是来自权利的;而权利的载体则是个人。在现代契约论那里,所有与政治有关的概念都是第二位的,而个人和权利才是第一位的,是共同体的基础和目的。也就是说,在契约论的观点中,"国家的职能并非创造或促进一种有德性的生活,而是要保护每个人的自然权利"①。施特劳斯认为,这种将个人权利视为国家权力的基础的观点,是现代自由主义的特点。

然而,"人"和"自然权利"是非常复杂的概念。霍布斯、洛克、卢梭、孟德斯鸠等思想家对于人性是善是恶、自然权利包括哪些内容、所谓的"个人权利让渡为公共权力"究竟是在多大程度上进行的,无不有各自不同的看法。在观点的纷纭和争执背后,事实上是契约论乃至现代世界本身的分裂和悖论。哈贝马斯认为,对分裂的明确意识和试图克服这种分裂的尝试,是黑格尔的深刻性所在,因为"分裂"正是现代的特征,因此也就是哲学的核心课题②。

与市民社会密切相关的两种分裂,分别是主体中道德与权利之

(接上页)不过他们所选择的立场刚好相反。在此笔者想指出,本书在论及"法"或"权利"时,取的都是这些词在"今"时的意义,更强调它们与"古代"或"传统"的不同,而不甚强调字面上的"同一"。正如登特列夫所得出结论:"近代自然法会有那么大的威力和活力,还是因为它为人权辩护。理性主义、个体主义和激进主义三者结合起来赋予那个古老的字眼一番全新的意义。"(同上,第70页。)在笔者看来,这种"全新的意义"正是我们所身处的"时代精神",这一点是不容回避的。

① 列奥·施特劳斯:《自然权利与历史》,彭刚译,生活·读书·新知三联书店,2003,第185页。
② 哈贝马斯:《现代性的哲学话语》,曹卫东等译,译林出版社,2004,第25—26页。

间的分裂,以及权力中具有政治意义的"人权"与只强调经济意义的"所有权"之间的分裂。接下来,笔者将考察,这两种分裂是怎样发生的,以及它们如何塑造了现代所特有的对"市民"的界定以及市民社会本身的结构。

首先是主体中的区分。康德是这一区分的奠基者,他把主体的理性划分为理论理性、实践理性和判断力,由此,真理、善和美就区别开了。古典式的共同体的理想追求真理和善的同一,其最典型的例子就是柏拉图关于哲学王统治理想国的蓝图;在亚里士多德那里还可以看到试图将"美"也纳入共同体的尝试①。但自从康德进行"划界"以后,共同体就放弃了"真理"和"美",而将自己的领域局限为实践领域。"哲学完全从形式角度把文化价值领域分为科学和技术、法律和道德、艺术和艺术批评,所有这些领域彼此对立,此外,哲学还在此范围内把它们加以合法化。"②康德的区分还不止于此:他还将实践领域进一步细分为伦理学和法理学,前者是关于道德的,后者则是关

---

① 我们都知道,在柏拉图的理想国中是没有诗人的地位的,因为他认为诗人一方面不恰当地将神人格化,与共同体中虔敬的美德相违背;另一方面也纵容甚至挑起人的激情,引诱他们做出偷窃、欺骗、通奸等不道德的事。而亚里士多德则认为,诗艺,也即"美",完全能够对共同体的道德和理性产生积极的作用。进而言之,诗艺本身所带有的"想象"的特征,甚至使得它比历史更为严肃和对共同体有利。"诗人的职责不在于描述已经发生的事,而在于描述可能发生的事,即根据可然或必然的原则可能发生的事。……前者(历史)记述已经发生的事,后者描述可能发生的事。所以,诗是一种比历史更富哲学性的。"(亚里士多德:《诗学》,陈中梅译注,商务印书馆,1996,第81页)因此在亚里士多德以后的古典的政治哲学版图中,真、善、美本就天然地交织在一起,并且"美"在其中承担着"对可能性的想象"的任务。直到今天,在政治哲学已经历了如此之多的颠覆和变迁的情况下,依然有思想家相信,政治哲学是一种"构想"(沃林:《政治与构想》,辛亨复译,上海人民出版社,2009,"前言"。)。此外,审美的乌托邦维度也不断被强调,其中尤以阿多诺等法兰克福学派的思想家为代表。并且,弥合"美"与"真"之间的裂痕的尝试,和黑格尔所开启和强调的弥合"善"与"真"之间裂痕的道路,是面对现代性之分裂的两条平行而又高度相关的思路。

② 哈贝马斯:《现代性的哲学话语》,曹卫东等译,译林出版社,2004,第23页。

于权利的。康德认为,关于道德的决定取决于每个人内心的追求,是无法通过外部立法加以规定和改变的;共同体(在这一问题上具体说来就是立法机关)所能够处理的就只有关于权利的问题。

其次,"权利"本身也是一个复杂的概念。根据18世纪的启蒙学说和自然权论,它包括自由、财产、安全和反抗压迫的权利,以及言论、信仰、著作和出版自由等权利。霍布斯尤为强调的是人的生命权,并在此基础上建立起了登特列夫所说的"激进主义的"国家学说。最终成为现代市民社会之"总概念"的,则是为洛克所强调的所有权。

但无论对于"权利"有怎样的理解、权利的范围如何收窄,我们都可以从不同的思想家那里看到,他们之间的共同点是很明显的,那就是对"政治"的理解的改变。至于道德从权利中分离出去、公民权从人权中分离出去的过程,都可以理解为是自由主义越发趋向彻底性的过程。在权利成为政治的地基之后,现代世界无可避免地走向了"所有权"一家独大的局面。

一、主体的分裂:道德和权利

根据哈贝马斯的看法,主体性乃是现代性的原则。具体来说,主体性包括以下三种内涵:①个人主义,也即在现代世界中,所有的个体都认为自己是特殊的。②批判的权利,也即所有特殊的个体都只承认自己所认可的东西,换言之,没有什么东西是"不言自明的"。所有的原则,如果它想要得到人们的接受和承认,就必须对人们证明它是合理的。③行为自由,也即只有在现代,我们才能具有根据自己的意志而行动的自由,并因此才能对自己的行为负责。[1] 这一主体性原

---

[1] 关于哈贝马斯所说的主体性的三个方面的内涵,参见哈贝马斯:《现代性的哲学话语》,曹卫东等译,译林出版社,2004,第20页。

则是由康德所奠定的。但同时必须看到,康德所做的不只是奠定了主体性,他还为这一原则作出了划界,康德首先将哲学划分为理论哲学和实践哲学,并为它们奠定了各自的基础。

接着,康德对实践理性又进行了更进一步的细分,即细分为道德的和法律的。他明确规定了这两者所根据的是不同的原则,且适用于不同范围的事务。他首先说明了实践立法的两个因素:首先,一切立法都有强制性,它表明立法所规定的行为是应该发生的,从而把这种行为变成义务。其次,一切立法都与行为的动机相联系:在有些立法下,人们的行为的动机可以是任意的,他对于法律的唯一义务便是行为本身符合法律;在另一些行为中,人的动机必须是法所规定的义务本身。康德根据行为与动机的不同关系,区分了两种立法①。

1. 伦理的立法(道德)与法律的立法(权利)

康德根据动机的不同,将立法以及相应的行为区分为两种,即伦理的②立法与行为,以及法律的立法与行为。在伦理的立法行为中,

---

① 康德:《法的形而上学原理》,沈叔平译,林荣远校,商务印书馆,1991,第19页。
② 关于康德那里"伦理(Sitten 或 Sittlichkeit)"和"道德(Moralität)"这两个术语的翻译问题,必须在这里提一下。邓安庆先生指出,"就学科意义上,'伦理'和'德性'的区别实际上早在苏格拉底(他被看作是西方伦理学之父)的伦理思想和亚里士多德的伦理学(他被看作是'伦理学'的首创者)的不同特色中鲜明地表现出来了。因为前者的核心问题是'美好生活如何可能的问题',这无疑属于'伦理'的层面,而不是亚里士多德的'德性'层面或后来伦理学的道德规范层面的问题。"(邓安庆:《康德伦理学体系的构成》,载林宏星、林晖编《复旦哲学评论》第2辑,上海辞书出版社,2005。)之后,黑格尔沿着这两条不同的路径,进一步将"伦理"界定为家庭、市民社会和国家中的"客观精神"的表现,而将"道德"视为"主观意志"的表现,并在这一意义上将康德当作"道德阶段"的代表,取的是康德更强调道德之绝对命令的自律之意。但在康德本人那里,对这两个词的界定和运用,却与黑格尔有所不同。"康德着重于从伦理学体系的内在关系而不是从这两个具体的术语来进行区分的。就是说,他的伦理学体系应该包含两个部分,一个是纯粹的伦理哲学(形而上学),探讨的是伦理的纯正源泉,或者说伦理的本根在哪里,一个是伦理的应用哲学(道德学或德性论),探讨的是将伦理原理运用于可经验的人性(人(转下页)

行为的动机直接就是立法所规定的义务；在法律的立法中，则并未规定其中的动机原则。也就是说，在伦理的立法中，人们并不是为了其他任何经验性的和偶然的动机而行动，他们的行为的唯一动机就是，这是符合义务的行为。因而判断一个行为是否合乎伦理的立法，其标准并非行为本身，也不是它产生的后果是好是坏，而是行为的动机。而在法律的立法中，则完全允许人出于各种各样的动机而行动（哪怕是很坏的动机）。这并不能理解为法律的立法有意识地允许甚至鼓励坏的动机，而必须理解为，法律的立法根本就不关心行为的动机：它与动机彻底无关，而只关心行为的外部表现是否符合法律所规定的义务。至于行为背后的内心活动，则完全不是法律的立法所应该和能够考虑的。根据伦理的立法而作出的行为，其核心是行为的合法性；根据法律的立法而作出的行为，其核心是道德性。

康德将前者的范围称为伦理学，后者则是法理学。作为道德的科学的伦理学，以及作为权利的科学的法理学，它们之间的区别并不在于它们所规定的义务不同，而更多的是在于它们的立法方式不同。在伦理的立法中，由于规定了行为与动机的直接关系，并且它所涉及的更多的不是行为与法的关系，而是行为与动机的关系。也就是说，它的核心是道德性，因而这种立法就不可能是外在的，虽然它所规定的义务既可以是外在的也可以是内在的。法律的立法则并不关心动

（接上页）类学）。"（同上。）因此邓先生主张，康德发表于 1785 年的"Grundlegung zur Metaphysik der Sitten"和发表于 1797 年的"Metaphysik der Sitten"应分别翻译为《伦理的形而上学探本》和《伦理的形而上学》，如此更为贴合康德的原意，也更能够与对黑格尔等其他思想家的相关翻译统一起来。由于本文对康德的讨论，在大多数情况下都是从黑格尔的视角切入的，而在黑格尔本人对"道德"和"伦理"的论述语境中，在谈到康德时采用"道德"一词是合理的；但康德本人对这两个词的使用却有所不同，再加上翻译中的问题，确实会产生很大的混乱，因此笔者将邓先生的辨析放在这里，以便澄清。

机而只关心行为和法的关系,因而只可能是外在的立法。因此康德指出,遵守契约规定的诺言是一种外在的义务。如此,我们就看到了哈贝马斯所说的"法律和道德"之间的区分,人类的实践理性被明确地分为"内在的道德"和"外在的法律"。

2. 内在的立法(道德)和外在的立法(权利)

在进行了这样的划分后,康德十分明确地表示,就实践理性的本质来说,道德在逻辑上先于权利;它的地位也比权利更为重要和根本,因为只有道德才是真正出于自由的自我立法。换言之,只有它才真正体现了现代的主体性原则,"我们唯有通过道德命令(它是义务的直接指令)才认识我们自己的自由——由于我们是自由的,才产生一切道德法则和因此而来的一切权利和义务;而权利的概念,作为把责任加于其他人的一种根据,则是后来从这种命令发展而来的。"[1]但同时康德也认为,道德是某种私人的东西,只与人的内心意图有关,而无法由外部立法加以强制或干预。唯一能够为立法所控制,并因此而与公共生活有关的,只是人的外部行为。

因此,尽管道德是更为根本的东西,但它并非公共生活及外部立法所应当关注的对象。于是,康德事实上为权利保留了充分的独立性,只有关于权利的事情(无论是私权还是公权)[2]才属于公共事务。

---

[1] 康德:《法的形而上学原理》,沈叔平译,林荣远校,商务印书馆,1991,第34—35页。
[2] 我们可以看到,康德颠倒了18世纪以前人们对于何为"公"和"私"的看法,这种颠倒是意味深长的。康德在《答复这个问题:"什么是启蒙运动?"》中区分了理性的公开运用和私下运用:"我所理解的对自己理性的公开运用,则是指任何人作为学者在全部听众面前所能做的那种运用。一个人在其所受任的一定公职岗位或者职务上所能运用的自己的理性,我就称之为私下的运用。"(康德:《历史理性批判文集》,何兆武译,商务印书馆,1990,第24—25页。)约翰·克里斯蒂安·劳尔森(John Christian Laursen)从中看到了,康德把关于何谓"公共生活"、何谓"私人事务"的看法颠倒过来了:"我们习惯于把一个从事公民服务的事业看作是我们的'公共生活'的一部分,把我们在夜晚和周末从事的写作看作我们自己的(转下页)

因此我们可以看出,康德将实践领域划分为"内在的"和"外在的"两种(此后黑格尔也经常使用"彼岸的"和"此岸的"这两个表述)。他认为道德是内在的、个体性的和严格自律的;权利或者法则是外在的、群体的和他律的。以赛亚·柏林指出:"康德主张对个体本身来说,在一个完整的人的生活中,自由地作出选择的重要性本身就是其本质要素。换言之,人本主义的自由概念认为自由(freedom)是善,不仅仅是因为它是实现个人选择追求(无论那些追求可能为何)的目的之工具,也是因为自由是完全的和内在的善。"①虽然康德本人从未说过

(接上页)私下事情。就像许多学者已经注意到的,康德把这个意义颠倒过来。"(詹姆斯·施密特:《启蒙运动与现代性:18世纪与20世纪的对话》,徐向东、卢华萍译,上海人民出版社,2005,第260页。)直到18世纪中期,法学家们都将"公共的东西"与君主联系起来,也就是说,一件东西"是'公开的',不是因为它们出现在公共场合或具有一般用处,而是因为君主声称拥有它们"。(同上,2005,第262页。)但到了18世纪后半叶,"公共的"的含义逐步转变为"由有鉴赏力的男人和女人组成的真正的公众"。到康德1784年写作《答复这个问题:"什么是启蒙运动?"》时,他将人的职业行为称为"私人的",而将"作为学者"在"全部听众面前"发表他的看法称为"公共的",就已经明显带有了公民政治参与的含义。他认为,人在"私人职业行为"中,必须明确服从法律和上级的命令,不然社会根本无法正常运转:"就涉及共同体利益的许多事物而言,则我们必须有一定的机器,共同体的一些成员必须靠它来保持纯粹的消极态度,以便他们由于一种人为的一致性而由政府引向公共的目的,或者至少也是防止破坏这一目的。在这上面确实是不容许有争辩的;而是人们必须服从。"(康德:《纯粹理性批判》,邓晓芒译,杨祖陶校,人民出版社,2004,第25页。)但是,当人们在进行理性的公共运用时,则可以自由地表达意见,哪怕他的意见和上级的命令或者现行的法规相反对也一样。例如,一个服役的军官在部队中必须服从上级的命令,"但是他作为学者而对军事业务上的错误进行评论并把它提交给公众来作判断时,就不能公开地加以禁止了"。又例如,一个公民不能拒绝缴税,但"这同一个人作为一个学者公开发表自己的见解,抗议这种课税但不适宜与不正当不一样,他的行动并没有违背公民的义务"。(同上。)因为康德认为,每个公民都可以是业余的学者,在公共领域中进行自由的讨论,这种自由的讨论让公民增长见识,因此对于国家大有好处;但同时,他们作为"私人",又必须在职业生活中遵守法律。

① 以赛亚·柏林:《浪漫主义时代的政治观念:它们的兴起及其对现代思想的影响》,哈代编,王柔兴、张蓉译,新星出版社,2011,第15页。

外在的法权不重要,但他显然认为,严格意义上的实践行为必然是自律的道德行为。他对道德中的自由和主观性因素的强调,以及他对道德和法的区分,是现代性的标志。

3. 政治的基础:道德或者权利

这种区分在后世产生了康德本人意想不到的后果。首先也是最为直接的后果就是,政治的基础从道德变成了功利和法律。查尔斯·泰勒指出,康德的实践哲学划分意味着,道德是私人的事情,是与人群中的政治事务无关的东西,因此政治就失去了"主体间"的因素。关于政治事务,我们不再能谈论它"是否道德";而一种摒弃了道德的政治哲学,就只能从功利主义中寻求基础。"因为康德只具有一个形式的自由观念,他无法把他的政体观念从那个观念中推导出来。他的政治理论最终到功利主义那里去汲取资源。"①而功利主义的政治哲学的预设无非是,在保证形式上的平等和不受干涉的自由的前提下,追求最大多数人的最大利益。因此,政治哲学本应关注的"善"的问题就被简化为"消极自由",政治的问题就被简化为法律:"政治学问题在于找到一条限制每一个个体的消极自由的途径,以便在一个普遍法则条件下,它能够与所有其他人的自由并存。"②总之,既然道德是只属于个人的事,那么属于政治的事,就只剩下权利以及对权利的法律规定。

更进一步的影响则比较隐蔽,它所涉及的是道德命令和文化价值之间的分裂,这一点也是黑格尔与康德之间的重大分歧所在。康德所设想的道德命令是绝对的,也就是说,必须排除一切经验性事物的影响。康德为了维护绝对命令的纯粹性,强调人们做出道德决

---

① 查尔斯·泰勒:《黑格尔》,张国清、朱进东译,译林出版社,2002,第568页。
② 同上。

断时必须摈除个人好恶的影响。但他没有关注到,"好恶"并非只涉及人的日常琐碎的私利,文化同样是一种非常依赖经验、传统和习俗的"好恶"。列奥·施特劳斯认为,将文化排除在政治之外,是相对主义和虚无主义的先驱①:"道德命令诉诸我们的良心,而文化价值则

---

① 尽管康德将道德排除出了政治的领域,但他也确实为道德找到自由这一不可动摇的基础,现代人都会承认,在被迫的情况下的任何作为,都谈不上道德与否,只有自由才是道德的保证。因此现代人拥有了重视与捍卫个人自由的强烈动机;只有出于自由意志的行为,才谈得上是道德的行为;只有自由的人才称得上是真正的人。并且,康德认为,外在的、经验性的因素在绝对命令面前也根本不值一提,无论客观条件如何、外部障碍几许,人都可以坚持按照绝对命令行事,这种强有力的观点也足以为绝境中的人提供保持道德和尊严的力量。就这两点而言,康德的功绩是无法抹去的。

但是,后世的哲学家也看到了问题的复杂性所在。施特劳斯就认为,从这种现代的个人主义道德观过渡到虚无主义,至少在逻辑上是毫无问题的。他在《自然权利与历史》中讨论韦伯的段落中阐述了这种亲缘性:首先,就韦伯承认绝对命令而言,他是个康德主义者:"韦伯承认了具有绝对的约束性的理性规范、亦即道德律令的存在。……人的尊严就在于他的自律,也就是说,在于个人自由地选择他自己的价值或理想,或者说在于服从'成为你之所是'的戒条。"(列奥·施特劳斯:《自然权利与历史》,彭刚译,生活·读书·新知三联书店,2003,第46页。)但问题是,这个绝对命令是形式的,它不以任何方式来决定理性的内容。并且,康德将文化与传统摈除在道德领域之外,因此"在人们得以从其中进行选择的不同的价值之间,存在着无法解决的致命冲突"。(同上,第47页。)于是"高尚意味着献身于某一事业,无论它是善还是恶;卑下则意味着对所有的事业都淡然于心"。(同上,第48页。)因此,道德似乎成了一个"纯粹'生机主义'的价值(purely 'vitalistic' values)",也就是说,道德或高尚与否,仅仅取决与是否"献身","'你应该有理想'的绝对命令就变成了'你应该富于激情地生活'的指令。"(同上,第49页。)于是我们发现,似乎激情的生活就是值得称道的,而无论这激情的对象是什么;而对事物采取一种冷静的和理论的态度就是"卑下的"。这显然是一种虚无主义。

在第二章第一节中我已经论述了,黑格尔批判了坏的怀疑主义将自身的好恶作为判断是非的标准的做法,这一批判与施特劳斯对"绝对命令"中的虚无主义苗头的批判十分相似。此外黑格尔也从浪漫主义那里吸收了对文化与历史的尊重和理解,试图为形式化的"绝对命令"增加具体的内容。但就像康德的道德哲学在为道德进行强有力的奠基的同时也在逻辑上为虚无主义开了方便之门一样,黑格尔对"文化"的浪漫主义式复兴也在逻辑上为历史相对主义开了方便之门。至此,我们不由得想起黑格尔所说的"哲学的任务是要把握这个现在所是的东西"(转下页)

诉诸我们的情感:个体必须履行他的道德义务,这完全取决于他独断的意志,而无论他希望去实现文化理想与否。……正是由于道德命令与文化之间的根本差别,伦理学在涉及文化和社会问题时只能一言不发。"①相反,黑格尔则意识到了在政治中为文化、传统等经验性的东西保留一席之地的意义。②

(接上页)"哲学也就是被把握在思想中的它的时代"以及"关于教导世界应该如何存在……反正哲学总是来得太迟"等说法。(《法哲学原理》,邓安庆译,人民出版社,2016年,第13—14页。)我们必须承认,从绝对命令到虚无主义、从浪漫主义对文化的强调到相对主义之间的推论,虽然在逻辑上似乎没有问题,但问题在于,这种推论不仅发生在逻辑中和理论中,也发生在现实中。因此《法哲学原理》中对历史和现实采取的那种静观的态度,似乎是相对可取的。

① 列奥·施特劳斯:《自然权利与历史》,彭刚译,生活·读书·新知三联书店,2003,第48页。

② 对文化、传统等经验性的东西的保留,与康德的"激进主义"相比,似乎是一种"保守"的东西,似乎与"现代"的整个精神气质相悖(在西方学界,关于黑格尔是否是一个"保守主义者"的争论从未间断)。但卡尔·曼海姆告诉我们,"保守主义"并不是字面上的那么简单,它不同于某种天真的和不假思索的"传统主义":"我们常常固守旧方式,不愿接受新发明,这是一种普遍存在的心理倾向,这种特性也被称为'自然保守主义'。但是我们宁愿避免使用'自然'这一危险的术语,而用马克斯·韦伯所喜欢的'传统主义'这个表述方式来取而代之。"(曼海姆:《保守主义》,李朝晖、牟建君译,译林出版社,2002年,第56页。)这更多的只是一种普遍存在的"不愿接受新事物"的心理状态,与个人的政治态度没有多大关系。而曼海姆将"保守主义"界定为狭义的"政治保守主义",它"是一种在有意或无意间表露出来的某种思想方式和行为方式倾向,其内容和形式常常能够通过历史的深层因素而得到解释,虽然在它达到某一特殊的个体那里时,可能已经经历了许多变迁。"(同上,第57页。)因此,政治保守主义具有黑格尔意义上的"历史性"特征,它总是同时涉及"一种与特殊个体的当下(hic et nunc)经验相关的客观性";以及对这一特殊的和经验上的"客观性"作出反应和行动的孤立的个体。"传统主义行为大多只是反应性行为,而保守主义行为则是具有意义取向的行为。"(同上,第60页。)而在黑格尔那里,"保守主义"这一"意象"所针对的,是浪漫主义对启蒙的反动。"浪漫主义作为启蒙思想(资产阶级资本主义在哲学上的支持者)的经验反动,在社会学上的重要性在于它的成就。……浪漫主义正好寄居于那些仅仅作为资产阶级理性主义威胁要制服的残余潜流的生活态度和领域。"(同上,第46页。)黑格尔一方面同样认同"残余潜流的生活态度和领域",另一方面又对浪漫主义的后果十分担忧。他看到了这样一种趋势,即浪漫主义认为启蒙的主体是"过度(转下页)

总之,如查尔斯·泰勒所说:"康德的激进的自由观是纯粹形式的,因此是空洞的。它无法产生一个新的实质性的自由在其中得到实现的政体见解。"①他为道德进行了奠基,但另一方面也将道德和权利割裂开,将道德从政治哲学中排除出去了,此后的政治哲学就将自己局限于用法律的方式处理关于个人权利的问题。

二、权利的分裂:人权或公民权

1. 人(homme)和公民(citoyen)

在主体分离为道德的主体和权利的主体,并且权利超越道德成为社会的真正基石之后,权利本身也出现了分化。《人权和公民权宣言》(*Déclaration des Droits de l'Homme et du Citoyen*)中,就包含了

(接上页)理性化的"和"表面的平等",因而有损于"真正的主体"和"自由",因此他们倾向于"将这种'形式上的自由'从个体分开并为其找到一种真正的载体,一种自由的'真正主体',在广泛的集体组织中是找到'有机共同体'。"(同上,第86页)但黑格尔看到,这种寄情与"有机共同体"的自由所导致的却是不自由。"自由的这种形式在政治生活和宗教生活的活泼的狂热中,有更具体的表现。例如,法国革命的恐怖时期就属于此。在这个时期,一切才能方面和权威方面的区别,看来都被废除了。这是一个对任何特殊的东西感到震惊、发抖、决不妥协的时期。因为狂热所希求的是抽象的东西,没有环节的东西。所以只要看到有差别的苗头出现,就感到这些差别违反了它的无规定性而加以剪灭。因此之故,革命人士把他们自己建立起来的制度重新摧毁,因为每种制度都违背了平等这一抽象的自我意识。"(黑格尔:《法哲学原理》,邓安庆译,人民出版社,2016,第40页。)也就是说,黑格尔指出的浪漫主义的吊诡之处:他们从极端的"自由的主体"开始,这种自由否定一切已有的东西(无论它们的好坏),因此很快自由就带来了空虚。于是"自由的主体"就开始寻求极端地认同和服从"有机的共同体";"自由"走向了"逃避自由"。而这样一个由抽象的主体凭空建立起来的抽象的"有机共同体",事实上只可能是一个骗局,它无法为任何具有真正的自由思想的人提供理性的归属感,也就更加不可能长时间地为只固执于抽象自由的人提供归属感;当"有机共同体"的短暂幻像破灭后,"自由的主体"唯有再次破坏这个抽象的共同体。于是,诸如"革命人士把他们自己所建成的制度重新摧毁了",乃至"革命杀了自己的孩子"等现象在抽象自由的框架下,只能是一个无法打破的必然和循环。

① 查尔斯·泰勒:《黑格尔》,张国清、朱进东译,译林出版社,2002,第568页。

人(homme)和公民(citoyen)这两个概念。"人的权利"是原初意义上的"人权",它所指涉的人,并不是指公共生活中的国家公民,而是各自生活的私人。这些私人所组成的国家并不是"城邦",人在国家中也并不是"政治的动物"。这样的国家更多的是一个"社会",而非国家,因为它的目的是保证个人的自由不受权力的强制,他的财产和权利也不受侵犯;此外它还应当保证个人对幸福的追求和享受,也就是说,是在保证人在社会中的特殊利益,而不涉及任何与所谓积极自由有关的内容。因此,基于人权的国家并不拥有自己的目标和意义,它纯粹是为个人服务的。

而"公民的权利"则具有不同的意义。"公民"的概念更类似于古典政治哲学所理解的"政治的动物"。如果说一个人作为"人本身"的权利是天赋的和绝对的,不能为国家所侵犯和剥夺;那么人作为"公民"所具有的权利则是由国家所规定的,因此国家才是第一位的,公民从概念上讲则是国家的产物。在《人权和公民权宣言》中,这两个概念同时出现,它们之间的区别也就无法回避。人权和公民权的并存以及它们之间的区别,就构成了现代市民社会中的第二个悖论,也即,现代人所理解的共同体,究竟是私人的社会,还是公共的国家?

2. 城邦状态和公民权

事实上,《人权和公民权宣言》所出现的人和公民、社会和国家间的问题,在卢梭那里就已经出现了。洛维特认为:"卢梭的文章中包含了对市民社会中的人的问题的第一次和最有意义的概述。这个问题在于,市民社会中的人并非统一的和整体的东西。他一方面是私人,另一方面又是国家中的公民,因为市民社会和国家间的关系本就是充满疑问的。自卢梭以后,这种复杂的关系就成为所有现代国家和社会学者的基本问题。"①

在《社会契约论》中,卢梭更偏向于主张公民权,同时也就主张把共同体理解为联系紧密并具有独立价值的国家。《社会契约论》中所主张的是人把自己的权利全部转让给共同体。"这些条款无疑地也可以全部归结为一句话,那就是,每个结合者及其自身的一切权利全部都转让与整个整体。……其次,转让既是毫无保留的,所以联合体也就会尽可能地完美,而每个结合者也就不会再有什么要求了。"因此,社会契约可以归结为:"我们每个人都以其自身及其全部的力量共同置于公意的最高指导之下,并且我们在共同体中接纳每一个成员作为全体之不可分割的一部分。"②

我们可以看到卢梭从契约论出发,得出了一个古希腊城邦式的作为政治共同体的国家。生活于其中的人,需要依从这个共同体来定义自己的身份和价值。值得注意的是,卢梭对这样一个共同体中人的身份的界定,并没有过度简单化。他从人和共同体的关系的不同层面以及从人在共同体中不同类型的行为着眼,赋予了它不同的名称——"城市"和"城邦"、"公民(citoyen)"和"市民(bougeois)"具有不同的含义:"大多数人都把城市认为是城邦,把市民认为是公民。他们不知道构成城市的是家庭,而构成城邦的是公民。"③也就是说,"城市"是对应于"市民"的;"城邦"是对应于"公民"的。国家的成员就其个别地参与主权权威而言,应当称之为"公民"而非"市民"。这说明卢梭在此十分强调,公民权的核心内涵就在于,它拥有完整的政

---

① Karl Löwith, *Karl Löwith Sämtliche Schriften 5: Hegel und die Aufhebung der Philosophie Max Weber* (Stuttgart: J. B. Metzlersche Verlagsbuchhandlung und Carl Ernst Poeschel Verlag, 1988), p.176.
② 卢梭:《社会契约论》,何兆武译,商务印书馆,2005,第20页。
③ 同上,第21页。

治权利;从另一方面来说,"公民权"是建立在政治国家之上的概念,对公民来说,参与国家的管理并非一种可以行使也可以不行使的权利,而是他的本质规定。而在黑格尔看来,个人作为市民社会的成员,只具有卢梭所认为的"市民(bürger)"的含义,而不具有"公民(citoyens)"的含义。因为他们的目标仅仅是私人的利益,而不是"伦理(ethical)"目的。①

卢梭在《论科学和艺术》中,则以古典城邦(尤其是斯巴达)为蓝本,对现代文明和政治共同体多有批评。在此文中他认为,科学和艺术之所以是有害的,首先在于它让公民退回闲暇而孤独的思考②,从而轻视自己作为公民对城邦的职责。"科学既产生于闲逸,反过来又滋长闲逸;因此它们对社会所必然造成的第一种损害,就是无可弥补的时间损失。在政治方面正像在道德方面一样,任何好事都不做就是一桩大罪过,因而一个无用的公民也就可以认为是一个有害的人。"③其次在于,科学和艺术质疑和嘲笑城邦本身的团结和美德,也就是说,嘲笑公共的传统的事物。"他们以他们那些致命的诡辩武装起自己以后,就在摇撼着信仰的基础并在毁灭德行了。他们鄙夷地嘲笑

---

① 关于黑格尔认为市民社会的成员仅仅是"市民"而不是"公民",并据此批判市民社会的非伦理理性的观点,参见 Hegel's ethics, The Cambridge companion to Hegel。
② 亚里士多德对"沉思的生活"也有一种矛盾的态度,他认为沉思是一种不以外物为目的的生活,因此是最完善的幸福。但亚里士多德又说,"这是一种比人的生活更好的生活",换言之,它基本上是一种"神性"而非"人性"的生活。而"人的生活"以及与人的生活有关的德性则"都是在与他人的相互关系中做出的,都是在遵守交易与需要方面的适合每一种场合的实践与感情,而所有这些都是人的事务。"(亚里士多德:《尼各马可伦理学》,廖申白译注,商务印书馆,2003,第 308 页。)因此在亚里士多德那里,沉思是自足的,并不需要共同体;而共同体也并不需要沉思,而是需要立法。
③ 卢梭:《论科学与艺术》,何兆武译,商务印书馆,1963,第 22 页。

着祖国、宗教这些古老的字眼,并且把他们的才智和哲学都用之于毁灭和玷污人间一切神圣的事物。"①我们不难看出,黑格尔对片面的怀疑主义的批判,与卢梭对科学和艺术的批判如出一辙。他们都指责那种将自己的主观任性当作真理和评价的标准、质疑普遍物的做法。因此,卢梭认为科学与艺术的复兴带来的效果并不是敦风化俗,而是恰恰相反:古代城邦(以斯巴达为例)中的政治家不停地强调风尚与德行,公民虽无太高的科学文化素养,但也非常服从共同体的秩序,并以共同体的美德要求自己;而现代的政治家则只讲究生意和金钱,市民们要么将金钱作为唯一的目标,要么就以艺术的自娱打发时间、远离公共生活,或者就以科学的理性嘲笑传统和共同体本身,而任何一种做法都是有害的。

3. 自然状态和人权

但卢梭不只是《社会契约论》和《论科学和艺术》的作者,他还是《论人类不平等的起源》《爱弥儿》《山中书信》甚至是《忏悔录》和《一个孤独漫步者的遐想》的作者。在这些作品中,卢梭又更为强调人的"自然"。在《爱弥儿》中,我们几乎随处可见卢梭对社会性的东西的回避,他倾向于认为,社会性的东西就像《论科学与艺术》中奢侈的文艺和虚伪的社会规则一样,都对人的本性无用甚至有害。洛维特指出:"在卢梭的思想中,存在着回到自然状态和回到希腊城邦这两种不同倾向间不可调和的矛盾。但这种矛盾却并不是卢梭的弱点而正是他的优点:他认识到了,'自然的'人和市民社会的国家之间、消极自由和基于积极自由的公共强制之间那错综复杂的基本关系,因为他并没有掩盖对人的这种压制,而是认识到这种错误的关系,并将它

---

① 卢梭:《论科学与艺术》,何兆武译,商务印书馆,1963,第23页。

上升为一个专门的论题。"①

在《爱弥儿》中,卢梭一开始就指出了"自然人"和"公民"是不同的:自然人完全是为他自己而生活的,他本身就是自足的,只与作为自足的自然人的其他人发生关系,并且这种关系只是爱和友谊的关系。公民则只不过是"一个分数的单位""是依赖于分母的",因此他本身并无独立的价值,他只有在他与他人的关系中才有价值,并且,这里的"他人"并不是其他独立的人,而毋宁是"总体"或者说共同体。卢梭认为,对人的"自然人"的规定和"公民"的规定这两者必定是互相矛盾的。

因此,在《爱弥儿》这本谈论教育的著作中,卢梭在进入正文之前首先提出了一个背景性的问题:教育的目的是让人"成人",但既然对人存在两种界定,并且它们之间具有不可调和的矛盾,那么对教育来说也是如此:"从这两个必然是相互对立的目的中,产生了两种矛盾的教育制度:一种是公众的和共同的,另一种是特殊的和家庭的。"②在这两种互相矛盾的教育中,卢梭显然更倾向旨在把人塑造成"自然人"的特殊的和家庭的教育。因为他认为社会秩序本身就是一种偏见,因此相应的教育也容易养成僵化和偏见:在社会秩序中,每个人的价值依赖他在社会中的作用和位置,也就是说是他的"地位",因此社会教育必定是根据"地位"的要求而进行的。于是,只有当一个人所受的教育是与他成年后的职业相一致的时候,这种教育才对他有利,不然的话就是在给予他不符合地位的偏见。这就要求了"地位"本身是命定的、是某种固化的阶层,因为非如此就无法确定,一个

---

① Karl Löwith, *Karl Löwith Sämtliche Schriften 5: Hegel und die Aufhebung der Philosophie Max Weber* (Stuttgart: J. B. Metzlersche Verlagsbuchhandlung und Carl Ernst Poeschel Verlag, 1988), p.175.
② 卢梭:《爱弥儿:上卷》,李平沤译,商务印书馆,1996,第 11 页。

人究竟该受哪一地位的教育。最终决定一个人的地位的,是父母的地位,是某种社会性的阶层规定。

而在自然的秩序中,情况则相反。卢梭认为按照自然的秩序,所有人都是平等的,他们都需要取得作为人的共同的品格,只要在"人"的方面受了合乎自然的教育,他就能具备一些基本品格,因此无论从事什么职业、在共同体中肩负什么身份,都可以胜任。因此,在《爱弥儿》中,卢梭采取了和在《社会契约论》和《论科学与艺术》中相反的看法,他不再认为社会性才是人的本性,相反,自然性才是第一位的。

施特劳斯认为,卢梭将自然状态视为政治状态之先的状态,将自然状态下的契约视为政治社会之所以建立的基础,与他对"人"而非"公民"的强调,也即对人的自然性而非政治性的强调,是密不可分的。"卢梭拒绝返回到人是社会动物的概念,是由于他所关注的是个人,亦即每一个人的彻底的独立性。他保留了自然状态的概念,是由于自然状态保障了个人的彻底独立。"①

从这一矛盾中生发出来的,事实上是对于共同体的目标的不同设定:强调"人权"的国家倾向于将人当成具有各自权利和利益的主体,他们的生活基本上是独立的;其目的基本上是自利的,因此共同体的目标也是保护他们的权利和安全,这样的共同体本身并没有独立的意义和目的,而是保护私人生活的工具。强调"公民权"的共同体则并不认为共同体应以个人为基础并为个人服务;相反,他们认为人是政治的动物,共同体相对于个人具有优先性,因此共同体本身就具有独立的意义,而个人的私人生活也要在共同体中才能找到自己的最高价值。细观卢梭的作品,我们就会发现,他对于"人权"和"公

---

① 列奥·施特劳斯:《自然权利与历史》,彭刚译,生活·读书·新知三联书店,2003,第284页。

民权"之间究竟应当如何取舍、与这两种人权概念相对应的两种不同的国家观之间究竟何者为优,他在不同的作品中表现出了不同的倾向。但就现代市民社会的发展和它最终采取的形态来看,至少在社会中,"人权"这一概念以及与之相应的共同体观念和形式取得了胜利。

三、所有权作为"天赋权利"

与康德和卢梭一样,洛克的政治哲学也建立在人性和人权观的基础上,但他的特别之处在于,他在"权利"这一内涵复杂的概念中,格外重视其财产权方面的意义。他认为政治权利的基础和目标都是保护财产权。"政治权利就是为了规定和保护财产而制定法律的权利,判处死刑和一切较轻处分的权利,以及使用共同体的力量来执行这些法律和保卫国家不受外来侵害的权利;而这一切都只是为了公众福利。"①可以看到,虽然洛克罗列了三种政治权利,但财产权是首要的,并且不同方面的权利的最终归宿是公共福利,也就是说,是公共的、普遍的财产权。因此,继康德将内在的道德和外在的权利分开并将政治的重心放在权利上,卢梭将自然状态下的人权和社会状态下的公民权分开并将政治的重心放在人权上之后,洛克完成了现代市民社会对自身之核心概念的最后一次收窄:他将财产权单列出来,将它置于其他天赋权利之上并作为其他一切权利的载体,将它设立为现代市民社会的真正基础。

在正式进入对所有权的讨论之前首先需要说明的是,虽然洛克的实际功绩是将财产权塑造为经济社会乃至于政治权力的基础,但他的《政府论》却是从"自由"和"平等"出发的。他认为人的首要权利是自由:"那是一种完备无缺的自由状态,他们在自然法的范围内,按

---

① 洛克:《政府论:下篇》,叶启芳、瞿菊农译,商务印书馆,1996,第 4 页。

照他们认为合适的办法,决定他们的行动和处理他们的财产和人身,而毋需得到任何人的许可或听命于任何人的意志。"其次则是平等:"这也是一种平等的状态,在这种状态中,一切权力和管辖权都是相互的,没有一个人享有多于别人的权力。"[1]洛克关于财产权和政府职能的论述,都建立在以上两大原则的基础上。

1. 所有权:通过劳动无限占有

对财产权的论述是洛克的权利观的中心。首先,洛克认为,整个世界都是全部人类的潜在所有物,但这种拥有只是笼统的"共有",而仅仅"共有"不足以支撑起所有权的概念。洛克认为这种潜在的所有物"必然要通过某种拨归私用的方式,然后才能对于某一个人有用处或者有好处"[2]。而"拨归私有的方式"就是劳动。只有当人对潜在的、共有的东西进行了劳动和加工,这个东西才同时脱离了它本身所处的自然状态,以及脱离了和他人共有的状态。是劳动为事物赋予了它原先所不具有的某种附加的价值,从而才使事物成为个人私有的合法财产,并排除了其他人对这一事物的权利。

洛克认为,就所有权本身而言(暂不涉及关于所有权的转让和契约的话),它一方面是排他的;另一方面的重要特征则在于,它在取得上是无限的,并且基于劳动的所有权无须其他人的同意,也不会对其他人造成损失。这是因为,首先,洛克假设自然界的东西是无限的,且只有通过劳动才能合法地将潜在共有的东西变为私人占有;但每个人劳动的精力和能力却都是有限的,因此每个人尽自己所能去占有,这并不会损及他人。其次洛克认为,土地划归私用的正当性基础在于劳动,而劳动只会让共同财富增加:"一个人基于他的劳动把土

---

[1] 洛克:《政府论:下篇》,叶启芳、瞿菊农译,商务印书馆,1996,第5页。
[2] 同上,第18—19页。

地划归私用,并不减少而是增加了人类的共同积累。因为一英亩被圈用和耕种的土地所生产的供应人类生活的产品,比一英亩任其荒芜不治的土地(说得特别保守些)要多收获十倍。"①但同时洛克也认为,财产的量依然有一个"正当"的范围,也就是,人们应当根据自己的需要占有财产。这是因为,当一个人在他所能享受的范围内通过劳动占有,这既对个人有利,也增加了共同的财富;而一旦占有超出了能够享用的范围,就造成了浪费,这从事实上减少了共同财富,于是就与一开始所说的政治权利是"为了公众福利"相违背。因此在洛克看来,超出这个限度的物品,即使是劳动所得,也并不是财产权的合理份额,应当使这些物品保留在潜在共有的状态,以待他人通过劳动占有。

可以看出,洛克对所有权的设想包括三个方面的规定:其预设的前提是土地相对于人口的无限性;其合法性来自通过劳动取得占有;其上限则以人的自然需求为限度。这种观点在生产能力相对落后、交换体系相对简单,并且没有将货币这一因素考虑在内时,似乎是非常合理的。它既能够鼓励勤劳生产,又不会造成太大的不公平。但随着生产的发展,自然就会产生货币,而货币则为洛克所理解的自然状态下的所有权带来了意想不到的问题。也就是说,通过生产或贮藏方式的改进——尤其是通过货币,人可以占有无限多的自己并不直接享受的财富。对于基于货币的对财富的无限占有所造成的问题,马克思有大量的论述和批判。事实上,黑格尔也同样意识到了这个问题,并在《精神现象学》中将它作为批判"教化王国"的一个重要理由。后文中会具体论述黑格尔是怎样进行批判的。

---

① 洛克:《政府论:下篇》,叶启芳、瞿菊农译,商务印书馆,1996,第25页。

2. 建立在所有权之上的政治国家

洛克对财产权的重视不仅体现在,他在"人权"的复杂光谱中格外重视财产权这一方面;更多的还在于,他所理解的政治国家是建立在财产权之上的——也就是说,政府的权力合法性来源是人们的同意,而人们之所以同意让渡权利、订立社会契约和接受统治,是因为政府可以有能力解决随着生产进步和财富的扩大而日益复杂严重的财产权纠纷。

洛克据此对国家权力作出了以下限定:首先,洛克认为,国家权力的来源从一开始就基于个人对保护财产权的需要。自然状态下的占有本身是一种很不安全、很不稳妥的状态,因为自然界的物本来处在潜在共有的状态中,只有劳动才让它成为私人所有,而这种标准是没有强制力的;何况洛克还指出了占有的量的合法限度问题,这一限度同样是没有强制力的。因此人们愿意放弃一些自由进入公民状态,借助政府中的暴力机关保护自己的财产。其次,国家的权力不能超出公众福利之外。洛克指出:"虽然人们在参加社会时放弃他们在自然状态中所享有的平等、自由和执行权,而把它们交给社会……但是这只是出于各人为了更好地保护自己、他的自由和财产的动机,社会或由他们组成的立法机关的权力绝不容许扩张到超出公众福利的需要之外,而是必须保障每一个人的财产。"[①]最后,从"国家权力"的实施来看,洛克认为,为了保证国家权力总是为保障个人财产服务,就需要它的实施绝不可以是偶然的和随心所欲的,而必须遵循一套法律。"谁握有国家的立法权或最高权力,谁就应该以既定的、向全国人民公布周知的、经常有效的法律,而不是以临时的命令来实行统治,应该有公正无私的法官根据这些法律来裁判纠纷;并且只是对内

---

① 洛克:《政府论:下篇》,叶启芳、瞿菊农译,商务印书馆,1996,第80页。

为了执行这些法律,对外为了防止或索偿外国所造成的损害,以及为了保障社会不受入侵和侵略,才得使用社会的力量。而这一切都没有别的目的,只是为了人民的和平、安全和公众福利。"①在这一段话中,事实上包括了对法律的三个更细的形式化的要求。

第一,法律必须是在应用于具体事例之前就已经制定好的:一个国家既不能没有法律,只在需要用到法律的事情发生后才凭统治者一时的偏好决定;也不能容忍过于不完备的法律而在事发时临时立法。换言之,法律本质上是事先既定的成文法,而不是临时的命令。第二,"既定的"其实是为了让法律最大限度地予以公布、为全国人民所周知。洛克认为,严格说来,只有为全国人民所清楚明白地知道的法律,才是合法有效的。在法律中决不允许保密条款之类的东西,也不允许故意使用过于繁复冗长的表达,为人们理解法律制造人为的障碍。法律的公开原则是为了最大程度地保证对所有人公平,不使某些人独占法律的制定和解释权从而损害其他人;以及为了保证个人能够像法律的制定者及法官一样,拥有关于法律的知识,让他们能够了解,法律从根本上是为保护个人权利而定的。第三,法律的具体实施需要由公正无私的法官,只在特定的情况下进行。具体说来,法律的对内实施只是为了调节国内的个人之间的纠纷;其对外实施只是为了防止外国的侵略,即通过保护本国的权力而间接地保护本国人们的权利。总之,洛克为社会公共力量的使用规定了一个非常有限和具体的范围,也就是为了个人的权利和个人间的和平服务,以及为了与所有个人有关的公共福利服务。我们不难发现,这三个目标的范围逐步扩大,但它们的落脚点都是个人权利。

---

① 洛克:《政府论:下篇》,叶启芳、瞿菊农译,商务印书馆,1996,第80页。

第三节 分工与财富：经济关系的体系化与绝对化

在上一节中，阐明了现代市民社会与古希腊城邦或中世纪社会的不同之处在于，现代市民社会有了一个不同的基础，即个人。而个人这一看似简单的概念又具有复杂的内涵：康德将实践领域严格区分为伦理学的领域和法理学的领域，前者是关于内心道德的，后者是关于外部立法的。虽然康德本人看重内在的道德奠基要多于看重外部立法；"道德主义"也是黑格尔对康德哲学感到不满的重要原因，但我们无法否认，对于现代社会和现代国家的建立而言，外部立法才是关注的重点。随即，"权利"本身也出现了分化。在关于人权的标志性文本《人权和公民权宣言》中，包含了"人权"和"公民权"这两个相关而又不同的概念。卢梭的思想的内部矛盾体现出了这两个概念之间不同的侧重点，以及它们之间难以调和的矛盾。"人权"指的是私人的权利；"公民权"指的则是人在国家中所具有的、与政治相关的权利。而现代市民社会的建立和发展的过程，也就是"个人"这一普遍的概念不断分裂和收窄的过程。最终，"财产权"掩盖和取代了"个人"的广泛内涵，单独成为了现代世界的基础。

在本节中，首先需要说明，当所有权成为经济社会乃至政治权力的基础之后，它就不仅仅是一个抽象的原则，而是立刻将自身发展为一套独立于政治国家运转的体系。这套体系的起点是生产领域内的分工。亚当·斯密认为，分工是现代社会的标志，也是判断社会是否"进步"和"文明"的标志。它不仅具有经济意义，而且具有政治性和文化性的意义。对个人来说，分工和合作都出于自私，但客观上促进了全社会的利益。"看不见的手"的理论就是对分工的合理性的论证,它试图证明,随着分工的扩大和细分,自然而然地就会形成一整套经济社会运转的体系,而无需权力的外在干预。社会宣告了自己的独立,并开始与政治国家分庭抗礼。

其次,在国家和社会的矛盾产生之前,就已经存在"乡村"和"城市"的矛盾。这种矛盾要从两方面理解,一方面是它在经济方面的意义,它是分工的普遍化的结果,体现着产业之间的竞争。另一方面是它的政治意义,体现着权力组织和传递方式的改变。在古代,农业是社会的支柱产业,大家族是适合于农业的社会组织方式,而政治权力也建立在农业和大家族的基础上。近代商业资本兴起之后,城市中的产业获得更重要的地位。财富从乡村转移到城市。经过重农主义和重商主义的斗争之后,政治权力选择了扶植更能获利的城市产业,并且权力本身也转移到城市。只有理解这一点,才能理解现代政治哲学理论的内部动机。

最后,政治哲学本身也产生了相应的变化。近代政治哲学已经不能满足于古代那种依赖家族和土地的政治哲学话语,新的政治哲学必须重新寻找自己的地基。苏格兰启蒙运动对这一深刻转变有了自觉的意识,并努力寻找与经济社会相适应的政治哲学。他们的方案是"反政治的政治",即一方面削弱主权和其他政治性的因素,另一方面则尝试用"法律"的概念取代"政治"和"道德"的概念。虽然苏格兰启蒙运动是一个复杂的思潮,每个思想家的观点各有不同,但他们都清晰地认识到,政治哲学必须面对经济社会发展所带来的挑战。最终,自由主义的观点成为主流,这一谱系的政治哲学都将经济中的原则运用到政治中,认为政治自由依赖于和服务于经济自由,政治国家和合法性和目的都在于维持经济社会的运转。

一、劳动分工作为社会组织的形式

对于现代市民社会而言,生产模式和贸易格局已经发展成了一套成型的、相对稳定的和某种程度上能够自行运转的经济的体系;它的运转方式则是越来越细化的分工和越来越广泛的交换。我们可以在《国民财富的性质和原因的研究》中看到亚当·斯密对于分工和交换的详细论述,而更为重要的则是,他看到了基于分工和交换建立起的社会已然拥有了自己的运行法则和相应的伦理和政治形态,它在一些最为基本的方面挑战了商品经济并不发达的传统社会中的那些原则。

1. 劳动分工与文明

首先,我们必须看到,在亚当·斯密那里,"劳动"是整个经济学体系的基础,他在《国民财富的性质和原因的研究》的开篇处就指出:"一国国民每年的劳动,本来就是供给他们每年消费的一切生活必需品和便利品的源泉。"①在他看来劳动是一个不证自明的前提,无需多加论证,而究竟怎样才能提高劳动生产力,也即分工合作的劳动组织方式,才是他讨论的关键。②

---

① 亚当·斯密:《国民财富的性质和原因的研究》,郭大力、王亚南译,商务印书馆,2008,第1页。
② 而在黑格尔那里,"劳动"却并不是一个可以毫无问题地接受下来的前提,而是具有某种哲学上的深意,在卢卡奇看来,这个概念甚至对黑格尔青年时期的体系思想萌芽具有构成性的意义:"因此我们相信,耶拿《伦理体系》中的劳动概念是一个本质性的范畴,而它在法兰克福时期的《体系残篇》中就已经有所表达。并且这非常有可能使得黑格尔将亚当·斯密的《国民财富的性质和原因的研究》之后的作品的一个预备而加以研究。"[Georg Lukács: *The Yong Hegel—Studies in the Relations between Dialectics and Economics*, trans. Rodney Livingstone (London: Merlin Press, 1975), p.174.]其主要原因在于,黑格尔看到了"劳动"这一概念的重要性,并将这一概念视为他自己的"主体—客体—合题"的体系中的内部(转下页)

首先，分工所带来的直接好处是生产力的提高："劳动生产力上最大的增进，以及运用劳动时所表现的更大的熟练、技巧和判断，似乎都是分工的结果。"①其次，分工几乎成了判断一个国家是否"进步"和"文明"的标志。凡是能够采用分工制的工艺，一旦开始引入分工了，就立刻提高了劳动的生产力，于是这一行业也就取得了更高和更独立的地位，因而能够将自己与其他行业区分开。因此事实上分工所带来最为重要的效果并非某一具体产品的产量和质量提高，而是整个社会的生产和组织形式开始以行业为单位划分，取代了以家庭为单位划分。因此亚当·斯密将没有完善的分工的社会称为"未开化"的社会，而将已经通过分工而组织的社会称为"进步的社会"②。因此，在亚当·斯密以及之后的自由主义者眼中，真正区分文明或进步与否的标准，其实并非生产力的高低这一"量"的标准（黑格尔也会同意，量事实上只是一种非常偶然和相对的东西，根本不足以成其为标准），而是生产力的组织方式是否有有意识的和足够细致的分工这一"质"的标准。因而，用黑格尔的话来说，现代性在经济生产方面的自我规定，是一种具有高度自觉的行动。

（接上页）矛盾。而在卢卡奇看来，对这一概念的发现本身，也意味着黑格尔自己哲学体系建立过程中的一个转折。"在黑格尔的思想演进过程中，对亚当·斯密的研究极有可能是一个转折点。有一个关键的问题揭示出，在黑格尔的思想和古典英国经济学家之间的有某种充满冲突和张力的平行关系，这个问题就是，劳动作为人类活动的中心方式，是一种主要的方式，它也是主体—客体（用黑格尔的术语说来）的同一所赖以达成的途径，因为劳动这一活动宣告了客体是无效的，劳动是一个使人成为他自己的活动的产物的过程。"（同上，p.172。）而黑格尔关于劳动的看法，无疑又和古典政治经济学一道对马克思的观点有着深刻的影响。关于黑格尔对劳动概念的具体论述，将在下一节中详细考察。

① 亚当·斯密：《国民财富的性质和原因的研究》，郭大力、王亚南译，商务印书馆，2008，第6页。
② 同上，第8页。

2. 劳动分工与平等

但我们不能简单地将分工理解为亚当·斯密所说的职业内的细分(诸如制造扣针时,针对扣针的每一部分各有专业人员完成等),它更为重要的意义在于职业大类上的划分——也就是说,通过职业将人们划分为不同的人群或者阶级。例如哲学,原来很难说得上是一种"职业",但"随着社会的进步,哲学或推想也像其他各种职业那样,成为某一特定阶级人民的主要业务和专门工作"①。这也意味着,人与人之间的不同特长,在分工尚不完善时往往被理解为是某种"天赋"上的差异;现在则被理解为,不同职业的人所表现出来的极不相同的性格和才能,在绝大多数情况下,并非分工的原因,而是分工的结果。此外,同样值得一提的是,分工这一看似中性的经济学概念中其实暗含着行业之争,即人们普遍地被分成两大类:农民和制造业者。普遍分工所暗含的社会阶层之间的区别和竞争,是现代市民社会中一个非常重要的问题,关于这一点,将在下一节中详细讨论。

亚当·斯密承认,分工虽然能为整个人群都带来好处,但对个人来说,他们主动参与分工的直接动机并不是为了实现普遍富裕,而是互通有无、互相交易,换言之,是为了利己的目的。② 我们都知道亚

---

① 亚当·斯密:《国民财富的性质和原因的研究》,郭大力、王亚南译,商务印书馆,2008,第13页。
② 亚当·斯密除了著有《国富论》之外,也著有《道德情操论》,同时我们知道,弗兰西斯·哈奇森、大卫·休谟也参与了对道德基础的论战。笔者把苏格兰学者对道德之基础问题的关注的动机理解为,商业社会的充分自觉,本身就要求一种能够与自身相适应的道德哲学。而他们的道德哲学都是一种功利主义的学说。例如哈奇森虽然认为"仁爱"是一种发现自然之善并为他人谋取幸福的"本能",并将它视为所有德性的基础,"然而,仁爱这一概念并不总是居于哈奇森理论的核心。他的确强调,我们从到的感知中可以'获得关于权利的观念',包括与自然法理论相关的那些观念。但他采取的标准却并非道德感所推崇的品质,即仁爱,而是公共效用。诱使我们工作的并不是普遍的仁爱,而是我们的朋友情谊和对后(转下页)

当·斯密说过这样一句著名的话:"我们每天所需的食料和饮料,不是出自屠户、酿酒家或烙面师的恩惠,而是出于他们自利的打算,我们不说唤起他们利他心的话,而说唤起他们利己心的话。我们不说自己有需要,而说对他们有利。"①但出于私利动机的分工和交换,却确实促成了社会的广泛交往和联系,并且本身就构成了社会结构和秩序的来源。在不同行业的从业者之间,哪怕极为不同的才能也能互相交换、互惠互利。

3. 劳动分工与社会

因此亚当·斯密进一步讨论了从分工出发所得出的全新现代社会秩序。他认为,每个人的自利本性,事实上却结成了一个体系——这个体系甚至不仅仅限于一个国家的内部,而是可以扩展为规模庞大的国际分工和国际市场——这个体系在客观上促进了全社会的利益,虽然单个的个人未必能够理解个别的自私行为的社会意义。他

(接上页)代的自然关爱。"(亚历山大·布罗迪:《剑桥指南:苏格兰启蒙运动》,贾宁译,浙江大学出版社,2010,第131页。)休谟也认为,道德判断的基础是感情,同时,正义却并不能从道德感中自然地导出。相反,"正义是一种人为制造的美德,我们接受这一美德,一方面是因为外部世界的情况,即财产具有稀缺性和易于传递性;另一方面也是因为心灵的倾向,即我们的仁爱之心具有局限性,主要表现在我们通常只对血亲挚友展现仁爱"。他不认为哈奇森视为道德之基础的仁爱具有普遍性,也不认为正义是从仁爱中派生出来的;事实上,正义是一种独立于个人的情感和道德的价值,它具有社会性:"实现社会和平所必需的长治久安,其核心就是正义;利己是遵守正义之规这一自然义务的基础,而'对公共利益的同情'则是这种德所带来的道德嘉许的源泉'。"(同上,第136—137页。)亚当·斯密的《道德情操论》则从"同情"这一基础性的原则出发,试图将18世纪英国在道德问题上的已有理论统一起来。科特认为,"斯密《道德情操论》的一大优点是,通过对同情原则之来源的系统探讨,这本书论证了道德价值观兴起的社会合理性。"(同上,第141页。)总之,苏格兰启蒙思想家都对道德之基础的问题感兴趣,他们都感到,一个建立在"政治经济学"之上的社会,已无法照搬过去的道德学说,它必须找到自己的道德哲学。

① 亚当·斯密:《国民财富的性质和原因的研究》,郭大力、王亚南译,商务印书馆,2008,第17页。

将这种出于自利的目的却在客观上形成的普遍联系称为"看不见的手"。"由于他管理产业的方式目的在于使其生产物的价值能达到最大程度,他所盘算的也只是他自己的利益。在这场合,像在其他许多场合一样,他受着一只看不见的手的指导,去尽力达到一个并非他本意想要达到的目的。也并不因为事非出于本意,就对社会有害。他追求自己的利益,往往使他能比真正出于本意的情况下更有效地促进社会的利益。"[①]笔者认为,"看不见的手"事实上不能仅仅被理解为一种经济学上的概念,而是从根本上具有社会的和政治哲学上的意义,它是一种现代性之下的对社会的原则(平等)和社会的秩序(基于平等的交换)的表达。

因此我们可以认为,亚当·斯密所理解和为之奠基的现代商业社会(也就是遵循劳动和分工原则的社会)确实是更为"文明"的。因为在古典世界中,人们一般认为不同行业间的人有着本质的不同,他们的不平等是天然的和合理的;而以亚当·斯密为代表的现代观点则认为,这种不同并非基于天然原因,而只不过是分工的结果。分工本质上是为了交换,对普遍平等的承认也为普遍交换奠定了基础;不同的行业(无论它在前现代的话语中是"高贵的"还是"低贱的")从根本上说都是一种劳动,都是平等的。所有的劳动者都是出于自利的目的行动。基于这种自利,两个极为不同的人之间就有了中介、能够进行交换和交往。因此我们可以看出,在古典世界中,必定会将"自利"看作消极的甚至破坏性的东西,因为它从根本上质疑了"天然不平等"和建立在不平等基础上的"德性"的合理性。然而在现代世界中,自利却是一种积极的东西,它对社会秩序、社会层面的身份认同

[①] 亚当·斯密:《国民财富的性质和原因的研究》,郭大力、王亚南译,商务印书馆,2008,第552页。

感和团结之情都具有构成性。于是,它一方面从概念上支撑了现代"平等"的理念,另一方面也支撑了现代人与人之间交换和交流的秩序。

总之,在亚当·斯密那里,非但关于劳动、分工、交换和消费的经济领域是一个新兴的力量,而且他还相信,这一力量的兴起会影响整个社会的面貌和政治国家的面貌,以及与之相关的哲学理论。经济因素毋宁为自己创造了一个基于分工的社会,它自成体系、自行运转。它虽无法为传统的政治哲学理论所解释,却有望建立起自己的政治哲学。

二、封建农业与城市商业之争、土地权力的祛魅

市民社会这一问题,经常都被放在与"国家"和"国家权力"的对比甚至对立之中进行讨论;但我们同样不能忘记,"主权国家"与"市民社会"一样,也是一个相当近代的概念,事实上在黑格尔生活的年代,在德国的土地上都还尚未建立一个现代意义上的独立的主权国家[①]。在"社会"和"国家"这对矛盾展现出它的重要性之前,首先已经

---

① 在第二章第三节我将会提到,苏格兰启蒙运动的思想家希望弱化"主权",为一种"非政治的政治哲学"寻找基础;而在黑格尔那里,"主权"和"国家"却是一个非常重要的概念,因为对黑格尔所生活的普鲁士来说,问题并非封建王权太强了、制约了社会的自由市场;而是国家的权力太弱了,以至于根本无法维系一个稳定的社会。在讨论黑格尔的政治哲学时,不可忽略普鲁士这一"后发国家"所面临的具体困难。黑格尔完成于1802年的文章《德国法制》中的第一句话就是"德国已不再是个国家",黑格尔说这句话时,必定是充满了对山河破碎的痛心,他详尽罗列了德意志帝国在软弱无力的对外关系中所签定的一系列合约和因此而损失的大量领土,并且悲哀地总结道:"德意志帝国在数世纪进程中丧失的国土可以开成一个长长的可悲清单。"(黑格尔:《黑格尔政治著作选》,薛华译,中国法制出版社,2008,第47页。)以赛亚·柏林也认为,浪漫主义之所以在德国萌发,与德国的分裂和衰微脱不了干系,世俗生活中的祖国的分裂与落后迫迫人们只能逃遁入复杂琐碎的学问中,或者就是逃遁进"内心深处":"德国终归没能像英国、法国,(转下页)

存在了"城市"和"乡村"这对矛盾。而政治权力从乡村向着城市的转移,其实可以被视为是后世社会与国家分庭抗礼的先声。

1. 封建农业与城市商业

在古希腊和古罗马,公共政策十分重视农业,而不太重视制造业和国外贸易。在古希腊各城邦中,有些甚至完全禁止国外贸易。这首先是因为,古代并无那么发达的生产力,客观上无法有发达的商业活动。其次,与这种情况相适应的政治哲学所赞同的"德性",也更多的是统治者的理性和战士的勇敢,而将工匠、制造业者的劳动和交换行为看成是不诚实的(不同于农民或统治者)和骄奢淫逸的(不同于战士),因此这些职业往往被希腊城邦政治认为是属于奴隶的,不允许自由的公民从事。而在中世纪,采取的是土地封建制度。贵族拥有土地并且可以世袭。土地贵族是实际上的统治阶级,同时教会也拥有土地。因此农业依然是最核心的产业。

到了16、17世纪,商业资本的兴起使各国国内有了统一的市场。围绕着新兴的商业资本和古老的农业之间的角力,发生了重农主义

(接上页)甚至像荷兰那样建立起一个权力集中的民族国家。在十八世纪,德国人是由三百个王公和一千二百个领主统治着的。……当时的德国,根本没有'巴黎',没有中心,没有活力,没有骄傲,没有进步、变化和权威的意识。德国文化一方面滑向路德式的极端经院学究——细微琐碎但相当枯燥无味;另一方面则沉入人类灵魂深处——其精神追求恰与经院派南辕北辙。"(以赛亚·柏林:《浪漫主义的根源》,亨利·哈代编,吕梁等译,译林出版社,2008,第41页。)有一种观点认为,黑格尔在《法哲学原理》中主张国家是一种"精神的实体",并且为普鲁士辩护,这说明黑格尔晚年趋于保守并且成了"普鲁士的官方哲学家"。但我认为这种判断并不公道,因为事实上黑格尔早在1802年的《德国法制》中就已经意识到,一个国家丧失统治力是一件多么糟糕的事情,也意识到了,现代的国家不能再只从民族的天然纽带和宗教伦常中寻找凝聚力的基础,而必须寻求统一的、合法且合理的政权。我认为,这种对时局的清醒认识,才使黑格尔十分重视"国家",并且主张国家必须被理解为伦理的"实体"的原因。并且,这一主张是一以贯之的,并非晚年突然变得"保守"的证据。

和重商主义之间复杂的消长。接下来我将考察一下这一过程的概貌,并指出它们之间的斗争最终如何塑造了现代社会的基本形态和道德判断的标准。

之前已经提到,洛克认为人们可以拥有无限的财产,只要他不让财产在自己手里败坏就行了,与谷物、牲畜等相比,金银是最不易损耗的。而得到金银的方式,一是靠矿产的发掘——这样得到的量是非常有限的;二是靠与别国贸易时鼓励出口限制进口;第三就是靠武力掠夺。美洲的发现使后两种手段成为可能:西班牙人通过对殖民地的掠夺和对外贸易积累了大量的金银。此时,工厂手工业、商业和航运成了一国致富的最快途径,同时,这种富裕也总是和强大的海军联系在一起。① 亚当·斯密将这样一种重视金银、重视对外贸易的经济体系称为"重商主义"。中世纪那种政治权力和土地所有权相结合并世袭传承的乡村型社会,事实上已经受到了严重的挑战,它失去了经济上的垄断地位。

但重商主义的问题在于,国家为了使城市居民能够以低廉的价

---

① 施密特在《陆地与海洋》中对海洋文明的形成过程和它相对于陆地文明的优越性进行了阐述。施密特认为,当英国最终成为海上强国时,它的强大是雅典、迦太基、罗马、拜占庭等陆上强国的兴盛所无法比拟的。他将英国的强大看作一个"独一无二的事件",其独特性就在于,"英国在一个完全不同的历史时刻、且以完全不同的方式进行了一场根本的变革,即将自己的存在真正地从陆地转向了海洋这一元素。"(卡尔·施密特:《陆地与海洋》,林国基、周敏译,华东师范大学出版社,2006,第 31 页。)施密特认为,"海洋的"英国所赢得的,不仅仅是几场海战或陆战的胜利,还是"一场行星的空间革命"。也就是说,就一段相当长的历史时期来看,事实上人的日常生活和对世界的看法都是受制于他们所生活的空间的。因此,在一定意义上,古典的和中世纪的人们所特有的生活方式、观念乃至人类的整体意识,都带有"陆地"的特征;而对新大陆和海洋的发现,就不仅仅是在地理的意义上单纯扩展了版图或者海上贸易本身所带来的财富增加,它的更为重大的意义是"清除了古代和中世纪的一些传统观念,人类的整体意识发生了改变"。(同上,第 37 页。)

格购买食物,便十分鼓励制造业和对外贸易,同时禁止谷物出口,人为压低谷物价格,使得农村产业的利润不正常地低于其他产业。这就把农业压抑得生存艰难,最后,制造业必定也会因而间接地受损。于是,从重商主义的上述弊端中,就催生了重农主义的观点,试图矫正重商主义片面重视城市产业所带来的问题。但亚当·斯密认为,重农主义者的"矫正",从表面上看是针对重商主义的问题而采取的措施,但它真正的核心却是一种前现代的观念。重农主义者重新主张一种前现代的产业间秩序:他们"把一般认为在任何方面对一国土地和劳动的年产物有所贡献的各阶级人民,分为三种。第一种,土地所有者阶级;第二种,耕作者、农业家和农村劳动者阶级,对于这一阶级,他们给以生产阶级这一光荣的称号;第三种,工匠、制造者和商人阶级,对于这一阶级,他们给以不生产阶级这一不名誉的称号"[①]。"名誉"和"不名誉"这样的词,似乎让我们回想起了古希腊和中世纪农业贵族统治下的话语。亚当·斯密认为,这种话语是过时的。他说,这种"把土地生产物看作各国收入及财富的唯一来源或主要来源的学说,从来未被任何国家所采用",因此也几乎"不值得长篇大论去讨论"[②]。

但亚当·斯密毕竟还是对重农主义——尤其是它在经济上的问题——作了一些评论。他的主要论点可以归纳为以下两个方面:首先,对于农业本身而言,想要通过限制一国的商业来扶持农业,根本就是不可能的。亚当·斯密认为,如果农业国以高关税来压制贸易或干

[①] 亚当·斯密:《国民财富的性质和原因的研究》,郭大力、王亚南译,商务印书馆,2008,第829页。另外,第二章第三节会讨论黑格尔对与社会各阶级的划分标准,以及背后的原因和理论旨趣。将黑格尔的划分和重农主义者的划分加以比较,会帮助我们理解黑格尔对经济学和政治哲学的态度。
[②] 亚当·斯密:《国民财富的性质和原因的研究》,郭大力、王亚南译,商务印书馆,2008,第827页。

脆通过禁令禁止贸易,就必然在两个方面妨害这个国家本身的利益。其一,对贸易的人为压制或禁止,必定会提高一切外国商品(在重商主义的情况下,禁令所涉及的"外国商品"主要是制造业产品)的价格,因此事实上也人为地降低了用以购买外国制造业商品的本国剩余土地生产物的真实价值;其二,压制对外贸易是对本国制造业的保护,它使得本国商人、工匠与制造业工人能够很容易地独占国内市场,因此人为提高了工商业的利润率,这样就把原来投在农业上的资本的一部分吸引到工商业去了,因此反而对农业发展不利。在重农主义者看来,工商业者越是自由,他们之间各种职业的竞争越激烈,越积极地引入和参与国际竞争,则他们的商品的价格就越低,其他两个阶级(土地所有者阶级和农业劳动者阶级)的产品的相对价值就越高。

其次,就城乡产业的比较而言,工商业国总是比农业国收入大。一国通过工业和商业而能够自己生产的和从外国输入的生活资料,总是比其土地耕作所能生产的要多。对个人来说,一个城市居民虽然没有土地,却也可以通过参与工业或商业,靠自身的劳动而得到报酬、购买大量他人的土地产物。对整个国家来说情况也是同样的,工商业国在与农业国的贸易中,总是更能获利。在小量的制造品中凝结着工业中的劳动(其中还有大量高效率的机器劳动)所带来的大量价值,因而能购买大量的原生产物。所以,工商业国就能以小部分本国制造品来交换大部分外国原生产物;反之,无工商业的国家,就不得不用大量本国农业产物购买小部分的外国制造品。因此,亚当·斯密认为,无论是就农业本身而言,还是就农业和城市产业的比较而言,城市产业都是值得大力发展的。①

---

① 但值得注意的是,亚当·斯密的观点中亦有某种矛盾之处,有时他的出发点似乎并非表面上那么"客观",而是在很大程度上出于对英国特殊利益的考虑。(转下页)

2. "经济学"的兴起与土地的祛魅

亚当·斯密批评重农主义的全部论点都是集中在"经济学"的范围之内。这是因为,18世纪的重农主义经济学理论只不过是一种"经济学"。情况不再像古希腊时那样,人们将农业当作"理想国"的一个本质性的且具有道德意味的要素进行讨论,更不像中世纪时那样,农业是毫无疑问的支柱产业,并且土地问题的背后是权力问题。因此,对重农主义的批评也就只是经济领域内部的问题而已,对18世纪的人——尤其是对于生活在现代意义的市民社会已经相当成型、经济相对比较发达的英国的人来说,农业和城市产业完全是并立的,其中的任何一者都不具有无可质疑的优势,更不是权力的承载者。人们所需要考虑的,无非是不同的国家和地区该根据怎样的比重对两者进行投入;而决定比重和具体政策细节的标准,是经济上的利益。就经济利益而言,农业已经式微,工商业则日益显示出了它的力量。

(接上页)比方说,他并不认为传统的农业国家应当像重商主义者所主张的那样,为了培育本国的制造业和商业,而抵制本国农产品出口和外国工商业产品进口,因为这样做会压抑本来更具价值和优势的农业。亚当·斯密主张各个国家应根据各自的特长而进行"国际分工"。这种主张与他对重商主义的推崇,事实上是有矛盾的。与亚当·斯密同时代的德国经济学家李斯特就指出,如果按照斯密的国际分工理论行事,落后的德国当时就不应当发展民族工业,而只应当发挥它在自然资源方面的优势,为英国提供森林(木材)、煤炭和粗加工品。李斯特一针见血地指出,斯密的这种主张不是一种理论,而是英国的一种世界政策或"战略",其目的就是为了让德国一类国家永远处在工业落后的初级产品供给国地位上。一般认为,李斯特与英国古典学派之间的争论,是强调自由贸易和国际分工的强势国家,和希望在关税保护制度之下发展本国工商业的后发国家之间的现实经济政策之争。而李斯特(1789—1846)作为和黑格尔差不多同时代的人,他对德国作为一个后发国家的社会经济的认识和对英国的某种警惕,也许能够在一定程度上帮助我们理解黑格尔对英国的向往、学习和犹疑并存的复杂感受。(弗里德里希·李斯特:《政治经济学的国民体系》,陈万煦译,蔡受百校,商务印书馆,1983,第四编 政策。)

更为重要的是,"地产"这一特殊的财富还失去了它那浪漫主义的、政治性的光环;它已经完全为以城市为地基的市民社会腾出了空间。对此马克思有精彩的分析。他认为,封建的土地占有虽然本质上也是私有财产的占有,但它同时还具有政治上的意义①,并因此而笼罩上了某种浪漫的色彩:"私有财产的统治一般是从土地占有开始的;土地占有是私有财产的基础。但是,在封建的土地占有制下,领主至少表面上看来是领地的君主。同时,在封建领地上,领土和土地之间还存在着比单纯物质财富更为密切的关系的假象。地块随他的主人一起个性化,有它的爵位,即男爵或伯爵的封号;有它的特权、它的审判权、它的政治地位等等。土地彷佛是它的主人的无机的身体。因此俗语说:'没有无主的土地。'这句话表明领主的权势是同领地结合在一起的。"②但是,这种表象毕竟消失了,亚当·斯密将农业当成完全与手工业和商业"平等"的产业加以考察。而在农业内部,自然也发生了其他产业中都会存在的竞争或垄断现象。地产的兼并或者分割就像其他行业中的垄断和竞争一样,完全按照经济的规律进行着循环,这个过程的最终结果及其政治上的意义就是,"资本家和土地所有者之间的差别消失,以至在居民中大体上只剩下两个阶级:工人阶级和资本家阶级。地产买卖,地产转化为商品,意味着旧贵族的彻底没落和金钱贵族的最终形成。"③

---

① 在这里,我们可以回想一下洛克的观点:他同样将土地占有看作财产的起源,但洛克所理解的土地占有并不是历史上存在过的那种与政治权力结合在一起的封建领主式的占有,而是他自己所设想的"自然状态"下的个人占有。因此,他也能理所当然地认为权力来自于契约,它的目的是保护财产——而非从一开始权力就和财产(尤其是地产)互为因果而密不可分。
② 马克思:《1844年经济学哲学手稿》,刘丕坤译,人民出版社,1979,第38页。
③ 同上。

三、从权力到财富:"反政治的政治哲学"

现代市民社会的基石一再收缩,从"个人"走向"权利"、再从"公民权"走向"人权",最后,"财产权"从"人权"中脱颖而出,成为整个社会乃至于政治国家的基石和目的。但一个社会或一种政治理论并不会满足于一些简单的原则,而总是会在简单的原则之上,建立起一套能够自行运转的体系。

上述社会基础的转型给当世所造成的冲击和对后世的深刻影响,几乎可用黑格尔所说的"升起的太阳就如闪电般一下子建立起了新世界的形象"①来形容,而旧的政治哲学概念已经难以描述和思考新的情况。因此,寻找新的术语以便对新的社会进行理论表达,就是新的政治哲学必须面对的任务。这一方面的探索大部分都来自苏格兰启蒙运动的思想家,因为他们正是这场社会力量之兴起、政治定义之转型的亲历者。事实上,如果我们将苏格兰启蒙运动与之前的政治哲学进行比较,就会发现,它几乎是一种"反政治"的政治哲学。他们在排斥传统的政治概念的同时,都强调一种之前从未受到政治哲学注意的新的因素,即经济的因素。

1. 古典共和主义的理想及其失落

新的政治理论的第一个显著的、并且让人十分惊讶的特征就是,它试图弱化甚至放弃主权②。"所有的传统政治理论也必须全面翻

---

① 黑格尔:《精神现象学》,贺麟、王玖兴译,商务印书馆,1997,第 7 页。
② 当然,苏格兰启蒙运动思想家们倾向放弃主权,有其具体的历史原因:苏格兰于 1707 年与英格兰结成同盟并接受了《王位继承法》(Act of Settlement, 1701),这意味着苏格兰放弃自己的主权并接受汉诺威王朝的统治。这一情况决定了苏格兰此后百年的政治走向,与之相应,政治理论的重起炉灶,自然也与这一政治背景脱不开关系。我们在思考任何一种理论的变革时,固然不该忽视其最为切近的历史背景和当时思想家的直接动机;但也不能因此就认为,理论的变革完全(转下页)

新,以迎接现代商业和城市进步的到来。这样一来,主权的价值就成为正义、和平和繁荣的羁绊。如果像波科克(J. G. A. Pocock)所言,16、17世纪苏格兰政治话语中的核心概念是'国家'和'皇权',那么在新形势下,找到适合当前情况的核心概念就成为当务之急。"①

弗格森主张,古典共和主义的政治模型完全可以与现代商业社会并行不悖。而这种古典共和主义的政治模型,相比洛克的契约论式的构想来说,其不同点在于:洛克关心的是如何保护个人免受公共权力侵犯;弗格森关心的则是如何让个人关注和参与共同目标。"每个群体的成员都或多或少参与国事,这取决于他们的宪法是否允许他们参与政府并唤起他们对公共目标的关注。一个民族的能力是得到加强还是没有提高,取决于这些能力是否用到艺术实践和社会事务中。"②

弗格森也十分警惕,如果国家只关心人们的自由;同时人们也只关心自己的私利,那么势必造成共同体的团结与纽带陷于瓦解。"如果国家制度的建立旨在维护自由,而不是为了号召公民作自己的代理人,维护自己的权利,那么国家制度无需公民的任何关注和努力就

(接上页)是受某一具体的事件影响的。事实上,按照黑格尔的观点,历史的"整体"以及它背后的"精神",才是变革的真正动力。"休谟明确地提出,影响这种理论形成的关键因素,既不是辉格党和托利党在光荣革命合法性问题上的'无聊'纠缠,也不是《王位继承法》或英格兰的君主立宪制改革,甚至也不是18世纪'在朝派'与'在野派'在国债和农业政策上的激烈论战。不仅如此,在英国错综复杂的时局背后,欧洲大陆风云突变,新的政治体系正在崛起,皇权希冀通过中央集权获得涅槃,现代制造业、商业、国际贸易和个人财富也都急剧扩张。这些在欧洲历史上值得大书特书的宏伟进程绝非是由个人的意志或美好德性便能达成的。"(亚历山大·布罗迪:《剑桥指南:苏格兰启蒙运动》,贾宁译,浙江大学出版社,2010,第151页。)

① 亚历山大·布罗迪:《剑桥指南:苏格兰启蒙运动》,贾宁译,浙江大学出版社,2010,第150页。
② 弗格森:《文明社会史论》,林本椿、王绍祥译,辽宁教育出版社,1999,第152页。

能给予公民一种安全感,那么这种貌似完美的政府可能会削弱社会纽带,并且本着独立的信条分裂、疏远了它意欲调和的不同阶层。"①并且,弗格森看到了,这样一个旨在维护消极自由的社会,其运行必定依赖法律而非政治,而"法律面前人人平等"的理念,必定会带来关于政治事务的价值判断的失落和社会的"拉平"②。但是,弗格森也指出,人们虽然渴望找到平等,但事实上现实存在的经济不平等使"平等"并不可能,人们所找到的只是"独立"——也就是说,是孤立——而不是平等。另一方面,缺乏实质的平等同时却有着对平等的渴望,这种矛盾的现状使臣民"学会了憎恨那些由于它们真正的重要性,他必须肃然起敬的等级差别。"③因此,弗格森认为,现代"文明社会"的最大问题是这样一个悖论:经济因素获得了重要地位,但它并未达到真正的"平等",但另一方面,它又"拉平"了道德价值方面的差异,甚至抹去了人们心中的道德感。而这一问题却既无法在现代性的经济领域内解决,也无法通过退回某种前现代的城邦或宗教理想中而解决。

　　古典的政治理想——无论是希腊城邦式的还是罗马共和式的——在现代社会面前始终显得并不适应。因为这样的政治理想是建立在古典的"德性"观念之上的,并且倾向于将个人的德性推广到共同体中,并据此将道德哲学和政治哲学协调起来。④ 但问题却在

---

① 弗格森:《文明社会史论》,林本椿、王绍祥译,辽宁教育出版社,1999,第210页。
② 我们可以在《自然权利与历史》中看到对于这种担忧的更为详尽的阐发。
③ 弗格森:《文明社会史论》,林本椿、王绍祥译,辽宁教育出版社,1999,第210—211页。
④ 关于道德哲学和政治哲学的相互依赖,我们可以在《理想国》中找到最为典型的例子:柏拉图将人体划分为头脑、心脏和胃;将理想国中的人群划分为统治者、护卫者和生产者。柏拉图将城邦中人群的划分类比为人体中各部分的划分,并得出结论:城邦中三类人的德性,就应像人的心灵中的三个部分的德性一样,分别是智慧、勇敢和节制。可以看到,个人和共同体之间具有高度的对应关系,(转下页)

于,这种德性已不再适应于现代市民。古代人理所当然地认为,奢华娇气等商业特色的习性会威胁到共同体成员的品德,但现代人却会认为,纵情消费与精致生活有助于实现商业繁荣和政治稳定。正是对安全和享乐的追求,促使人们寻找一种相对平等的共有的安全感和财富分配方式。这一根本诉求的变化,使得"在现代欧洲社会里,财富不再是德性的敌人;事实上,'德性'本身也正经历着向国家市民,而非城邦公民的,道德范式的蜕变。"①

2."法律"取代"政治"

新形势下的政治理论承认了政治哲学和道德观念中的范式变迁,他们去法学和经济学中寻找自己所需要的新的概念,并着手提出和解决新的问题。因此,它的第二个特征是用"法律"的概念取代"政治"的概念。这一问题事实上缘起于政治参与这一话题。"……休谟才将自己的政治理论定位为'立法者的科学',将正义推到政府形式和参政议政的方式之前,成为现代政治家要考虑的核心问题。从一个重要的意义上来说,休谟选择了法律而非政治作为现代政治的关键词。"②而休谟之所以作出这样的选择——或者说,他之所以意识到,政治学中的这种改变是无法避免的,那是因为,之前的思想家以

(接上页)因此无论是从个人的德性出发推及国家制度,还是反过来,都没有任何隔阂。(柏拉图:《理想国》,郭斌和、张竹明译,商务印书馆,1986,第二卷。)事实上,将道德哲学和政治哲学联系起来,从个人的美德或者家庭关系等"私人"和"微观"的领域出发,推导出共同体的法则,几乎是所有"天真心灵"的共同点,也是古典政治哲学中常见的比喻和论证方式。我们甚至能在孔子那里找到类似的表达,陈家琪先生就在一篇比较黑格尔与孔子的保守主义的论文中指出:"孔子当然更重视家庭关系,所谓的'移孝作忠'、'以孝治国',都是要把'家礼'扩大为'国法'。……所有的日常规矩,基本上都是以家庭生活中的习惯(也就是大众所接受的行为方式)为模式的,但这些规矩、习惯,都以人的主观性(包括践行)为基点。"(陈家琪:《浅析黑格尔与孔子的保守主义思想特征》,《云南大学学报》,2011年第3期。)

① 亚历山大·布罗迪:《剑桥指南:苏格兰启蒙运动》,贾宁译,浙江大学出版社,2010,第160页。
② 同上,第161页。

及整个社会状况,已经完成了用"财富"取代"德性"的过程。"普芬道夫曾令人信服地论证,财产的出现是影响社会的一项重大制度,而经济也是从原始社群向高度复杂的商业社会不断进步的。普芬道夫提出,法律和政治体系的发展仰赖对生产模式与贸易格局的了解。若要建立新的政治理论,就必须充分考虑到技术进步和商业交易等现代社会的标志性特征。"①

亚当·斯密就是在这一基础上对君主的义务进行描述的。他认为,君主只有三个应尽的义务。第一,保护社会,使其不受其他独立社会的侵犯。第二,尽可能保护社会上各个人,使其不受社会上任何其他人的侵害或压迫。具体说来,就是要设立严格而公正的司法机关。第三,建设并维持某些公共事业及某些公共设施。② 不难看出,斯密对君主的义务的描述,几乎完整地总结了新的政治哲学和现代国家的基本理念:通过法律保护个人的安全和经济利益,使人们能在社会中自由地从事生产、交换和消费,并在力所能及的情况下通过提供公共事业服务而弥补社会自行运转时在满足个人利益时的疏漏和不足之处。这样一个现代国家,几乎完全就是为经济社会服务的。也许其中唯一称得上是"政治"的因素,就仅限于"保护社会使其不受其他社会侵犯"这一条了。但如果我们回顾一下前文所提到的亚当·斯密的重商主义观点,就不难看出,在他看来,不同社会之间的交往最为主要和常规的形式是商业贸易,而非战争。因此国家的"对外政治"也就主要是在国际贸易中通过不同的政策保护本国的商业利益;所谓"侵犯",并非永远都是政治性的或武力的侵犯,而更有可

---

① 亚历山大·布罗迪:《剑桥指南:苏格兰启蒙运动》,贾宁译,浙江大学出版社,2010,第161页。
② 亚当·斯密:《国民财富的性质和原因的研究》,郭大力、王亚南译,商务印书馆,2008,第857页。

能是经济利益方面的侵犯。

总之,尽管卢梭之类的作家在文明的进步中看到的是,原本具有自然美德的人日益受到人为的需求的奴役;但商业社会的理论家们则认为,需求所造成的奴役固然存在,但相比于其他传统形式的压迫,商业需求毕竟是一种相对更可以接受的约束,因为商业中的约束是通过法律固定下来,并且对所有人都一视同仁地起作用。这些理论家们从以下两个方面来理解商业社会:首先,古代社会对公民品德的提倡并非真的那么美好,它在很大程度上与奴隶制或宗教所导致的蒙昧状态捆绑在一起。而现代商业社会完全可以克服古代"美德"中的局限性,并建立起自己的道德观——也就是说,一种崇尚勤奋劳动和公平信用的道德观。"这些政治经济学家对社会的道德后果并不那么伤感:他们预料到新的商业关系会腐蚀那些与共同体生活和公民道德正常联系在一起的人类价值;他们也预料到奢靡之风的蔓延和社会分配不公会进一步扩大。不过他们认为,总的说来,与各种古代社会相比,现代商业社会更为可取,在古代社会,提高公民的公共品德和尚武价值,只有依靠努力的劳动才有可能,这是维持社会本身所必需的。"①

其次,也是更为重要的,经济社会的理论家事实上将政治问题纳入了视野,从而创造了一种真正意义上的"政治-经济哲学"。他们并不认为经济发展必然导致一个与政治相对抗的混乱的社会领域;相反,他们努力在经济的发展和政治自由之间寻找联系,并希望通过使政治领域充分地接受经济领域中具有决定性意义的法律,而使经济事务为政治事务提供某种资源。20世纪的自由主义者弗里德曼在

---

① 邦雅曼·贡斯当:《古代人的自由和现代人的自由》,阎克文、刘满贵译,冯克利校,上海人民出版社,2005,第11页。

《资本主义与自由》中梳理了从 19 世纪初直到第二次世界大战以后,理论家们对于政治自由和经济发展之间的关系的不同看法。他认为,政治自由和经济自由之间的关系是非常复杂的,绝不能还原为一个方面导致另一方面。但至少在自由主义兴起之初,在它"高歌猛进时期那种头脑简单、完全功利化的意识形态"①的引导下,人们乐观地认为,这两者是可以相互补充和促进的。"19 世纪初期,边沁和哲学激进主义者倾向于把政治自由看作为经济自由的一种手段。……很大程度的政治改良和趋向大量的自由放任的经济改革伴随在一起。随着这种经济安排的变化,群众的福利大幅度增加。"②对于生活在经济社会方兴未艾的 18 世纪末 19 世纪初英国的理论家来说,他们从逐步建立起自身有序的体系的经济关系中所看到的,并不只有道德转型、贫富差距带来的政治和社会危机,他们更看重的是其中的积极意义。他们认为,"经济安排在促进自由社会方面起着双重作用。一方面,经济安排中的自由本身在广泛的意义上可以被理解是自由的一个组成部分,所以经济自由本身便构成一个目的。其次,经济自由也是达到政治自由的一个不可缺少的手段"③。

在下一节中,笔者将考察黑格尔对这一问题的更为深入的讨论。黑格尔一方面看到了现代经济自由和政治自由之间的复杂关系,以及自由竞争的社会所必然导致的贫困问题对政治哲学中的道德和秩序的挑战。也就是说,他首先承认,现代社会需要一种新的道德和政治,但他认为英国的政治经济学家们那种基于经济学的政治哲学,并不足以让现代世界满意。另一方面,黑格尔也看到了现代社会的经

---

① 邦雅曼·贡斯当:《古代人的自由和现代人的自由》,阎克文、刘满贵译,冯克利校,上海人民出版社,2005年,第 3 页。
② 米尔顿·弗里德曼:《资本主义与自由》,张瑞玉译,商务印书馆,1988年,第 12 页。
③ 同上,第 9 页。

济学统治背后的更为深层的东西,其实是个人的特殊性原则的统治。他指出,特殊性原则所带来的进步和问题,同样是现代社会必须要求一种不同于古典的政治哲学的根本原因之一;而对于这一点,英国古典政治经济学家们并没有给予足够的重视。

第四节 原子个人与经济关系的统治:黑格尔对市民社会的基本诊断

第三节讨论了,以财产权为基础的市民社会发展起了自己的体系,从而以自己的方式将人们组织成一个有序运转的整体。其基本组织方式是分工。分工一开始只具有劳动方面的含义,即每个人各从事一种特殊的劳动,然后交换各自的劳动成果。随着分工的不断细化和普遍化,它渐渐具有更为普遍的意义,人们根据各自的产业分工定义自己在社会中的位置。随后,产业之间的分工渐渐演化为产业之间对立,城市中制造业和贸易的地位上升、获利增加,并且获得了国家更多的偏爱和支持,而乡村中农业的地位逐渐下降。由于古代的政治权力是依附于乡村和家族血缘的,因而城市产业的兴起就开始挑战传统的权力模式。传统的政治哲学也面临挑战,"城市社会"需要寻找自己的政治哲学。以苏格兰启蒙运动为代表的新政治哲学试图通过弱化主权的地位和用"法律"取代"道德",为政治找到新的资源。

黑格尔就是在这样的社会和思想背景下生活和思考的,他在《耶拿现实哲学. 1805/06 精神哲学演讲》(*Jenaer Realphilosophie. Die Vorlesungen von 1805/06. Philosophie des Geistes*)中,从"劳动"这一市民社会中的核心概念出发,阐述了市民社会中的原则之势不可挡地崛起。但对他来说,市民社会的兴起似乎还是发生在遥远的英国的特殊事件,"黑格尔的历史观点……不是当时贫困的德国状况的反映,而是最发展形式的资产阶级社会的反映——是法国革命和英国工业革命的产物。"①并且特殊性原则之成为"体系",一开始也仅限于一个劳动分工的体系,因此它尚未成熟。黑格尔在讨论希腊伦理中的特殊性原则时就说过,当它还只是刚刚萌芽时,会表现为一种破坏性的东西:"柏拉图的理想国本身被视为某种空洞理想的谚语,本质上无非就是希腊伦理本性作出的解释,那么在对渗透到伦理本性里的更深原则的意识中,这个原则在伦理本性上直接地还只能作为一种尚未得到的满足的渴望,从而只能作为一种腐败的东西表现出来。"②因此,就如艾伦·W. 伍德(Allen W. Wood)所认为,在黑格尔的青年时期,"他无法将他关于现代社会的描绘(这种社会有着不独立的经济组织和它特定的道德)和伦理生活的积极概念融为一体"③。黑格尔在《美学》中提出,"美"本身是对理念的感性表达,因此它天然地以理念为自身的内容,同时又是在用艺术家个人的感性的方式,展现这种理念给人带来感觉。因此艺术是对时代的破碎最为敏感的领域。黑格尔认为,现代的艺术就是对时代已经破裂为"散文式"的直接表达。"艺术的终结"本身,就是对现代性的直接批判。

而在《精神现象学》中,黑格尔将这一充满了"败坏的"活动的市民社会称为"教化王国"。他看到了这一社会中兴起的新的原则,即个体性原则,以及它带来的新的问题,即"教化王国的分裂"。他充分

---

① Georg Lukács, *The Yong Hegel—Studies in the Relations between Dialectics and Economics*, trans. Rodney Livingstone (London: Merlin Press, 1975), p.372.
② 黑格尔:《法哲学原理》,邓安庆译,人民出版社,2016,第 11 页。
③ Allen W. Wood, Hegel's Ethics, in C. Beiser. (eds.), *The Cambridge Companion to Hegel* (Cambridge: Cambridge University Press, 1993).

认识到,个体性原则是现代社会的特征,是一种无法否认、无法回避的东西,它体现为个人的自由;并且"劳动"使得个人的自由得以在这个世俗的世界中进行实实在在的外化,人们终于能够在此岸中找到自己的本质。但另一方面,个体性原则也带来了无法逃避的冲击和破坏。本节将阐述,黑格尔在青年时期的著作中,尤其是在《精神现象学》和《美学》中,是如何对"教化王国"的精神本质和它所带来的问题进行具体分析的,由此我们也就能够看出,黑格尔是如何展开他的现代性批判的。

一、自由意识与劳动概念——现代的成果与问题

"自由"是一个贯穿黑格尔一生的思考的核心概念。在他的青年时期,对这一概念的阐述尤为集中和明显。自由意识的苏醒包括两个方面的内容:一方面是人在面对自然时的自由;另一方面则是人在面对其他人时的基于相互承认的自由。前者与劳动的概念密切相关;后者则强调了自由概念中的伦理维度。伍德指出,黑格尔在青年时期,"是在一种社会—经济的意义上对一种道德立场上的个人主义进行理解的。黑格尔在 1804 年左右熟知苏格兰政治经济学家詹姆斯·斯图亚特(1712—1780)、亚当·弗格森(1723—1816)和亚当·斯密(1723—1790)的著作,在他们的影响下,他将现代社会视为一个与以前的社会都不同的东西,因为它存在于一个由独立的个人组成的经济组织中,而和政治的国家相区别——几年后他为这个组织起了'市民社会'这个名字。"[①]黑格尔在 1803—1804 年和 1805—1806 年在耶拿大学教授自然哲学和精神哲学,在那时,他就开始了对伦理学

---

① Allen W. Wood, Hegel's Ethics, in C. Beiser. (eds.), *The Cambridge Companion to Hegel* (Cambridge: Cambridge University Press, 1993).

理论的研究,这些研究深受当时他所从事的政治经济学研究的影响。黑格尔在耶拿演讲中,提出了命名的意识同一性、机巧的意识同一性和得到承认的意识同一性。哈贝马斯认为:"这些同一性是在表述的辩证法、劳动的辩证法和为获得承认而斗争的辩证法中形成的,它们否定了康德的《实践理性批判》和《纯粹理性批判》的出发点——实践意志、技术意志和理智的抽象统一。我们可以用这种观点把耶拿(时期)的《精神哲学》实际上理解为《现象学》的准备,因为作为表现出来的意识的科学所完成的认识批判的彻底性,无疑就在于放弃'完美的'认识主体这一立场。"[1]因此笔者认为,黑格尔在耶拿时期的研究,一方面可以理解为对康德、费希特等人的自我意识理论的批判;另一方面,通过对同一性的自我意识的批判,黑格尔建立了一种伦理性的(用哈贝马斯的话来说,是主体间性的)自我意识理论。

黑格尔始终认为,现代社会与古代社会的不同在于,现代社会的核心是特殊性原则的觉醒,也就是自我意识的觉醒。他在《法哲学原理》的序言中就说,事实上在古希腊就已经遇到了特殊性原则的觉醒的问题;但在当时,这一原则没有很好地展开自己,也没有与普遍性原则达成和解,因此它本身就表现为一种破坏性的东西;而共同体也对这一新兴的力量充满恐惧,但又不知道该如何应对它,所有只能对它进行压制。这种压制的结果,首先体现为《理想国》的幻想,后来又在基督教中变成了宗教和世俗的分裂、特殊性原则和普遍性原则的分裂。这种分裂一直延续至今。而黑格尔从他的学术生涯的早期,就开始想要解决这个问题。因为他看到了,特殊性原则是一个现代

---

[1] 哈贝马斯:《作为意识形态的技术与科学》,李黎、郭官义译,学林出版社,1999,第20页。

社会无法否定的进步,同时也会带来无法绕过的问题。黑格尔在青年时期的著作《伦理体系》《耶拿现实哲学》和《精神现象学》中,究竟是怎样理解特殊性问题的,并在何种程度上承认它的进步,又指出了它的哪些问题?笔者认为,对特殊性原则的理解,是黑格尔的现代性理解和批判的出发点。具体说来,黑格尔对特殊性原则之觉醒过程的理解中,最深刻和具有启发性的有两点:首先,这种觉醒依赖人与物的关系的深化,此处涉及的是"劳动"的概念。从这一点中,也就衍生出了黑格尔成熟时期的著作《法哲学原理》中对市民社会中需要的体系的论述。其次,这种觉醒依赖主体间的互相承认——从这一点中,则衍生出对市民社会中的伦理性因素的重视。

1. 人与物的关系:劳动

首先来看关于人与物的关系和劳动的概念。在黑格尔那里,劳动的本质是人在面对对象时的行动。黑格尔在《伦理体系》中就已经开始了对"劳动"概念的思考,并且他的思路始终是:在"伦理"这一大的概念下考虑劳动的意义。因此他认为,劳动并不像英国的国民经济学家所认为的那样,单纯是一种本能的行为和经济的行为,而是现代的自我意识之觉醒的一个必要的阶段,并且它对"伦理"具有构成性的意义。

在面对自然界的对象时,人所采取的直接态度是"对对象的否定",但这种否定"并不是直接享受对象。这种否定是劳动;通过劳动,人就不是肯定自己的欲望,而是自为地否定了欲望……在劳动中欲望和享受之间的区别就建立起来了"[①]。只有动物的欲望和享受才是直接统一的,动物直接吃掉对象;而人则是通过自己的意志对

---

① Georg Wilhelm Friedrich Hegel, *Frühe politische Systeme* (Frankfurt a. M.: Verlag Ullstein GmbH, 1974), p.21.

直接的欲望加以否定;并通过劳动使自己的意志屈服于自然中的因果性,通过这种屈服,人才能够对物进行加工。"劳动是把-自己-变成-物(Sich-zum-Dinge-Machen)。欲望-自我(Trieb-seienden Ich)的分裂也就是把-自己-变成物(Sich-zum-Dinge-Machen)。"[1]人们通过对自然的规律表示臣服,就学会了培育植物和驯化动物,但在此过程中,人自身也受到了教育,因此对物的陶冶就回到了对人本身的陶冶,变成了一种绝对的概念,即智力(Intelligenz)[2]。

"智力"最为典型的表现是语言,黑格尔将语言称为"给予名称的力量(die namengebende Kraft)"。在黑格尔看来,讨论语言是如何产生的等发生学的问题是没有意义的——就好像他也从来不去追究人类的"第一次劳动"或"第一次使用工具"是什么时候——重要的是,人的存在已经是一种有语言的存在,他和世界打交道的方式都是以语言为中介[3]。"通过命名,对象就作为存在着的东西而从'我'中被创造出来了。这是塑造精神的第一个创造性的力量(Schöpferkraft)。"[4]也就是说,通过语言为事物命名,一方面是将人从自然的直接状态中带

---

[1] Georg Wilhelm Friedrich Hegel, *Frühe politische Systeme* (Frankfurt a. M.: Verlag Ullstein GmbH, 1974), p.219.
[2] 同上,第22—24页。
[3] 卡西尔在《人论》中也有类似的论述:"人不再生活在一个单纯的物理宇宙之中,而是生活在一个符号宇宙之中。……人不再能直接地面对实在,他不可能仿佛是面对面地直观实在了。人的符号活动能力进展多少,物理实在似乎也就相应地退却多少。在某种意义上说,人是在不断地与自身打交道而不是在应付事物本身。……人在理论领域中的这种状况同样也表现在实践领域中。即使在实践领域中,人也并不是生活在一个铁板事实的世界中,并不是根据他的直接需要和意愿而生活,而是生活在想象的激情之中,生活在希望与恐惧、幻觉与醒悟、空想与梦境之中。"(恩斯特·卡西尔:《人论》,甘阳译,上海译文出版社,1985,第33—34页。)
[4] Georg Wilhelm Friedrich Hegel, *Frühe politische Systeme* (Frankfurt a. M.: Verlag Ullstein GmbH, 1974), p.207.

了出来,另一方面也将对象从它的直接性中带了出来,赋予了它"为人而存在"的精神性。

于是,人与物的关系从一开始就不是如动物那样简单地吃掉物、否定物,而是通过劳动和语言对物进行改造,将物从纯自然的状态中拉出来,使它成为"为人的"存在。同时,在劳动中人的意识也从最为简单的无对象的"纯思"中走了出来,而将自己的意志外化到物之上,这种外化的结果却又使自身变得更为丰富,即在劳动中培养了智力。

2. "机巧意识"与工具

人一旦将注意力从对植物或动物的观察与陶冶中拉回到自身智力的发展,就能够反过来利用自然,将自然当作工具。"在屈服于自然的因果性的道路上,在工具中,我得出了经验的结论,借助于这种经验,我反过来能让自然为我劳动。"[①]黑格尔同样是着眼于其在自我意识形成过程中的作用,来考察"工具"的本质的。他认为:"在工具中,主体就为自己创造了一个中介(Mitte),将它放在自己和对象之间,而这一中介就是劳动中现实的理性;因为劳动本身和被劳动加工了的对象,本身就是一种手段(Mittel),是一种赋予自然以形式的(formelle)中介性……于是主体对对象的关系就保持为一种完全相区别的、只存在于主体自身的智力之思想内部(in dem Gedanken der Intelligenz innen bleibt)的关系。"[②]也就是说,通过工具,人与自然的关系进一步回到了自我意识的内部。"工具"既是劳动的工具,又是意

---

① 哈贝马斯:《作为意识形态的技术与科学》,李黎、郭官义译,学林出版社,1999,第18页。
② Georg Wilhelm Friedrich Hegel, *Frühe politische Systeme* (Frankfurt a. M.: Verlag Ullstein GmbH, 1974), p.28.另外,此次我们需注意到中介(Mitte)和手段(Mittel)在德语中的相似。黑格尔有意利用了这一点,以说明,我们的劳动工具既是达到征服自然的目的的"手段",同时又构成了自我意识向更高阶段发展所必需的"中介物"。

识和自然之间的中介,也是意识之觉醒和走向更高阶段的中介。黑格尔所说的"让自然为我劳动",其关注的重点并非"自然",而是"自我"。事实上,他是将人对自然的征服视为人的自我意识之觉醒的一个环节。在《现实哲学》中,他将这种由于屈服于自然力,反而获得了对自然的控制力的意识称为"机巧的意识"(listiges Bewußtsein)。如果说在最初的劳动中,意识放弃了自身而外化到自然中,那么在机巧的意识中,意识就通过对自然的控制,而从自然中回到了自身。只不过此时它已不再是对自然只能感到无奈和服从了,而是将自己的意志加诸自然之上,从自然为自己服务中,认出了自己的意志。"在这里,欲望完全从劳动中退了回去。人让自然自己劳动,自己则只是静观着,只用很小的力气管理劳动的过程:这就是机巧。"①

哈贝马斯认为,在黑格尔对机巧的论述中,暗含着一种对自我的形成和劳动之间的关系的重要看法:也即机巧并非源自意识对工具活动的适应和服从,而是来自意识在面对自然时对主动性和力量的追求。这也是黑格尔对劳动的机械化的看法:他认为,机械化本身就是自我意识的觉醒的过程。"康德把有教养的自我看成是适应工具活动的结果。黑格尔则相反,他把有教养的自我理解成为社会劳动的一种从世界史上看正在变化着的结果。所以,他在耶拿时期的精神哲学研究中明确指出,一旦劳动机械化,从工具使用中产生的机巧意识就能取得进展。"②

从通过双手直接对物进行加工的简单劳动,进展到使用工具让自然为自己服务的机巧意识,这一过程既是意识之进一步外化和将

---

① Georg Wilhelm Friedrich Hegel, *Frühe politische Systeme* (Frankfurt a. M.: Verlag Ullstein GmbH, 1974), p.220.
② 哈贝马斯:《作为意识形态的技术与科学》,李黎、郭官义译,学林出版社,1999,第19页。

自身体现在外物中的过程，也是意识本身不断进步和回归自身的过程。黑格尔认为，在机巧的意识的最高阶段中，意识终于认识到了，事实上是意识在控制外部自然，而非相反；因而只有意识本身才是真实的东西。于是意识就完全回到了自身，不再去物中寻求对自身的确认，而是转而去其他人的意识中寻求这种确认。这就将意识引向了著名的"承认"。

3. 人与人的关系：承认

黑格尔认为，自我意识的觉醒不是仅仅靠对自然的征服就能完全实现的，因为人是一种精神的存在，而他的自证有赖于其他精神，即其他人的承认。并且，黑格尔看到了，这种主体间的承认，是要通过劳动实现的。这就涉及著名的主奴辩证法。首先我们必须明确一点：黑格尔所说的主奴关系，并不是指历史上所存在过的奴隶制，而是一种哲学上的概念。它所讨论的并非具体的主人和奴隶，而是泛指所有普遍存在的不平等关系，这种不平等有可能出现在任何时代中，出现在生活的方方面面中。黑格尔将这种普遍存在的不平等视为自我意识实现过程中的一个暂时的阶段，它对于自由的意识的实现来说，是一个必须存在而又必须被克服的阶段。

主奴关系在一开始，非常类似于人与自然的关系中"欲望"的方式：在面对自然时，首先出现的态度是直接吃掉对象；而在主奴关系中，首先出现的态度是为了证明自己具有意识的独立性而进行生死斗争。敢于为了这种独立性而牺牲生命的一方——换言之，将个人的意志的独立看得比自然的生命更重要的一方，就是主人；不敢冒生命危险的一方就成了奴隶。接着，主人就能够强迫奴隶承认，只有自己才是"人"，而对方只能被迫与自然打交道、被迫劳动。但最后，又正是因为劳动的作用，主人和奴隶的关系又颠倒过来。由于主人强迫奴隶为自己劳动,自己就无需劳动而直接享受自然,因此也就退化到像动物一样直接吃掉对象,而没有了对自然的征服,因此也就无法在自然对自己意志的屈服中认出自己的意志。而奴隶则通过劳动征服了自然和克服了自己的欲望的直接性,并且从自然中认出了自己的意志,因此他就成了主人,他的意志也就得到了承认。

我们会发现,黑格尔所说的"主奴辩证法"并不能理解为对历史中真实存在的奴隶制的解释,而是在哲学阐释自我意识的形成过程。他认为,在主奴辩证法之后,自我意识就获得了独立的地位——这种独立性也就不限于是主人的独立或奴隶的独立,而是所有人都获得了独立。因为从逻辑上说,当"人类"意识到劳动的意义之后,"主奴关系"就被扬弃了,人正是这样一些通过"机巧的意识"而征服自然的、通过劳动而争取到自己的本质的人。因此他们在对待其他人时,也就能够不采取主奴关系的形式,而是采取双方都是独立的和自由的主体之间的平等关系的形式。因此,在黑格尔那里,个人之间的爱情具有一种哲学上的意义,它被理解为独立和自由的个人之间的伦理关系。① "在爱情中,分离的东西仍然存在但不再作为分离的东西,

---

① 事实上,伊壁鸠鲁主义提供了另一种独立自由的个人之间相互承认和结成伦理关系的可能性,即友谊。伊壁鸠鲁主义者认为:"为优良(善)的生活提供真正实质性东西的(不仅仅是必要的前提条件),不是城邦和它的强制性的正义,而是自觉自愿的友谊。"(詹姆斯·尼古拉斯:《伊壁鸠鲁的政治哲学》,溥林译,华夏出版社,2004,第91页。)我们需要注意到的,伊壁鸠鲁强调"友谊",其实和当时的时代状况非常有关。黑格尔经常将"现代"与希腊化时期相类比,他认为,这两个时期的相似性是很明显的:它们都是个体性原则突然觉醒、伦理实体中的纽带突然瓦解的时代。当人们从伦理性的希腊城邦突然进入到幅员辽阔但缺乏伦理性和真正的合法性基础的罗马帝国,他们所体会到的分裂、破碎和痛苦与"现代人"的处境是非常相似的。在希腊化时期,产生了伊壁鸠鲁主义、怀疑主义、对"神死了"感到痛苦的苦恼意识,极具宗教气质而逃避尘世生活的斯多葛主义,以及基督教。伊壁鸠鲁主义可以被理解为应对这种"分裂"和"苦恼"的一种方式。也就是说,在一个城邦事实上已经无法提供"真正实质性的东西"的时代,人们就不该再(转下页)

而是作为一致的东西;并且有生者感觉到有生者,彼此息息相通。"①因此,爱情就像劳动一样,都是在他者中认出自己,只不过在劳动中,这个他者是自然;而在爱情中,他者是另一个与自己平等的主体。这就决定了,在劳动中发展出的是对自然的征服,是采取机巧的态度旁观机器代替自己劳动,以此感受到自己作为"精神",相对于无精神的自然的优越;而在爱情中则发展出了主体间的互相承认,是以伦理的态度将对方视为与自己不同的存在,但又将对方作为与自己平等的存在而尊重,并能真正从对方那里看到自己的存在。

4. 劳动与异化

黑格尔也看到了"劳动"中的问题。黑格尔固然承认劳动的解放

(接上页)幻想这种东西依然存在,而只能退回一个由同样具有"隐士"心态的人组成的小团体。"伊壁鸠鲁派的'哲人'……是一个隐士,因为他所处的唯一的社会就是那些聚在一起求共同的得救的人所组成的社会。"(莱昂·罗斑:《希腊思想和科学精神的起源》,陈修斋译,广西师范大学出版社,2003,第351页。)而"友谊"与"爱情"的区别也许在于,友谊是两个真正独立的人之间的关系,它不涉及黑格尔所说的爱情中的"委身",也不会产生子女,因此它本质上就是一种非伦理性的时代中"隐士"之间的团结,就这一点而言,它与逃避到宗教中去的做法是非常相似的,只不过逃避的地方不是"彼岸"而已。黑格尔认为,早期基督教团体也与此类似,是一群互相理解的人放弃了世俗生活,仅凭友谊和爱联系在一起所组成的团体。"在爱里面结合起来的一小群人、一小群有性灵的人,他们彼此间放弃在特殊事务上的权利,他们只是由于共同的信仰和希望联合起来,他们的享受和欢乐仅只在于这种纯洁的一心一意的爱里面——这就是一个小型的天国。"(黑格尔:《黑格尔早期神学著作》,贺麟译,商务印书馆,1988,第388页。)但黑格尔认为,这种"爱"的团体根本还不认识把他们结合在一起的更高的东西——在宗教中,这种"更高的合一"是上帝;而在现代世界,则是"伦理实体"。由于这样的"小型天国"事实上并不以某种普遍实体为依据,因此它可以永不瓦解;但正因为它自足而无瓦解的可能,所以在任何时代,在这样的友谊之团体中隐居,都是类似于选择皈依宗教,而并非自我意识在现实世界中的真正实现。但爱情则是以家庭和子女为目的的,它本身就暗含了自身的瓦解和进入共同体的道路。因此笔者认为,黑格尔在寻找"自我意识的相互承认"的载体时,选择了爱情而非友谊,是出于对"伦理性"和"共同体"这一最终目的的考虑。

① 哈贝马斯:《作为意识形态的技术与科学》,李黎、郭官义译,学林出版社,1999,第9页。

作用和在自我意识形成中的中介作用,但他也是对工具理性和启蒙辩证法进行批判的先驱:他已经提出,劳动既是个人意识建立过程中所必须的外化过程,同时也带来"异化"的危险。黑格尔认为,随着机巧的意识的发展,劳动越来越机械化,分工也越来越细。其后果是,需要和劳动之间的间隔越来越长,单个的意识将无法理解自己的劳动的意义,并且他的需要之满足也越来越依赖整个需要的体系。于是,需要和劳动之间就形成了一条长长的链条,个人自己的劳动不能满足他的需要,这种满足必须依赖链条上位置极为遥远的人的劳动,而个人无法掌握和理解这种链条的整体,因此个人所感受到的就是对这一链条的依赖。

黑格尔认为,劳动的分工所损害的首先是个人的意识的完整性。"劳动分工导致大工业的产生,大工业的产生强化了劳动分工,大工业的劳动分工给劳动者带来的后果是劳动者的全面不独立,是他们的片面发展,是他们生计不保,是他们精神能力变钝、变蠢。这样的劳动是和黑格尔说的'真正的理想'完全矛盾的,这里显然不是一种自由欢乐的表演,也没有自由欢乐的表演所不可少的丰裕手段。"[1]其次,"机巧"和机械本身,由于其越来越远离劳动者的控制,因此就不再是一种自我意识的体现了,而是意识被机器所奴役。黑格尔提出,就像人与人之间的主奴关系会造成主人因疏远劳动而变成奴隶一样;当因劳动而摆脱奴隶的地位的人,将劳动都交给机器而自己只是享受劳动成果时,他也就重新成了奴隶。"人在机器中扬弃了自己那赋予自然界以形式的活动,并且让机器完全自己进行劳动。但这是一种为了反抗自然而进行的欺骗活动,并且人通过这种欺骗而始终保持在自己的个体性中,最终这种欺骗的恶果会反回到他自身;他越

---

[1] 薛华:《黑格尔、哈贝马斯与自由意识》,中国法制出版社,2008,第118—119页。

是压迫自然,就越是贬低他自身。"①最后,黑格尔指出了机巧的意识所产生最终后果是机械化对工人的排挤。"进一步的后果是:劳动愈来愈变得机械,从而产生人可以最终把它交给机器的完成。一旦劳动已完全变得简单、抽象,那人们就可以用机器代替人。"②

因此,黑格尔已经看到了"异化"的问题。事实上,黑格尔从青年时期就开始了对异化的思考。一开始,对这个问题的思考依附于神学问题。赫尔穆特·尼科劳斯(Helmut Nicolaus)指出,从词源学的角度和问题史的角度看,异化这一概念有其神学的来源:这个词"在拉丁文中的概念来源是'alienatio'以及'abalienatio'。奥古斯丁将异化概念以及它所暗示的诺斯替-摩尼教因素追溯到历史哲学中"③。而从问题史的角度看,"异化概念一开始是与神学问题中的中心因素一起出现的,它涉及的是人和上帝的关系、人的自由和世界的恶。从神学上看,异化一开始是'与上帝相异化'"④。黑格尔也同样是从宗教入手,开始对这个问题的思考。

在《基督教的精神及其命运》中,他从人、主体的角度探讨了人的异化、生命的分裂等问题。当时黑格尔已经看到了伦理世界的衰落问题,只不过,他一开始认为,向人群强加一种不合适的宗教是"异化"最为根本的原因。黑格尔在《基督教的精神及其命运》中,对希腊人的精神和犹太人的精神作了一种对比:他认为,希腊人的法律的根

---

① Georg Wilhelm Friedrich Hegel, *Frühe politische Systeme* (Frankfurt a. M.: Verlag Ullstein GmbH, 1974), p.332.
② 薛华.黑格尔、哈贝马斯与自由意识[M].北京:中国法制出版社,2008,第119页,转引《黑格尔法哲学》,伊尔亭格版,第四卷,第503页.
③ Helmut Nicolaus, *Hegels Theorie der Entfremdung* (Heidelberg: Manutius, 1995), p.19.
④ 同上,第21页.

本目标是保证人的自由,因此即使希腊的法律有时候会限制个人财产,表面上看是限制了人的自由,但这却是为了防止极度不平等带来的贫穷危害人的自由、使他们丧失道德自尊和政治权利;而犹太人虽然能够无限度地占有财产,但由于他们都必须屈服于作为毫无道理可讲的"命令"式的法律,因此他们事实上根本就没有任何自由和权利,所以所有的财物都只是一种"借来的东西",而不是真正的财产。"希腊人是平等的,因为所有的人都是自由的、独立的。犹太人也是平等的,因为所有的人都没有独立自存的能力。"[1]因此黑格尔认为,在犹太教中,人是真正异化的,"因为作为国家的公民他们所有的人都是绝对无权的"[2]。而在基督教中,耶稣则宣扬一种普世的爱,主张要爱所有的个体,希望能够通过"爱"来恢复犹太人世界中被完全剥夺了的个人自由。但耶稣所主张的"爱"和围绕这种"爱"建立起来私人团体主张完全摆脱犹太世界中的一切现实的社会因素,因此他也不得不同时放弃所有的伦理关系。因此,耶稣不仅仅把自己孤立在母亲、亲戚和朋友之外,也要求他的门徒都抛妻弃子,断绝尘世的一切伦理关系。而黑格尔认为,如果人们认为现实中的法律之网是异化的而抛弃它,那么就是把异化的东西和具有实体性的伦理一起抛弃了,因此这只是一种抽象的解放,是不可取的。黑格尔认为,耶稣最后的悲剧命运,和基督教的命运都证明了这一点:在基督教的模式中,教会和国家、宗教虔诚和世俗道德、精神生活和世间生活,都是分裂的。

黑格尔青年时期对经济问题和宗教问题的兴趣,其实是和对现实问题的思考紧密联系在一起的,他通过对耶稣的命运和泛泛而言的"宗教"的命运的讨论,迂回地表达了对现代启蒙时代人性观的批

---

[1] 黑格尔:《黑格尔早期神学著作》,贺麟译,商务印书馆,1988,第296页。
[2] 同上,第295页。

判①:个人层面的自由虽然重要,却并不是全部,因为个人并不是自足的,个人的本性必须在和他所处的时代和共同体的关系中得到解释,如果对异化的现实采取一种逃避的态度(无论是逃避到尘世的财富中、"爱"的团体中、还是宗教中),那么结果也只能是另一种异化。

二、原子式的个人与"散文气味"的时代

黑格尔在《美学》中以对艺术的分析入手,描述了现代社会的散漫、破碎以及生活在其中的人的自由和孤立。这一描述式的风格不同于黑格尔那些更为"哲学"的著作,但以艺术为切入点分析现代性,恰恰正中了现代性的真正优点和问题所在。维克斯(Wicks)认为:"根据对时代习俗的解释,黑格尔认为,他的读者应当把他的美学理论视为他的整个形而上学交响曲中的一个组成部分。……也就是说,从体系性的观点来看,黑格尔的美学并不是自我包含的,并且它非常紧密地依赖于观念论哲学这个前提。"②同时,美又是用感性的方式呈现出来的理念,它的内容虽然是理念本身,但它所依赖的表达手段却是个别人的感情和感觉,因此它天然地亲近于同样表现为感情纽带的伦理世界。于是,人们通过艺术,能够最为快速和敏感地体会到时代中伦理关系的瓦解和自身身份与责任感的丧失。"恰恰是建筑和诗歌,而非理念,严重地依赖于黑格尔所说的'伦理的生活',这种伦理生活是由对个体的社会角色所界定的特殊的责任。"③正因为

---

① 类似的观点参见:朱学平:《古典与现代的冲突与融合》,湖南教育出版社,2010,第二章第二节"耶稣传"和"基督教的实证性":自然宗教与民族宗教。
② C. Beiser, (eds.) *The Cambridge Companion to Hegel* (Cambridge: Cambridge University Press, 1993), p.348.
③ Brain K. Etter, *Between Transcendence and Historicism: The Ethical Nature of the Arts in Hegelian Aesthetics* (Albany: State University of New York, 2006), p.173.

艺术直接是对伦理世界的感性感受,它也就对伦理生活的瓦解最为敏感,黑格尔看到了,他当时的"现代"艺术采取一种破碎的表达形式,这恰与破碎的伦理世界形成镜像。

前文已经提到,黑格尔本人就将《精神现象学》的副标题定为"意识的经验科学",而"经验"的意思是以绝对知识为目标的个人意识的发展过程。而对于个人意识来说,在现代市民社会中感受到的是传统政治共同体的破裂和个体性的崛起。"普遍物已破裂成了无限众多的个体原子,这个死亡了的精神现在成了一个平等(原则),在这个平等中,所有的原子个体一律平等,都像每个个体一样,各算是一个个人(person)。"①这是一个"现代"所特有的现象,它首先意味着与过去的断裂、意味着过去的伦理和社会纽带失去了效力,因此人才会变成"单子"。

1. 作为时代概念的"现代"

哈贝马斯认为,"现代化"概念一方面可以从社会学的功能主义方面理解,它"涉及一系列的过程,诸如:资本的积累和资源的利用;生产力的发展和劳动生产率的提高;政治权力的集中和民族认同的塑造;政治参与权、城市生活方式、正规学校教育的普及;价值和规范的世俗化;等等"②。但另一方面,现代化理论又比上述韦伯式的社会学概念更为抽象,因为它涉及对历史哲学的理解。它把现代性从现代欧洲的起源中分离了出来,并把现代性描述成一种一般意义上的社会发展模式,因此我们几乎无法再从欧洲的传统中找到对现代性的切近的解释;但另一方面,这也意味着"现代"获得了某种超越地域的普遍意义。

---

① 黑格尔:《精神现象学:下卷》,贺麟、王玖兴译,商务印书馆,1981,第33页。
② 哈贝马斯:《现代性的哲学话语》,曹卫东等译,译林出版社,2004,第2页。

哈贝马斯认为,"黑格尔是使现代脱离外在于它的历史的规范影响这个过程并升格为哲学问题的第一人",因为他首先自觉地"把现代当作一个历史概念加以使用,即把现代概念作为一个时代概念"①。也就是说,在他看来"现代"并非单纯编年意义上的说法,而是具有突出时代之"新"的意味,意味着与过去的决裂。② 黑格尔在《精神现象学》中对这种决裂作出了非常具有感染力的描述:"我们不难看到,我们这个时代是一个新时期的降生和过渡的时代。人的精神已经跟他旧日的生活与观念世界决裂,正使旧日的一切葬入于过去而着手进行他的自我改造。……现存世界里充满了那种粗率和无聊,以及对某种未知的东西的那种模模糊糊若有所感,都在预示着有什么别的东西正在到来。可是这种逐渐的、并未改变整个面貌的颓毁败坏,突然为日出所中断,升起的太阳就如闪电般一下子建立起了新世界的形象。"③

然而,当我们认真思考这个"新世界的形象"的建立过程时就会发现,它并不完全是"如闪电般一下子建立起来的"。事实上,整个建立过程充满了对过去的怀念;这种怀念往往与文学、艺术中浪漫主义的怀旧叙事交织在一起。但这种"过去"事实上对"现在"已经毫无解释力,更无法提供任何指引,而对过去的浪漫主义想象只不过是对失落感的掩饰。同时,这个建立过程也总是带着对"现在"自身的怀疑和批判。贝特·怀斯(Beat Wyss)认为,黑格尔对"新的世界"的犹疑

---

① 哈贝马斯:《现代性的哲学话语》,曹卫东等译,译林出版社,2004,第5页。
② 黑格尔所界定的"新的时代"与一般认为的"modern times"的意思是一致的,所指的都是大约1500年前后。"现代世界观乃是各种事件、观念和人物因缘即会的产物……这一个相互重叠、相互交织的文化时期,亦即文艺复兴、宗教改革以及科学革命的时期。"(理查德·塔纳斯:《西方思想史》,吴象婴、晏可佳、张广勇译,上海社会科学院出版社,2007,第252页。)
③ 黑格尔:《精神现象学》,贺麟、王玖兴译,商务印书馆,1997,第7页。

和反思,尤其明显地表现在他关于美学的理论中。他在《黑格尔的艺术史和对现代性的批判》中,就直接揭示出,黑格尔对艺术史的复述,在一定意义上具有哲学史意义,而和他在《历史哲学》中形成差别和对照的是,在《历史哲学》中,历史被描述为"自由的实现"的历史,而在《美学》中,同一段历史,从意识的感性的眼光看来,却是一段"日落"的历史。"在密涅瓦的猫头鹰的翅膀笼罩下,文化的版图一个接一个地沉入了黑暗:先是西方,再是古典世界,最后是东方。"①怀斯假设黑格尔的艺术史是穿行于"日落之国"中的博物馆②,"黑格尔的历史哲学被重构为一种想象中的博物馆。自从人们将'现在'从'过去'中分离出去后,他的艺术史也就成了一种博物馆"。④ 在其中,东方是"入口"和"第一个画廊",人们从这里开始接触到精神的意识,但发现这一意识是沉睡在黑暗中的。就如《精神现象学》所说,黑暗会突然为日出所中断,但太阳刚刚升起的时候,人们却无法在突然间变得太

---

① Beat Wyss, *Hegel's Art History and the Critique of Modernity*, trans. Caroline Dobson Saltzwedel (Cambridge: Cambridge University Press, 1999), p.2。
② 事实上,将黑格尔的艺术史话语类比为"博物馆"的说法并非偶然,黑格尔目睹了德国第一座博物馆的建成(老博物馆 Altes Museum,建于 1830 年)。在黑格尔所生活的时代,"建造博物馆"是一个具有文化和政治意义的事件。在 1806 年败于拿破仑后,腓特烈二世痛定思痛,开始了国内的改革,其中文化和教育改革是一个重点领域;1815 年普鲁士军队击败拿破仑,国力为之一振后,腓特烈二世就(转下页)(接上页)开始了筹建德国历史上的第一座博物馆。负责建造的是著名建筑师卡尔·弗里德里希·申克尔(1781—1841),他与黑格尔不仅仅是同时代人,而且他的风格也与黑格尔对哲学思想的"趣味"相一致:申克尔所设计的老博物馆摈弃了法国式的洛可可风格,而投身于旨在复兴古希腊和古罗马艺术的新古典主义行列,他将整个博物馆的外观设计为希腊神殿的形式;由此我们不难联想到黑格尔对古希腊的热爱。这种"尚古"所承载的,事实上是普鲁士文化的"寻根"和自觉。因此,将黑格尔的艺术史类比为陈列历史上各个时期的艺术作品和作品所体现的各民族和时代的"精神"的"第一座"博物馆,是一个非常恰当和意味深长的比喻。
④ Beat Wyss, *Hegel's Art History and the Critique of Modernity*, trans. Caroline Dobson Saltzwedel (Cambridge: Cambridge University Press, 1999), p.104。

强烈的光线下看清楚这个世界的真实面貌。怀斯说:"在我们将要进入'盲目的光线下的画廊'时,我们必须记住俄狄浦斯所解答的关于命运的谜语中的双重含义:太多的清晰性,会把一个人变成瞎子。"①如果远古东方的人们在面临与过去的黑夜决裂和初升的太阳时,有一瞬间"变成瞎子",那么"现代"也同样会在新时代刚现雏形时,以自己的意识亲历这种盲目。

因此,如果我们把"现代"当成一个独立的时代,并且清醒地意识到现代必须脱离和过去的关系并创造自身的规范,那么,我们就必须反思,作为现代的产物和标志的主体性原则究竟是否能够克服初兴时的盲目,并冷静地看待同样新兴的科学、道德和艺术,并为它们奠定基础。哈贝马斯认为,黑格尔意识到了这样一个问题:"主体和自我意识能否产生出这样的标准:它既是从现代世界中抽取出来的,同时又引导人们去认识现代世界,即它同样也适用于批判自身内部发生了分裂的现代。"②对黑格尔来说,对这一问题的答案是否定的。更准确地说,他同意这句话的前半段。他充分承认,主体性确实是从现代世界中抽取出来的主要原则;但他否认主体性原则可以引导人们认识现代世界,并对自身发生分裂的现代世界进行批判和弥合。因为在黑格尔看来,恰恰是主体性原则,才是造成现代世界分裂的根本原因。黑格尔认为,主体性是一种"否定性"的力量,它削弱了迄今为止由宗教承担的对社会进行整合的力量,同时又不能利用理性来代替宗教的一体化功能。

2."散文气味"的时代与"单子"

黑格尔认为,主体性的原则在肯定理性的同时,也将"个人"当作

---

① Beat Wyss, *Hegel's Art History and the Critique of Modernity*, trans. Caroline Dobson Saltzwedel (Cambridge: Cambridge University Press, 1999), p.11.
② 哈贝马斯:《现代性的哲学话语》,曹卫东等译,译林出版社,2004,第24页。

自身的载体。在这些个人之间,并没有任何真正的联系,每个人都是莱布尼茨意义上的"单子",它们彼此隔绝孤立。而由这些单子所"拼凑"出来的现代,则具有一种他称之为"散文气味(prosaische)"的时代气氛。"散文气味"这个词的字面意思是"散漫的""枯燥乏味的";作为一种文体而言,它与古典的"史诗"相对立。在这样的时代气氛中,同一个问题呈现为两个方面:站在个人的角度看,社会作为一个整体是散漫乏味而且不可理解的;站在社会的角度看,个人则是各自为政且孤立无援的。"单独的个别的人,从其本义来说,只在他是体现着(一切)个别性的普遍的众多时才是真实的;离开这个众多,则孤独的自我事实上是一个非现实的无力量的自我。"①

对个人来说,失去了"前现代"的各种纽带固然是一种"失去锁链",但同时,个人也发现,自己变得非常的无力,因而只能被动地隶属于庞大的社会秩序。并且个人对理解社会也感到绝望,他所关心的只是非常具有局限性的"私事"。黑格尔认为,在现代世界情况中,个人对于纯粹他"自己的"事务,固然可以自作抉择;但他作为一个个人,无论如何抉择取舍,都始终隶属于一种固定的社会秩序。因此个人就并不是一个拥有特殊的和完整的自我形象的个人,也不具备真正的独立自主性,而只是这个社会中的一个受局限的成员。所以他所谓的"自由"活动的范围,只是局限在一个非常狭窄的圈子中:他对生活的兴趣和他的活动的意义都是极为狭小的,仅限于自己个人的遭遇如何、是否侥幸达到了他个人的目的,等等。

因此,现代的个人虽然在个人的道德和性格方面具有无限的自由,但这种自由却失去了普遍性。"近代的人格,作为主体来说,在情绪和性格方面虽是无限的,它虽然显现于它的动作和

---

① 黑格尔:《精神现象学:下卷》,贺麟、王玖兴译,商务印书馆,1981,第36页。

经历,以及法律和道德等方面,但是在这个人身上的法律的客观存在是受局限的,正如这个人本身是受局限的一样,它并不是有普遍性的法律道德和规章的客观存在,像在真正英雄时代①的情

---

① 我们也许会注意到,"英雄时代"在维柯那里是一个非常重要的概念,是他的历史哲学中构成性的部分。将黑格尔对"英雄时代"的理解和维科的说法加以比较,也许会非常有趣,因为他们都是在历史哲学的意义上讨论这一概念的。于是,对一个概念的不同理解,背后其实暗含着是两种历史观之间的差别。在黑格尔那里,"古代英雄"必须被放在与"罗马公民"或"现代公民"的比较中进行理解:在希腊人那里,"英雄们都出现在法律尚未制定的时代,或则他们自己就是国家的创造者,所以正义和秩序,法律和道德,都是由他们制定出来的,作为和他们分不开的个人工作而完成的。"而在罗马,城邦和法律不再是一个等待人去创建的空白,而是已经成了一种事实,在这种情况下,"在作为公共目标的国家面前,私人的人格是应被否定的。把个人抽象化为只是一个罗马公民,在私人的坚强的主体性方面,只想到罗马国家,祖国,以及祖国的崇高和强大——罗马道德的严肃和高尚就在于此。"(黑格尔:《美学:第一卷》,朱光潜译,商务印书馆,1979,第237页)也就是说,黑格尔将对公共目的的承认和追求视为国家的本质,它是比作为个体的英雄更为高级的东西。
而在维柯那里,"英雄"则被视为"历史"的开端。它将人从原始的蒙昧状态中拉了出来,但英雄的时代依然是野蛮的,整个英雄时代是完全围绕着战争进行的,战争以宗教的名义进行,并且总是非常惨烈。外来的人都被视为敌人;胜利者将被征服者视为奴隶。这些胜利者们聚集成了"名门望族(gentes maiores)",他们所领导的"家族"的成员包括妻子和孩子等,但最为重要的是,还包括了大量被征服的奴隶。因此古代的"家族"不同于现代所理解的单纯个人之间的血缘关系,而更多地是一种政治组织。维柯指出,抵制奴隶反抗的需要使得英雄(即家族的主父)们联合起来,这就是城邦的起源。因此在古希腊城邦中,只有"英雄"才被承认为"人民",事实上这里的人民是"贵族"的意思;而奴隶只是"平民",他们是没有公民权的。而随着罗马帝国疆域的扩大,他们把原本属于罗马本土平民的权利授予了外省人(这些人原本是被当作敌人或奴隶的),相应地把原本属于贵族的所有权(主要指土地的所有权)给了罗马的平民,使他们与贵族平等。但这种所有权上的平等是暂时的和非法定的,在此之后,平民所想要争取的就是成文法。"平民们想要得到的法定土地所有权在十二铜表法中得到了批准,从而认可了平民的胜利。十二铜表法代表着秘密法典的结束,同时也代表着成文法典的胜利。"(贝奈戴托·克罗齐:《维柯的哲学》,R.G. 柯林伍德译,陶秀璈、王立志译,大象出版社,2009,第138页。)最后,平民进一步地争取到了公共权利基础之上的特权和立法权。至此,平民们获得了完整的权利和平等,整个社会结构从贵族化转向大众化。所有权和关于遗产的规定的改变都使得财富更为容易地从少数名门望族手中(转下页)

况里那样。"①

  但是,从《精神现象学》中的意识视角出发,个体毕竟感到对完整性和独立性的追求是无法避免的,人并不能够满足于"情绪"和"性格"等私人方面的微弱自由。在黑格尔看来,我们一方面必须承认近代市民的政治生活情况之本质和发展是符合理性的;但是另一方面,"我们却也不放弃而且永远不会放弃对于现实的个体的完整性和有生命的独立自足性所感到的兴趣和需要"②。可是,人们究竟要如何才能达到个体的完整性和生命的独立自主性呢?黑格尔认为,像浪漫主义者所主张的那样,通过退回中世纪骑士式的生活方式显然是行

(接上页)向平民的扩散。因此,所有权本身也从原来的主父(英雄)对他的全部财产、妻儿和奴隶的权利,也即从一种具有政治意义的人身权力,变成了纯粹私人的公民权。由于贵族丧失了政治的权力,社会就需要一种新的政府形式。维柯认为,君主制就是这样应运而生的。因为在上述平民的共和国中,每个人只追逐私人利益并且强迫公共力量为私人利益服务,这时,为使国家免遭灭顶之灾,就需要一个人站出来将贵族和平民都同时置于自己的绝对权威之下。这样一种君主制也同时受到了贵族和平民的欢迎,因为贵族受够了与平民的斗争,已经不想再追求原来的政治权力,而只想过安逸的生活;平民则不愿生活在动荡不安的无政府状态中,而渴望和平。在维柯看来,君主制的建立才是文明的真正开端;"这种政治的、社会的和法律的形式在理性充分发展的阶段时最适合人类本性的。"可是维柯也认为,在这一文明的完成的高峰过后,就不再有发展的余地,而只会走向堕落。"人类发展到最文明、最优雅的阶段之后,唯一的一种可能就是腐败堕落,别无选择,野蛮主义的复归是一种反思的野蛮主义,是人类滑向一种新的自然状态的表现,人类将再次回到一种全新的、英雄的野蛮状态之中。"(贝奈戴托·克罗齐:《维柯的哲学》,R. G. 柯林伍德译,陶秀璈、王立志译,大象出版社,2009,第145页。)因此从根本上说,维柯和黑格尔有着根本不同的历史观。黑格尔将历史理解为自由实现自身的过程,这个过程中的每一个阶段的结尾都是对开端的实现和完善,因此整个过程就被理解为是一个回到自身和实现自身的整体;而维柯则持一种"循环"的历史观:从英雄时代,经平民时代达到君主时代,然后又重回英雄时代的过程,会一再重演。(维柯:《新科学》,朱光潜译,人民文学出版社,1997,第四卷诸民族所经历的历史过程。)

① 黑格尔:《美学·第一卷》,朱光潜译,商务印书馆,1979,第248页。
② 同上,第249页。

不通的,因为这种制度只有在中世纪的社会机制中才有其正当的基础。当它处于它真正的土壤中时,它是一种具有活力、因而也就同时具有缺点的东西。浪漫主义者在事过境迁后为它赋予的美化和浪漫色彩,只是"事后"的想象,并不存在于真正的中世纪生活中。而到了现代,如果还有人幻想"以骑士的身份去打抱不平",从而获得一种对自身的重要性的认同感,在黑格尔看来,就像堂·吉诃德那样滑稽,并且对于解决现代社会的碎片化合个人的单子化来说,毫无助益。

3. 个人的依附性与独立性

现实中的市民社会却分裂为以下两个方面:一方面是一个合法的、社会的和经济的结构,这个结构决定着个别人在其公共领域中的思想和行动;另一方面则是个人的思想和行动中剩余的那些不为结构所左右的"私人"或"内心"部分。

就社会的法律和经济结构来看,它是一种具有普遍强制力的东西,个人必须依附于它。个人在国家中不得不居于从属地位,他们根据分工进行片面的劳动和发展,成为某种"单向度的人"①。这种从属性首先表现在,分工本身对个体来说是一种外在的强制。社会中大部分工种所做的事情完全是被规定的、流水线式的,其中并无个人的兴趣和创造力发挥作用的余地;并且,每个人还必须遵守工作中所派

---

① 马尔库塞对发达工业社会中的这一现象作了非常详细的分析:他认为,一种高度组织起来的发达工业社会能够使越来越多的人生活得更加舒服,社会的政治需要也变成了个人的需要,对这种需要的满足促使商业和公共福利事业不断发展。但这个貌似运转良好的社会作为整体却是非理性的,因为它的生产的增长是以人的自由发展的丧失为代价的,它的繁荣与和平也要通过经常性的战争威胁才能维持下去。在这一社会中,控制采取了一种非暴力的,然而无孔不入的形式,即资本的逻辑的形式。人们只能被关在这一"铁笼"中过一种高度受制于生产体系的世俗化的生活,所有想要对社会进行反思和批判的尝试都会被社会的合理化表象吞没。(赫伯特·马尔库塞:《单向度的人》,刘继译,上海译文出版社,2006,导言。)黑格尔所生活的年代当然还不是"发达工业社会",但其雏形和基本原则已然奠定。

生出来的其他行为规则；而且工作的完成情况也依赖上级的判断和控制。总之，在分工中，没有任何康德意义上的"自律"的可能性。其次，分工又非常细致和复杂，以至于个人看不出其中的合理性，更看不到社会的全貌，每个人只能占据一个非常狭小的位置①。"在文明国家里，个别公民的从属地位还可以在这一点上见出：每一个人在全体中所占的份额是完全限定的，永远是狭小的。这就是说，在真正的国家里，为一般公众利益的工作，正如市民团体的工商业活动一样，是用最复杂的方式来分工的，所以整个国家显得不是某一个人的具体事务，而且一般也不能委托给某一个人，听他的意愿，力量，勇气，胆量，才能和见识来摆布。国家生活中既有无数的事务和活动，它们就须有无数工作人员去做。"②

在亚当·斯密看来，越是细致的分工，劳动者就会表现得越熟练和成熟，并且分工是否广泛和精致甚至是还是判断一个国家是否"进步"和"文明"的标志。但是在《精神现象学》中，黑格尔从意识视角出发却向我们指出，分工使人感到自己和社会整体丧失了联系，个人无法再理解社会的运行机制，也无法理解自己的那一小部分劳动对社会的作用和意义。因此他的劳动和其他私人行为也就根本不可能是基于知识而作出的自由意志的选择。康德早就告诉我们，当一个人

---

① 马克斯·韦伯也认为，理智化和理性化的水平的增加，并不意味着我们对世界有更多的了解，因为细致的分工带来的是对除自己的职业领域外的一切都没有知识。比方说，"我们乘坐有轨电车的人，谁也不知道电车是如何行驶的，除非他是专家。对此他无须任何知识。只要他能'掌握'电车的运行表，据此来安排自己的行动，也就够了"。但韦伯认为，与这种无知相伴随的，恰恰是知道的"可能性"。"但这里含有另一层意义，即这样的知识或信念：只要人们想知道，他任何时候都能够知道；从原则上说，再没有什么神秘莫测、无法计算的力量在起作用，人们可以通过计算掌握一切。而这就意味着为世界除魅。"（马克斯·韦伯：《学术与政治》，冯克利译，生活·读书·新知三联书店，1998，第29页。）
② 黑格尔：《美学：第一卷》，朱光潜译，商务印书馆，1979，第234—235页。

的行为并非出于"自由",对自己的行为没有"认识"时,也就根本谈不上"责任"。黑格尔指出,现代的个人无法对自己的一部分社会化的行为负责(主要是被强制分工的职业行为),因此也无法对整个社会中具有普遍性的东西负责。①

---

① 在此我们会联想到阿伦特对"平庸的恶"的论述:在现代法学理念中,"恶的"意图被理解为犯罪的必要因素,这正是因为人们接受了从康德到黑格尔延续至今的对于"自由意志"的认可。黑格尔认为,犯罪是一种对普遍的法的违反,因而对他的惩罚是正当的、是为了恢复法的尊严。并且这也是对罪犯的尊重,因为"惩罚"就已经假设了罪犯的行为是出于他的自由意志,而出于自由意志的行为就必须为后果负责。因而,惩罚罪犯才是将他视为有尊严和意志的"人",而不是把他贬低为精神病人之类。对于因精神失常等原因完全丧失了分辨善恶的能力的人,现代人(包括黑格尔)并不认为他们的行为是犯罪。阿伦特说:"恐怕在文明国家的法的体系中没有再比这顾忌到主观要因更值得夸耀的东西了。"(汉娜·阿伦特等:《耶路撒冷的艾希曼:伦理的现代困境》,孙传钊译,吉林人民出版社,2003,第45页。)可是阿伦特又发现,在大屠杀中确实存在一种并无精神失常,却依然"没有故意"的恶,她称之为"平庸的恶"。这种"平庸的恶"的根源首先是人的"无思想":阿伦特对艾希曼的观察是,"他并不愚蠢,却完全没有思想",他认为自己所做的事情无非是执行命令而已,而对事情的本质没有思考。但之所以大批量地产生这样的人,却是由于极权主义的"行政","极权主义统治的本质,而且恐怕所有的官僚制度的性质是把人变成官吏,变成行政体制中间的一只单纯的齿轮,这种变化叫做非人类化,当然是政治学和社会学的重要问题。"(汉娜·阿伦特等:《耶路撒冷的艾希曼:伦理的现代困境》,孙传钊译,吉林人民出版社,2003,第56页。)我们可以对照黑格尔所说的:"现代人就不会对他所做的事负完全责任,如果由于对情境的无知或误解而做出与本来意志相违的事,他就会拒绝负责,他只会承认他认识清楚的,并且根据这种认识,下过决心,蓄过意图而做出来的事。"(黑格尔:《美学:第一卷》,朱光潜译,商务印书馆,1979,第240页。)现代社会的复杂性和分工中暗含的官僚制,在黑格尔那里就已经为阿伦特所说的"无思想"所造成的"平庸的恶"埋下了伏笔,或者说,社会的复杂化和极权化本来就会将人的具有真正意义的"自由",缩小到纯粹私人的事物当中;在涉及社会或共同体时,人们有理由不认为自己是自由的。然而,阿伦特认为,"无知"并不意味着"无罪"。让我们回到自由意志和道德以及它们两者之间的必然联系的奠基人康德。康德在《什么是启蒙》中说,有许许多多人,当大自然早已把他们从外界的引导下释放出来以后,他们依然愿意处于不成熟状态,并让别人轻而易举地以保护人自居,其根本原因无非是"懒惰和怯懦"。"处于不成熟状态是那么安逸。……绝大部分的人都把步入成熟状态认为除了是非常之艰辛而外并且还是非常之危险的。"(康德:《历史(转下页)

但恰恰由于个人无法在社会中为普遍的东西负责,而只能依附于它;个人就更加渴望在私人的领域中获得独立和"负责"的可能性。事实上黑格尔也认为,在"英雄时代"中,主体和他的全部意志和行为是没有分化的,一种"完全"的责任是可能的。但黑格尔认为,这种"完全"的责任是前现代的,它并不认为只有出于对情境的充分了解和自由意志的行动,才是真正需要负责任的行动;而只是泛泛地"对一切负责"。因此这种表面上的彻底性事实上只是因愚昧而生的野蛮,而不是对个人的意志和独立性的尊重。在现代人的观念中,只有当一个人对他的行动的情境有清楚的认识,并且所作的行动都是出于自愿,他才会对这一行动负责。

一方面,黑格尔认为,这种"部分的"责任观是一种符合道德的行为,"我们近代人的观点是比较符合道德的,因为主体方面对于情境的知识、对于善行的信心以及行动时内在的意图这三件事是道德行为的主要因素"①。但另一方面黑格尔也指出,当社会的分工如此之细,以至于人们确实对社会整体不可能有真正的认识时,个人的生活被割裂为"私人的"和"公共的",并且人们对公共事务不负责、不关心,也就成了一种必然。这两个方面总是形成恶性循环:人越是感到对公共事务无法关心,就越重视私人事务中的独立性和自主性。而这种重视如果没有以具有普遍性的意义为依托,就只能被理解为一种任性。当独立和自由被理解为想做什么就做什么消极自由时,个

(接上页)理性批判文集》,何兆武译,商务印书馆,1991,第 22—23 页。)可见康德已经指出,人不但要为出于自由意志的行为负责,还要为"无思想"负责;因为除了精神失常等状况外,并不存在真正的"无思想",或者说用黑格尔的话来说,为了维护法和道德的尊严、为了将人(哪怕是罪犯)当作人来尊重,都不能承认一种仿佛是被迫的"无思想",而只能将它归结为"懒惰和怯懦"。

① 黑格尔:《美学:第一卷》,朱光潜译,商务印书馆,1979,第 240—241 页。

人也就彻底丧失了理解和关怀公共事务的可能,并且还会将这两者视为互相敌对的东西。

最后,黑格尔总结道,在这样一个"散文式的"时代中,社会整体丧失了任何有意义的伦理纽带,它只不过是一个个孤立的个人互相厮杀的场所。"这孤独的个人,作为意识,意识到了与上述那个普遍的人格相对立的内容。但是,他所意识到的这种内容摆脱了它的否定势力以后就成为一团混乱的精神势力,这些摆脱了羁绊成了基本本质(独立个体)的精神势力彼此肆无忌惮地疯狂地互相摧残;而它们的虚弱无力的自我意识成了本身不起作用的疆界,成了供它们骚扰厮杀的场地。"①

因此,黑格尔在《美学》中,从意识视角出发,对生活在现代的人们的"感受"作了深入的分析,并以此进行对现代性的批判,也即批判了现在社会中社会整体性的丧失和个人的孤立性和依附性。这种从美学的角度出发的现代性批判,之后在法兰克福学派那里得到了继承。例如阿多诺的美学就"首先是一种'反抗的美学':艺术是'对经验的现实的反抗、是对既有的世界状况的某种特定的反对,而这就是——让人惊讶的是,这一点恰恰让我们联想到黑格尔——艺术'仅仅作为精神'的意义。"②

三、教化王国的分裂——权力与财富的善与恶

黑格尔在《精神现象学》中,将市民社会视为一个"自我异化的精

---

① 黑格尔:《美学:第一卷》,朱光潜译,商务印书馆,1979,第 36 页。
② Andreas Arndt, "Hegels Philosophie versagt vor dem Schönen", in *Gebrochene Schönheit: Hegels Ästhetik — Kontexte und Rezeptionen*, hrg. Andreas Arndt, Günter Kruck, Jure Zovko (Berlin: Akademie Verlag GmbH, 2014), p.200.

神"的共同体,即"教化的王国"。"教化"(Bildung)这个词本身的意思是教育、教养,指让人摆脱那种"无教养的"原始状态和不适应外部现实的状态。黑格尔用这个词专指个体的精神与自身的自然存在发生异化的过程。教化的过程也就是个体的意识"由思维中的实体向现实的过渡,同时反过来又是由特定的个体性向本质性的过渡"①。个体通过对自己进行教化,才取得了现实的存在,同时外部的现实也得到了来自个体的行动的承认和落实;尽管这种现实的存在会被个体理解一种"异化"。因此,"教化"作为精神现象和历史中的一个阶段,指的是启蒙的理念完全展现出来并为人们所广泛理解之前的那种中间状态和分裂状态。在其中,启蒙的重要观念(自由、平等、博爱等)都已经略具雏形,却还没有被人们理解为真正现实的和合理的东西。因此这一阶段的意识认为,它是在"教化自身",即迫使自己适应外部世界;同时却又认为,外部世界是不合理的,并且自己的内心世界(中世纪的宗教观念)和这个外部世界是分裂的。

罗伯特·施特恩(Robert Stern)认为:"在这一部分中,黑格尔解释了现代世界的瓦解的后果,在这个现代世界中,我们面临了一系列的对立:国家和个人的对立、神性的东西和人性的东西对立、责任和个人良心的对立,这些对立并没有被经验为现代性的优越性。黑格尔将我们体会到的这种感受称为从'真正的精神'向着'自我异化的精神'的转变。"②也就是说,我们并不能客观地看待教化王国中新兴的个人的、人性的、个人的良心的一极;因而将它视为从另一极"堕落了"。在这个异化的精神之共同体中,处于基础地位是法权

---

① 黑格尔:《精神现象学:下卷》,贺麟、王玖兴译,商务印书馆,1981,第42页。
② Robert Stern, *Hegel and the Phenomenology of Spirit* (London: Routledge, 2002), p.147.

(Recht)。我们注意到,黑格尔在此使用的是和《法哲学原理》(Grundlinien der Philosophie des Rechts)一样的词,即"Recht"。后文中我会具体谈到,黑格尔在《法哲学原理》中赋予了"Recht"以非常丰富而且具有内部的必然结构的意义;但在《精神现象学》中,"法权"却意味着抽象的个体和分裂的世界。

1. 法权的抽象性

黑格尔说道,法权的主体,即抽象的个体,首先是一种抽空了一切具体的规定性的平等,"法权的那种无精神的普遍性,承认任何自然状态的性格和存在都具有同等的合法权利"①。但这些抽象地平等个体之间,却没有任何"团结"的可能性②,而只是组成了一个无精神

---

① 黑格尔:《精神现象学:下卷》,贺麟、王玖兴译,商务印书馆,1981,第42页。
② 当讨论"团结"时,笔者认为,必须将罗蒂的想法纳入考察。如果说黑格尔指出了"现代人的自由",那么完全可以说,罗蒂为我们指出了"现代人的团结"的根本基础,已不同于"古典的"或"哲学的"团结的基础。罗蒂认为,从根本上说,"团结"意味着某种关于"我们"的观念,即认为别人与自己是具有某种一致性的,因而是能够互相认同和同情的。康德为这种"团结"提供了一个非常强的论证:"康德原来想要促进自他那时代实际上业已发生的种种发展:为民主制度和世界大同的(cosmopolitan)政治意识之继续发展助一臂之力。"但罗蒂认为,康德为这个目标所寻找的基础是有问题的,"可是,他却认为,为了达到这个目的,我们所应该强调的,不是对痛苦的怜悯或对残酷的忏悔,而是理性与义务,质言之,就是道德的义务。在他看来,对'理性'——人性的共同核心——的尊重,乃是唯一非'纯粹经验的'动机,不必依赖注意力或历史的偶然成分。"(罗蒂:《偶然、反讽与团结》,徐文瑞译,商务印书馆,2003,第274页)但罗蒂意识到,将团结的基础建立在"人的理性"或"人性"之上的做法,在现代(具体说来是在尼采之后)已经在事实上显得虚假造作了。尼采通过对道德谱系的梳理指出,一种自由主义的道德主张乃是怨愤的奴隶态度的表现。海德格尔也认为,"最大多数人的最大幸福"只不过是一种过时的"形而上学"的残留。罗蒂认为,在这种对道德解构已经完成之后,我们唯有认为对"人类本身"的认同是不可能的,它只是一种虚构的东西,是"与上帝合一"的观念的世俗化。因此,罗蒂指出,我们必须区分"团结"背后的两种截然不同的基础:第一种团结的基础是对"全体人类本身"的认同,第二种则是对这一观念的自我怀疑——在现代,人们能够从历史中、从思想中找到无数令我们对"全体人类本身"感到讽刺的例子。在罗蒂看来,这样一种自我怀疑的精神是我们(转下页)

的共同体。上文已经提到,其成员对共同事务和共同体本身都没有任何兴趣,他们只重视自己在私人领域内的独立性。黑格尔认为,"这种独立性如果脱离了现实,就变成关于独立性的一种不现实的思想,古代出现过的斯多葛主义的自我意识就是这样的思想"①。黑格尔认为,如果这种独立性是对现实的逃避,那么它所主张的法权就是非常空洞的。

于是黑格尔认为,"教化王国"中的法权与其说意味着人人平等和自由,毋宁说是一种空虚的抽象,因为它既没有结合为一个更为广泛团结的团体,也没有促进个人向着具体的特殊性发展,而只是在公共的一极成为一种无精神的单纯人群聚合;在个人的一极则沦为消极自由的任性或逃避现实。正由于个人的法权无论在个人的向度还是在共同体和普遍性的向度都没有着落,因此它就只能在分裂的两极之间摇摆,对任何一个方面都一视同仁地加以否定。于是斯多葛

(接上页)这个时代的特殊标志。然而,这种自我怀疑也为"团结"提供了一种新的可能性。也就是说,那些令我们质疑和嘲笑"全体人类"或"上帝"的观念的事件,同时也让我们能够"怀疑自己对他人的痛苦和侮辱是否敏锐,怀疑当前的制度安排能否恰当得面对这种痛苦、侮辱,以及对其他可能性的好奇。"(罗蒂:《偶然、反讽与团结》,徐文瑞译,商务印书馆,2003,第280页。)事实上,我们可以在黑格尔对康德的道德哲学中的抽象性的批判和他对诸如紧急避险权(笔者将在本书第三节中详细讨论这一问题)的讨论中看出,黑格尔同样反对将"团结"的基础置于哲学所虚构的"理性"或"人类"之上的做法,他试图寻找一种更为经验性的、更为依赖历史和文化状况或时代精神的,尤其是依赖具体的个人和事件(关于"痛苦和侮辱"的事件)的基础。或者更为准确地说,黑格尔在"团结"这一问题上,并不想诉诸任何确定的基础,而是想恢复在康德的道德哲学中被完全摒弃了的经验性因素。这一思想渊源延续到罗蒂那里,已经发展到了不得不面临大量"相对主义"的指责的地步。但我认为,如果"怀疑主义"已经是一个事实,并且它可以上溯到黑格尔(参见本书第一章第一节中对怀疑主义的讨论)甚至更为久远的古希腊怀疑主义者,那么我们就必须在承受着"相对主义"的批判的情况下,寻找一种充满犹疑的、自我怀疑的、远离了安稳的"奠基"的团结。

① 黑格尔:《精神现象学:下卷》,贺麟、王玖兴译,商务印书馆,1981,第34页。

的意识就转化为怀疑主义的混乱意识,变成一种否定一切的空谈。它将所有的东西都视为偶然性,将它们消除,然后又重新制造出新的偶然性、再加以消除,如此循环往复。黑格尔认为,"法权阶段的个人的独立性毋宁也还是这同一样的普遍混乱和相互消除"①。

接着,黑格尔就写到,将自己规定为法权的意识,为自己创造了一个异化的世界,它在其中认识不出自己,而只是发现这个世界的法则是分裂的、彼此反对的。法权的世界,与其说是"一个世界",不如说是一个"双重的世界"。其中之一是建立在世俗中的,在其中起作用的是抽象的权利,即形式上的人人平等的权利;另一个则是建立在"空中"的,人们将在世俗的法权世界中无法找到的普遍性寄托于这个世界。但这个"普遍的"世界,却是一个没有任何具体的规定的世界——或者说,它的规定只不过是法权世界的反题:法权世界中缺少什么,人们就幻想它存在于这个普遍的世界中。人们感到在法权世界中,权利只是形式的,于是就幻想普遍的世界就是私人的世界,在其中人是能够自主的;人们感到在法权的世界中,行为的动机都是外部利益,于是就幻想普遍的世界是具有内在价值的,是某种"真理"。

2. "国家权力"与"财富";"善"与"恶"

前文提到,从洛克到整个苏格兰启蒙运动都将现代社会塑造成一个"财富"的世界,它遵循着与"国家权力"截然不同的原则,并且随着它的崛起而逐渐和国家权力分庭抗礼,几乎有压倒国家权力的势头。但同时,无论是洛克还是亚当·斯密,都从来不认为有了社会就已足够,人们并不需要国家;也没有说过有了财产权就已足够,人们并不需要道德。相反,他们其实都致力于发现或创造一种适应于商业社会的政治哲学和道德哲学。然而黑格尔在《精神现象学》中却告

---

① 黑格尔:《精神现象学:下卷》,贺麟、王玖兴译,商务印书馆,1981,第35页。

诉我们,无论在遥远的英国学者们为此作了怎样的尝试,从意识的经验史看来,当意识实实在在地身处于法权原则下的教化王国中时,它所感受到的仅仅是"财富"和"权力"之间无法弥合、难分胜败的斗争。只拥有抽象的自由,而无力理解这个庞大的教化王国的意识,在面对这一斗争时,根本得不出任何具有建设性的政治哲学或道德哲学,而只能对财富和权力两者加以简单粗暴的价值判断。也就是说,意识只会时而站在新兴的财富原则(社会)一边,认为财富是善的而权力是恶的①;时而又相反,认为财富的原则并非自由和平等,而只是一种贪婪之恶,国家权力才是某种具有温情的和善的东西。

接下来笔者将考察黑格尔在《精神现象学》中对国家与财富、善与恶之间的双重二元对立的描述。我们会发现他的用语非常晦涩,推导和论证的过程也十分复杂缠绕,但笔者认为,这是对现代的某种极具代表性的思维方式的深刻揭示;也从根本上澄清了,一些直至今天都持续进行的"国家与市民社会之争",背后究竟有着怎样的预设。黑格尔最终在他的体系中解决了这一争论,他的方案是否行得通也许是另一回事,但至少他对问题之本质的澄清是很有意义的。

首先,黑格尔指出,在教化王国中,被规定为抽象的法权的自我本身也是一种抽象,它并不能够真正地理解对象,而只能简单地或者认同对象,或者否定对象。因此,它无法达到理解,而只能进行"善或恶"的判断。"思维于是把它们的这种差别以最普遍的方式加以固定,那就是,固定为绝对对立的善与恶,而善与恶被看作是天壤之别、

---

① 我们不由得想起"权力是一种必要的恶"的说法。站在社会(更多的时候采用的词是"个人")一边,而将权力视为"恶",似乎是一种非常常见的看法。根据黑格尔的看法,人们之所以会这样想,是因为人们的意识还不自知地处于"精神现象"中"异化"和分裂的阶段。

绝对不能变成同一个东西的。"①

　　同时,孤立的个体虽然自认为是"自由的"、只对自己的私人事务感兴趣,但这种片面的兴趣的根源恰恰在于,它是生活在"世界"当中,并且对这个世界感到无法理解和无能为力,并深深为世界的"私"与"公"、"此岸"与"彼岸"的分裂而苦恼。因此,意识所最感到有兴趣去进行善恶判断的,恰恰是那些关于"世界"的事情,即针对国家权力和财富。"善与恶这些简单思想也同样都直接地自身异化了;它们都成了现实的,在现实的意识中都表现为对象性的环节。就这个意义说,第一种本质即是国家权力,另一种本质即是财富。"②而在进行判断时,个体所感兴趣的并不是财富或权力的运转法则究竟是怎样的,而只是将它们都当成是现成存在于他面前的对象,并认为自己在这两个对象面前是自由的,可以随意地挑选其中之一——甚至有可能一个都不选。而作出选择唯一的标准就是,自己心目中认为哪一个是"善"的,而挑选了善的一方,就意味着个体这个人本身是善的。因此对个体来说,真正重要的并不是国家权力或财富这两个对象,而是自己关于善和恶的思想。

　　一开始,"天真心灵"的判断显然是,国家权力是善的而财富是恶的。这是因为,国家权力首先被理解为一种实体性的东西。因此,个体感到在实体性的国家中,自己的个体意识的本质能够充分地表现出来。通过将自己认同于实体性的国家,个体就能够认为,自己似乎也具有了实体性的本质。而财富以及拥有财富的个人,对共同体来说则是一种"败坏的东西"、是恶的。首先是因为,个体在享受财富时,他的行为的根据仅仅是自私的欲望。其次,个人在面对财富时,

---

① 黑格尔:《精神现象学:下卷》,贺麟、王玖兴译,商务印书馆,1981,第44页。
② 同上,第46页。

认为自己是"自为的"、是财富的主人,而财富则是一种没有精神的东西,只是满足欲望的手段。于是个人在财富的这种被动性中,事实上看到的是自己在分裂的世界中,不得不服从外在的秩序的被动性。这种无法理解世界,并且对世界感到无能为力的感觉就被投射到"财富"中。个人对于自己在世界中的从属地位感到不满,却又无法直接承认这种不满,于是就将不满指向了同样"被动"的财富。黑格尔将个体面对国家和财富时的第一种态度称为一种"天真心灵"的态度,即无条件地服从和认同于普遍的国家权力,同时放弃对财富的享受和这种享受中的"自为性"。天真的心灵事实上经历了一种"自我放弃",并因为这种自我放弃而感到自己是"高尚的"。施特恩用比黑格尔更为清晰直接的语言指出了"放弃享受"和对权力的兴趣之间的紧密联系,也即指出了这种"高尚"中必然隐藏着的伪善:"首先,高尚的意识通过宣布自我放弃而把自己视为一种英勇的服务、美德和牺牲,它将自己的个体性牺牲给普遍的东西,并通过这样做而使普遍的东西获得它的实存——而个人对财产、享受和行动的放弃就转变为对掌握权力的兴趣。"①因此我们不难看出,此时人对国家权力之"善"的兴趣,并非出于对国家和公共利益的真正关心,而只是一种伪善,它的本质是对权力的兴趣,是在放弃了自己的个体性的一切权利之后,试图从掌握国家权力中取得对自认的"牺牲"和"奉献"的补偿。

但接着,意识就感到,普遍性的国家权力毕竟是一种与自己相异的东西,个体认同于它,只能是认为权力"自在地"是自己的本质,而无法认为它"自为地"就是自己的本质,因为权力始终被设定为某种"更好"的东西,而不是直接体现出自己的意志的东西。因为此时意

---

① Robert Stern, *Hegel and the Phenomenology of Spirit* (London: Routledge, 2002), p.149.

志的自由还只是一种抽象的自由、为所欲为的任性的自由,这种自由仇视一切规则。在《法哲学原理》中,黑格尔从科学视角出发,固然可以揭示出国家的全部层次、内容和合理性,在那里国家不再是简单的外在强制;但在《精神现象学》的意识视角看来,国家却只呈现为对任性的自由的外在压制。于是,个体就转而认为,国家权力才是恶的:"个体于是在这种权力的压制下返回自己本身;国家权力对它来说已是一种压迫性的本质、坏的东西、恶;因为权力已不是与个体性同一的东西而是完全不同一的东西了。"① 而与之相对,财富才是善的东西,它的被动性此时体现为对个体的任性和欲望的无条件的服从和满足,它使一切人都能随意地通过财富而满足和展现他们的意志。固然,财富分配不可能是均衡的,因此并非每个人的每个欲望都能得到满足,但个人依然认为,"它自在地即是普遍的善行,如果说在某种情况下它并未实现某一件善举,并未满足每一个需要,那么这只是一种偶然,无损于它的本质"②。它的普遍的必然的本质在于:将自己分配给一切个人,因而是绝对平等的体现——至于分配中的量的不平等,反而是无关紧要的。

因此,意识得出了一个非常类似与亚当·斯密所说的"追求自己的利益,往往使他能比真正出于本意的情况下更有效地促进社会的利益"③的结论。这一阶段的意识认为,财富虽然是被动的东西,但个人对财富的享受的前提从根本上讲却是对财富的生产,因而这种享受是符合普遍利益的行为的结果;同时,它反过来又会成为所有的人的享受的原因。因此,在此时的意识看来,财富根本就不意味着"贪

---

① 黑格尔:《精神现象学:下卷》,贺麟、王玖兴译,商务印书馆,1981,第49页。
② 同上。
③ 亚当·斯密:《国民财富的性质和原因的研究》,郭大力、王亚南译,商务印书馆,2008,第552页。

婪"或"自私",这并不是出于相信富者有心为善,而是因为这一阶段的意识从根本上就相信,追求个人的利益和财富,本质上就是一件于公共福利有好处的事情。处于这一阶段的意识对财富和劳动的积极的看法,和古典政治经济学中最为根本的观点几乎一模一样。黑格尔更进一步指出,这一阶段的意识真诚地相信,指责追求财富的行为是"自私自利",这不过是出于一种落伍的道德观念而对现代生活方式的"污名化";而从现代的观点看来,根本就不该对劳动和享受中的自利行为作出诸如"自私自利"这样的道德判断。因为一个人的自为的存在本来就是普遍的,因而所谓的"自私自利"完全是一种误解和幻想。也就是说,事实上每个人的行为(尤其是劳动和生产行为)都是与其他人相互影响的,一个人并不可能真实地做出某种只有利于自己而不同时促进其他人的福利的事情。在认为财富为善的意识那里,财富本身就是一种善,因为个人的福利自在地就是一切人的福利。因此,在这种意识看来,某种基于财富的道德哲学完全就是顺理成章的。

最后,个别的意识却又发现,以"公共福利"为名的道德哲学其实无法弥补抽象的自由中的空虚。并且更为糟糕的是,随着财富的增加,个体逐渐感到,财富成了某种具有实体性的东西,真正拥有自由的不是自己,而是仿佛已经取得了独立地位的财富。当财富一开始被分配时,它只是满足人的欲望的手段,但人们很快就发现,所有个别性的欲望和享受都是转瞬即逝的,而财富本身却变成了不变的本质。因此它成了一种高居于个人之上的力量。因此,个人越是享受财富,就越感到自己其实并不自由,而是完全处于这种无人格的力量的支配之下。"财富所直接面临的是这样一种最内心的空虚,它感觉在这个无底深渊中一切依据一切实体都消逝得荡然无存,它看到在这个无底深渊中所唯一仅有的只是一种卑鄙下流的事物,一种嬉笑怒骂的游戏,一种随心所欲的发作。它的精神只落得是完全无本质的意见,是精神丧失后遗留下来的躯壳。"①我们非常容易看出马克思对商品拜物教的批判与黑格尔的论述的相似之处。

因此,意识再次颠倒了它的判断:最终,权力是善的,财富是恶的。因为在财产的享受中,个体体会不到他的普遍本质,而只感到自己是特殊的、偶然的和转瞬即逝的东西,自己与财富处在一种完全外在的因而敌对的关系中。与此同时,意识在国家权力中貌似找到了自己的本质的实现。可是,这种"找到了本质"却只是建立在"判断"之上,也即外在地将国家权力判断为善的;同时,个体坚信自己也应当是具有普遍本质的,也就是说,自己应该是善的,因此就认同于自己所判断为善的国家权力。这种"找到"毕竟不是对国家的具体结构、功能和意义的真正了解——甚至也不是对这一真正具有普遍意义的问题的兴趣,而只不过是对自身之"善"的兴趣而已。要等意识走完《精神现象学》的全部历程而上升为精神时,意识才有能力认识到国家的存在本身这一问题,才能对它进行科学的(也就是概念的)"把握"。

3. "诚实的意识"与启蒙

意识对国家权力和财富之善恶的判断,经过了两次颠覆,最终它承认自己的判断标准是:只要是与自己相一致就是善、与自己相反对的就是恶。"自我意识这样判断善与恶:凡它发现其中有自己在内的那种对象,它就认为是好的和自在的,凡它发现其中有它自己反面在内的那种对象,它就认为是坏的;善即是它与客观实在的同一(Gleichheit),恶即是它与客观实在的不同一(Ungleichheit)。……善

---

① 黑格尔:《精神现象学:下卷》,贺麟、王玖兴译,商务印书馆,1981,第63页。

与恶的真实性的标准,不在于客观本质本身究竟直接是同一的东西还是不同一的东西,即,不在于它们究竟是抽象的自在存在还是抽象的自为存在,而在于精神究竟对它们保有什么样的关系,即,在于它们跟精神究竟是同一还是不同一。"①

但既然意识既可以认同于权力,又可以认同于财富,可见最后的区别并不在于认同哪个,而在于意识本身采取的究竟是"认同"还是"不认同"的态度。于是,非但善恶的标准不在于对象而在于意识自身,就连承载着善恶判断的那个观察和判断的对象,都不再是外在的国家权力或是财富,而变成了意识自身。意识在国家权力和财富中绕了一圈,无论它是从这两者中认出自己,还是遭遇了反对自己的力量,最后的结局都是,它从外部世界中逃遁出来,回到了内心,只和自己打交道。

对"世界"的判断经过了两次颠覆之后,意识却无论是在关于权力的知识还是在关于财富的知识方面,都没有任何长进。意识所得出的结论只是:一切都取决于自己的态度是认同还是反对。"善与恶"的问题到最后,非常吊诡地变成了"诚实与欺骗"的问题。"诚实的意识"把每一环节都当成一个常住不变的本质,所以从根本上说,它是一种没有受过"教化"的意识,是一种前启蒙的意识。也就是说,它并不自觉地运用自己的理性,看穿和指出自己的行为中的欺骗与伪善,也并不自觉地承认教化的王国中财富和权力的分裂。"分裂意识"则是经过了启蒙的,它充分认识到了关于"善与恶"的话语中的伪善之处。黑格尔将分裂的语言称为"富于精神的、机智的",一方面是肯定了启蒙所带来的理性的觉醒和运用理性的勇气;另一方面也不乏对"启蒙的辩证法"的预感和讽刺之意——而这种讽刺,恰恰是已

---

① 黑格尔:《精神现象学:下卷》,贺麟、王玖兴译,商务印书馆,1981,第48页。

经启蒙了的、受到自我教化了的意识本身就具有的态度。黑格尔指出，处在"分裂的意识"的阶段的意识，从根本上颠倒了"诚实"和"欺骗"的含义。它认为，精神所述说的有关它自己本身的那种话语，本身就是对一切概念和一切实在的颠倒，是对所有人，但首先是对它自己的欺骗。讽刺之处恰恰在于，这种意识在对"陈述真理"感到绝望之后，唯一的出路只能是以"承认欺骗"为荣："正因为内容是普遍的欺骗，所以述说这种自欺欺人的谎言骗语时那种恬不知耻，乃是最大的真理。"①

黑格尔认为，对"诚实"的发现，才是真正意义上的启蒙。真正的诚实并非对悖论中的这一方或那一方的忠诚，而是看到，问题的关键并不是对象如何，而是自己的"态度"如何、自己是否认识和把握了自己。② 当人们站在"自我"的立场上反对外在的一切（无论它是宗教、国家或者财富）时，人们就真正"自我启蒙"了。"……这两个精神世界（国家与财富），则将瓦解于纯粹的识见（Reine Einsicht）之中。这种识见，作为自己把握其自己的自我，就达到和完成了教化：它不把握任何别的，只把握自我，并且将一切都当做自我来把握，即使说，它对一切都进行概念的理解，剔除一切客观性的东西，把一切自在存在都转化为自为存在。当它转而反对信仰，亦即反对异己的、外方的、彼岸的本质王国时，它就是启蒙。"③

---

① 黑格尔：《精神现象学：下卷》，贺麟、王玖兴译，商务印书馆，1981，第66页。
② 在第109页的注释1中，笔者已经提到，在康德那里，启蒙首先是"脱离自己所加之于自己的不成熟状态"，其次他指出了，如果一个人在能够脱离不成熟状态之后而依然愿意处于这种状态，并愿意让别人以监护人自居，这只能归结为"懒惰和怯懦"。因此，"诚实"同样可理解为是启蒙中隐藏的核心。而康德讨论这一点，其目的是为了达到运用理性的自由。而黑格尔提出诚实和伪善的问题，则是想指出，自我意识的第一次启蒙，必定会走向理性的反面，即蔑视一切理性而把自己的主观任性当作判断的标准，并且能够通过"理性"为自己所有恶的行为找到善的借口。
③ 黑格尔：《精神现象学：下卷》，贺麟、王玖兴译，商务印书馆，1981，第40页。

4. 从绝对自由到恐怖

当精神在否定了一切外在的、彼岸的本质王国之后，也就是说，当启蒙完成之后，精神就作为绝对自由而呈现出来了。黑格尔在《精神现象学》中已经预告，如果自由想要完成一些具有普遍性的事业，那么就应当"把自己分解为多种持存的精神集团和不同的权力的部门；就一部分说，这些集团该是立法、司法、行政各种分立的权力的思想事物；但就另一部分说，它们该是呈现于现实文化世界中的那些实在本质；而假如更多地从普遍行动的内容上着眼，则它们该是再进一步就被分化为更加专门的社会阶层的那些特殊的劳动集团"①。我们不难看出，这些划分正是《法哲学原理》的结构，也就是说，如果自由想要成就在现实世界中的事业，那么它就会走上《法哲学原理》的道路。只可惜，《精神现象学》中的意识只固执于抽象的自由，即固执于它自身，因此它无法达成任何肯定性的事业。"它所能做的只是否定性行动；它只是制造毁灭的狂暴。"②

事实上，这种"狂暴"是直接针对法国大革命而说的。约阿希姆·里德(Joachim Ritter)认为："在黑格尔那里，在与时代的关系中对哲学所做的所有规定，以及对问题的所有审视和描述，归结起来，就是法国大革命；事实上，再没有第二种哲学像黑格尔的哲学那样，与法国大革命有如此多的牵连，并以大革命为自己最为内在的动机。"③黑格尔对法国大革命抱着一种矛盾的态度——一个有思想的人，对于那些对人类产生深远影响但又几乎是发生在瞬间的事件，几乎都会产生一种希望和恐惧并存的矛盾态度。里德在《黑格尔与法

---

① 黑格尔：《精神现象学：下卷》，贺麟、王玖兴译，商务印书馆，1981，第 117—118 页。
② 同上，第 118—119 页。
③ Joachim Ritter, *Hegel und die Französische Revolution* (Frankfurt a. M.: Suhrkamp Verlag, 1965), p.18.

国大革命》中引述黑格尔在 1819 年 10 月 30 日写给克罗采尔(Creuzer)的信中说:"我快要 50 岁了,一生中的 30 年都是在一段恐惧和希望并存的、永不安宁的时间中度过的,我很希望能从这种恐惧和希望中摆脱出来。但我必须看到,恐惧和希望只会永远继续下去,是的,当人们处在模糊混乱的时刻,只会越来越生气。"① 黑格尔出生在 1770 年,死于 1831 年,他的个人生活和法国大革命从酝酿直到余震的整个过程几乎是同步的。这种"恐惧和希望"也是贯穿了黑格尔的哲学从诞生之初直到"体系完成"的整个过程。

在黑格尔的图宾根求学时代(1788—1793),就是受到大革命热情的感染,才开始了他的精神探索。但到了 1793 年②,革命的热情退却了,黑格尔开始感受到了革命中的恐怖。黑格尔对法国大革命的反思和批判中,最为深刻的部分首先在于他指出了,大革命最终以极为血腥和盲目的方式吞噬了自己的孩子,而这些白白死去的生命是不能被轻描淡写地简化为"历史的狡计"的。

他的深刻性还在于他看出了,即使我们愿意把特殊性一时的失控造成的悲剧理解为是实现一种更好的世界这一"目的"而必须采取的"手段",我们都根本不可能这样做。因为绝对自由和恐怖,根本不可能是达成任何好的世界的"手段",事实上它不会产生出任何稳固

---

① Joachim Ritter, *Hegel und die Französische Revolution* (Frankfurt a. M.: Suhrkamp Verlag, 1965), pp.18-19.
② 我们也许会想起《九三年》中所描写的法国大革命。在《九三年》中,同样有极为鲜明的对"希望"与"恐惧"并存的进行了描写,这两者甚至直接体现在同一个人物身上:苦难的革命者的孩子、被人们当作未来的希望而甘愿舍生拯救的孩子、被关在教堂塔楼中经受恐惧和死亡威胁的孩子,同时也是烧掉精美而罕见的手抄书籍的孩子。并且他们的烧书,根本不是出于故意,而是毫无自觉的意图,只是为了"好玩"而已。雨果以感性的形式;黑格尔以理性的语言,描述的是同一个时代中的无限希望和灾难。

的政治国家,而只会破坏一切。因为所有稳固的东西,都是一种"定在",而当意识处于"绝对自由"的阶段时,任何定在都被它理解为对自由的妨碍,都必须被毁灭。"在黑格尔看来,革命的否定性的直接结果是,它不会找到和催生出任何稍具持续性的政治上的解决方案。"[1]这种无结果、无目的性,才是绝对自由真正的恐怖所在。而在《精神现象学》中,黑格尔跟随着意识的脚步前进,发现绝对自由是特殊性原则走向极端的必然命运。因此,采取一种科学视角,如其所是地理解现代社会,而非从主观出发对它全盘否定,不只是某种哲学体系中必然会出现的"更高阶段"——仿佛我们可以无动于衷地等待这个阶段出现似的;而是在面对现状时深感恐惧,且对毫无出路的处境深感绝望之时,所必须采取的行动。在黑格尔看来,摆脱意识视角,是每个特殊的个人的责任,并且是一种急切的希望。

黑格尔在《精神现象学》中从意识视角出发,论述了现代社会所带来的成果,即个人的自由和这种自由通过劳动将自己的意志外化到世界中的可能性;同时也描述了意识在面临社会和国家的分裂和冲突时所感到的苦恼和对经济社会的深深的迷惑不解,并解释了何以自由最终走向了绝对自由和法国大革命中的恐怖。他对现代社会的崛起的后果,作了一种非常悲观的论述和彻底的批判。而在接下来的一章,笔者将会考察,当黑格尔的体系进展到了"科学"的部分时,他就不仅仅是在对国家或社会的善恶"下判断",还能够对社会的结构进行深入的理解,并自然而然地看出,社会本来就并不是一个分裂的王国、也不是必定会走向否定一切定在的绝对自由和恐怖;而是在其内部就有合理的结构,这一结构中,就蕴涵着伦理性的因素。

---

[1] Joachim Ritter, *Hegel und die Französische Revolution* (Frankfurt a. M.: Suhrkamp Verlag, 1965), pp.20-21.

第二章　知识视角下的伦理世界
——重返伦理实体

第一节　知识视角:合乎理性的知识与和现实的和解

　　第一章论述了,黑格尔在《精神现象学》中从意识视角出发,描述了个人的意识视角下的市民社会呈现为一种非常负面的形象。在其中,个人失去了对真理和整体性的意识,而沉溺于个人的利益或逃遁到内心世界中;社会的整体也变为一个只为了个人利益服务的经济的世界,它在摧毁了古典世界中的伦理和基督教世界中的信仰的同时,并没有建立起新的伦理性的价值。因此,黑格尔在《精神现象学》中将市民社会称为"教化的王国"并对它有诸多批判。具体说来,他批判了在教化王国中,个人不再是伦理共同体中的一员,而变成了原子式的个人;社会不再是具有伦理联系的整体,而变成了由经济原则这一"看不见的手"统治的生产与消费的市场;国家不再是一种具有自身的价值和意义的实体,而变成了建立在个人之间的契约之上的、只为了个人的利益服务的组织。事实上,黑格尔的批判所针对的是康德的道德哲学、英国的政治经济学和契约论的国家学说。

黑格尔在《法哲学原理》中指出,在这种情况下,就出现了一种对社会和国家的怀疑主义的态度:"我们的时代有一种观念,以为思想和精神的自由一般地只有通过偏离、甚至敌视公开承认的东西才能证明自身,这种观念可能在同国家的关系上最为根深蒂固,因此,特别是关于国家的哲学看起来本质上具有一种使命,也要发现并提供一种理论,因而是一种新的和特殊的理论。"①这种对公认的东西的敌视,所要求的不是理解和修补现有的国家哲学,而是否定现有的一切重起炉灶。黑格尔指出,这种怀疑主义有两个严重的后果,其一是否认人们能够认识关于政治生活的真理,人们开始认为,关于国家、政府和普遍制度的本质都是不可理解的,人们唯有从他们自己的"心情、情绪和灵感"出发,将自己主观上所偏爱的东西和这种主观性本身视为真理。其二则是否认政治生活本身的意义:"生活在国家的现实中,无论其知识还是欲望都要在国家中寻求满足的那些人——这种人很多,甚至比我们以为和知道的还要多,因为基本上大家都是这种人——所以至少那些有意地在国家中获得满足的人,都在讥笑思想的开始起步和确信,把它们看作有时可笑、有时正经、或者滑稽、或者危险的空洞游戏。"②在国家中寻求满足本来应该是大部分人的生活意义,现在却因为个人的视角的怀疑主义而变成了"空洞的游戏",这是黑格尔所无法接受的。

在《法哲学原理》中,黑格尔对于市民社会的观点比在《精神现象学》中有所发展和修正。这表现为,他兼顾了对市民社会的正面论述和对它的问题的批判。《精神现象学》是从意识视角出发进行的批判;而《法哲学原理》则是从科学视角出发,直接对社会进行考察,因

---

① 黑格尔:《法哲学原理》,邓安庆译,人民出版社,2016,第4页。
② 同上,第5页。

此它的批判是内在的。这就决定了,它能够直接对市民社会的特征作出全面的观察,因而能够看出,并非特殊性原则,而是普遍性原则,才是现代的更高原则。并且这一普遍性原则并非抽象的普遍,而是渗透到社会生活的方方面面。"普遍化的思想属于现代的本质特征,这种普遍化就包括了视野向着多重的向度扩展(地理的、科学的以及最终是历史的),并且它受到了理性的渗透和合理性过程的普遍化的引导。"[1]也就是说,《法哲学原理》首先并没有对市民社会采取否定的态度,而是充分意识到了它的产生的必然性,并肯定了它的意义。它并非预设了"伦理"这一理念,然后批评市民社会中没有伦理原则;而是指出市民社会内部的矛盾,并从这种矛盾中得出,市民社会本身就需要伦理的原则,并且从它的内部就足以生成出一些局部性的制度,对市民社会的一部分问题进行自下而上的修补。另一方面,它也意识到,光是靠自己本身的制度只能进行非常有限的修补——因为它缺乏更高的原则,无法从根本上解决自身的问题,因此它需要国家这一伦理实体,对它进行规范并为它提供目标和意义。因此,无论是国家这一实体还是伦理性因素,对于市民社会来说,都不是外在的约束,而是它内部的矛盾所推演出的结果。

一、何谓知识及知识的体系

1. 科学的态度与知识

黑格尔在两部著作中的态度和做法具有根本差异的原因在于,《法哲学原理》是"科学体系"的一部分,而不是意识或"意见"。科学

---

[1] Cristiana Senigaglia, "Strukturen der Moderne und Inhalt der Globalisierung in Hegels Denken", in *Hegel-Jahrbuch 2013: Hegel und die Moderne 2*, hrg. Andreas Arndt, Myriam Gerhard, Jure Zovko (Berlin: De Gruyter, 2013), p.120.

的态度意味着,一方面是扬弃特殊的"我";而在扬弃了个人的主观性之后,就能够深入对象中,对它加以认识,因此,科学的态度在另一方面也意味着对对象的深入理解是可能的。

首先,对个人的特殊性和偏见的扬弃,是科学的态度的前提。黑格尔认为,在科学的态度中,"我"必须有意识地放弃自己的一切特殊性,如性格、天赋、意见、年龄等,而完全将自己当作一个思想的"点",并在这种简单性中活动。黑格尔认为,这种对"我"的扬弃之所以可能,其实也有赖于对"我"本身的认识。如果意识是处在《精神现象学》中教化王国中的阶段,那么意识无疑就只是空洞和抽象的自由,它会认为只有纯然"私人"的道德和偏好才是特殊性的本质,"我"就意味着对外物和他人毫无兴趣和任性妄为。但黑格尔指出,那只是意识发展的一个阶段中的偏见,而事实上,"我"的本质并不是本能、需要、欲望等东西,而是自由的意志或纯粹的思维。这样一种自由意志,才是《法哲学》赖以建立的基础。"法的基地一般说来是精神的东西,它的更切近的位置和出发点是意志。"[①]由于法是由意志规定的,而意志又是自由的,所以自由就构成法的实体和规定性。而整个法的体系就是实现了的自由王国,是自由为自己所设定的定在。并且这种定在并非一成不变,而是始终深化着对自由的理解、追求着更高的自由。黑格尔将这一自由地为自己创造的精神世界称为人的"第二自然"。

其次,科学的态度的另一方面,也是更为关键的方面——在摆脱了主观性的活动中,通过思维去把握普遍物。但必须注意,"以思维把握普遍物"决不是对"应当"的抽象想象,而是从普遍的东西中发现它的合理性所在。因此整部法哲学并不讨论法权、道德、伦理"应该"

---

① 黑格尔:《法哲学原理》,邓安庆译,人民出版社,2016,第34页。

怎样；而是认为这些东西早已存在，并且它们的存在是合乎理性的（虽然总是可以在经验中找到不完善的，甚至恶劣的个例）。而哲学的唯一任务就是理解它们，这种理解以概念的方式进行，这就意味着，不仅仅把它们把握在概念中，而且把握在概念的彼此关联中，看到它们自身内部的矛盾必然需要通过别的概念加以综合。

黑格尔认为，自由既不是变动不居和永不满足的欲望，也不是抽象的普遍，因为自由意味着创造。它同时是普遍物和特殊物，是因为任何特殊物都是它出于本身的意愿，自己创造出来的。换句话说，黑格尔认为，人类的一切制度都是人依从自己的普遍理性创造出来的。当然，这种理性并非空洞任性的幻想和欲望；创造也不是不顾现实情况的盲目行动。既然社会是人类的精神的创造，那么它也就不是任何神秘的东西（宗教）或从外部强加的东西（极权），而是合乎人的本性的东西，并且它是可以通过理性的考察加以理解的。整个《法哲学原理》就考察了，当下的国家制度所涵盖的人的生活的各个方面，从个人道德到人群间的伦理、从物质的需求到精神的目标，无所不包。由于摈弃了主观局限的知识，就能够正确地将国家和社会看作自身理性的产物，并以科学的态度研究它的各个部分和整体构成。

同时，意志对自身的认识决不会如对"现实的就是合理的"这句名言的流俗解释那般，尽是洋洋自得和自我吹捧。事实上，对自身的缺点的认识和克服，是"理解自身"中最具动力的一环。这也是意志能够自由地将自己变为定在的根本原因。自由的意志认为，自己认为合理的东西（在政治哲学的语境下，"合理的东西"具体指的是合理的国家制度和社会结构）就是自己目的，但黑格尔认为，当目的还只是一个目的，也就是说，还未实现时，就是一个缺点。因为既然它是合理的，就应当是现实，如果它还不是现实而仅仅是头脑中的一个观念、一个尚未达到的目标,那么自由的意志是无法感到满意的。它必定会孜孜以求,努力实现这个目的。

黑格尔认为,知识的对象和内容都是"精神",了解一个民族和社会,要了解它的精神,而不只是它的欲望:"它之所以称为世界历史,全要看在它的基本元素里——在它的基本目的里,具备了一个普遍的原则。只有在这样的情形下,这一个精神所产生的工作,才是一种道德的、政治的组织。假如促进各民族活动的只不过是欲望,那么,所产生的事业就将烟消云散。"①因此,国家也不是如契约论的国家观所认为的那样,其目的和意义仅仅是对个人的权利(尤其是财产权)的保护。相反,国家的秩序和权力本身就有其独立的意义,个人首先应当服从它——无论他是否理解这种意义。但黑格尔从未认同过盲目的服从,就像前面提到过的,黑格尔认为,现代人"只会承认他认识清楚的,并且根据这种认识,下过决心,蓄过意图而做出来的事"②。当人们感到现存的东西不合理时,虽然在"公共运用"中会服从外部秩序,但在"私人运用"中则会提出批评,并试图对现存的东西加以改进。黑格尔认为,这种现代的态度是"更符合道德的"。于是首要的任务就是,对现行的制度中的理性进行理解。在有了真正的理解之后,"服从"将不再被人理解为对强迫性的权力的屈服,从而被意识体验为一种不道德的、无尊严的行为,而是被理解为对合理的东西的认可。同时,"批评"也不再是特殊性的为所欲为的任性和狂暴,而是体现为真正的自由和为自己创造精神性的第二自然。

2. 法的理念和知识的体系

黑格尔指出,国家和"法"的基础和合法性,既不是权力的外在强

---

① 黑格尔:《历史哲学》,王造时译,上海书店出版社,2001,第76页。
② 黑格尔:《美学:第一卷》,朱光潜译,商务印书馆,1979,第240页。

制,也不是对私人权利的保护,而是精神本身出于自由意志的创造。而这种创造又并非凭空产生的,而是从先前的成果和真理出发,并且这些先前的东西恰恰构成了对出发点的合乎理性的证明。黑格尔反对所有假装世上从来就没有过国家也没有过国家法,然后单凭知性的几条僵硬的概念和推论,甚至想单凭"灵感",就否定现有的一切,凭空"设计"一套国家法和制度的做法。他把这种做法称作"理智的抽象",认为这无疑是在用个人的虚荣和肤浅毒害公认和有效的东西。黑格尔也同样非常反感当时流行的在谈论国家和法时言必称"精神""生命"和"人民",却又将作为义务和规律的法视为一种冷冰冰的文字和枷锁的态度。黑格尔认为,这种狂妄和骄矜的做法非但于对国家和法的研究无益,还败坏了严肃的哲学的名声。而对待国家法的正确的研究态度是,永远把它当作哲学体系和历史的一部分,先去了解它的前提、了解目前的一切为什么会是这个样子的、其内部的理念是什么、内部固有的矛盾又是什么。

因此,黑格尔总结道:"哲学的法学以法的理念,即法的概念及其现实化为对象。"[①]理解在黑格尔那里,"理念""概念"和"概念的现实化"究竟是什么意思,对于理解黑格尔的《法哲学》和他的政治哲学观点,乃至于对理解"合乎理性的东西都是现实的"这句著名的却又受到很大误解的话,都是非常必要的。哲学所研究的不是抽象的理智所规定的那种"概念"。黑格尔经常是在消极的意义上使用"概念"这个词,用它来指称"知性的概念",它往往是片面的,只知其一不知其二;或者就是僵硬死板的,只有一个教条的空壳,而没有内在的现实性和实现自身的动力。哲学应当指出这种"概念"的片面性和非真理性,并且指出,只有概念的本质和它的现实化过程,才是有意义的。

[①] 黑格尔:《法哲学原理》,邓安庆译,人民出版社,2016,第18页。

而"概念"与它的现实化过程的结合,就是"理念",这是法哲学的基础。

于是,黑格尔认为,"法"包括两个方面:其一是"法的概念";其二是这种概念的现实化过程,也即"法的理念"。因此要理解法,也就要从这两方面去理解:一方面,它是现实化的各个环节,因而首先表现为"概念的法"或实定法。但正由于法从一开始就是实定的,并且必须落实为定在,所以我们往往会从成文的实定法中看到一些不合理的或不合时宜的规定。黑格尔指出,这些表面的形态正因其丰富而琐碎,所以难免有错误发生,对于一些琐碎的错误,哲学不妨"放弃这种过度智慧",将对它的改良留给法学方面的专业人士。另一方面,"法哲学"作为一种"哲学"还应当从实定法的丰富表象中发现理念的脉搏,这样才能让法的理念,即自由,真正在世界上实现出来。

因此,《法哲学原理》的整个写作方法就是一种"哲学的方法",即"从一个论题进展到另一论题",也就是说,是从法的概念出发,理解这些概念在现实化过程中所呈现的形态,并从这些外部的形态中发现其中的理念,从而将整个形态理解为理念外化出来的整体。黑格尔认为,只有通过这种方法,才能将法哲学从他在《精神现象学》中所批判的对法哲学的各种误解(将权利简化为财产权、将国家简化为为了私利而制定的契约、将精神简化为片面的特殊性等待)中拯救出来。

二、知识视角下的市民社会:外部国家

1. 伦理与"外部国家"

黑格尔在《法哲学原理》中,将市民社会安排在"伦理"这一章节中,"伦理"是一个比抽象法和道德更高的阶段。在《精神现象学》中,

黑格尔批判了"教化王国"是共同体中的法权和个人的道德自由分裂场所;而在《法哲学》中,黑格尔既没有将市民社会归结为以抽象的法权为基础的"经济社会",也没有将它归结为个人的自由和良心各行其是的"道德彼岸",而是认为,市民社会必须在"伦理"之下得到理解。首先我们来看一下,黑格尔所说的"伦理"究竟是什么意思。他说,"伦理是自由的理念"①。也就是说,它是通过自己的行动,而将对自己的理想实现出来,使这种理想不仅仅体现为纯粹思维中的知识,而且体现为存在于社会中的现实。总之,黑格尔所说的"伦理",就是合乎理性的社会现实。伍德(Wood)认为:"黑格尔的伦理思想有一种向外的、社会的取向。它是一种关于特定情况和社会关系中的个人道德张力的理论,并且他认为,只有在外在的行动和结果中,而非在空虚的、非现实的目的中,才能找到善良意志。"②在伦理中,抽象的道德具体化为自在的和实定的规章制度:"取代了抽象的善之位置的客观的伦理,通过作为无限形式的主体性而成为具体的实体。具体的实体因此在自己内部设立了差别……具体的实体就是自在自为地存在的规章制度。"③这些必然的制度就成了调整个人生活的"伦理力量",人们在其中不再感到自己是一个和共同体或他人都毫无关系的"单子",而是能够找到自己的意义和本质。

因此,黑格尔对市民社会的界定是,它是一个"外部国家"。它是各个成员作为独立的单个人的联合,并且这种联合中包含了三个方面的内容,即成员的需要、保障人身和财产的法律制度,以及维护他们特殊利益和公共利益的外部秩序。因此,市民社会是将特殊的个

---

① 黑格尔:《法哲学原理》,邓安庆译,人民出版社,2016,第282页。
② Allen W. Wood, *Hegel's Ethical Thought* (Cambridge: Cambridge University Press, 1990), p.256.
③ 黑格尔:《法哲学原理》,邓安庆译,人民出版社,2016,第284页。

人联合在具有不同层面的普遍共同体中。

2. 市民社会的内部结构

接下来的章节中,笔者将讨论从科学视角出发,黑格尔究竟怎样理解这个"外部国家"的结构,这种理解与《美学》和《精神现象学》中的理解究竟有什么不同。

在第一章中讨论了,现代市民社会的原则发端于个人的自由和平等,可是,"个体性"这一丰富而广泛的概念,却发生了分裂和狭窄化,它先是分裂为外在的权利和内心的道德;然后权利又分裂为人权和公民权;最后,在各项天赋人权中,只有所有权获得了强势地位,成为市民社会的最根本和核心的概念。围绕着财产权,就建立起了一个劳动分工的体系,这一体系成了现代意义的"经济社会"领域。这一领域对传统的政治共同体形成了极大的挑战。个人在这一社会中,感到自己是孤独的、"单子式的"人,而失去了所有伦理的纽带和认同感,并且在财富和国家权力的角力中深感苦恼,不知何去何从。

而在《法哲学原理》中,黑格尔却对市民社会作了另一番解释。事实上,他是将社会中之前分裂的东西弥合起来、将被抽象化的和被遗忘的向度恢复起来。他认为,这种弥合与恢复不需要任何外在的强制,而是来自市民社会中本身的结构就具有的伦理性因素。

首先,黑格尔认为,市民社会中本就存在道德、法权和警察这三个根据伦理因素而设定的机构,当我们仔细考察这三个机构及其伦理原则后就会发现,原先被简化和还原为所有权的原则,又重新得到了"人权"的全部规定。

其次,黑格尔对"需要的体系"作了详细的考察,这一部分事实上就对应劳动分工和财富增长的"经济社会",而在《法哲学原理》中,需要的体系也不再是一个不得不以"看不见的手"带过的盲目而自利的领域。黑格尔详细讨论了需要的体系中的分工、等级和产业,并澄清了这一结构的合理性。同时,他也意识到,贫困问题是现代市民社会的痼疾和根本危机所在,他试图为解决这一社会内部必然产生的问题提供一个可行的方案。

最后,针对个人的单子化和伦理纽带的瓦解,黑格尔同样从市民社会内部的结构中找到了克服的方法。他认为,社会中的教育、等级和同业公会,能够帮助个人进行"社会化"并帮助他们重新成为"政治的动物";使得单子化了的个人重新团结为某种具有共同利益的、并且具有共同的身份认同和荣誉感的群体。这样一个群体,就是联系个人和具有实体性的共同体也即国家之间的纽带,是个人找到自己的本质的场所和进行有效的政治参与的平台。

对现代性的思考,始终是黑格尔具体地讨论市民社会时的背景。前文已经论述黑格尔从意识视角出发对现代性的批判;而在《法哲学原理》中,对市民社会的具体结构的分析则可以理解为对现代性的合法性论证。"对黑格尔来说,市民社会是现代的本质的外化,在这里,个人的需要和利益,以及承载它们的社会组织,需通过经济的体系以及法律上的规定来加以把握,并且始终受到个别人的自由主体原则的引导。"[①]

三、知识视角下的自由:从"选择的自由"到"必然的自由"

事实上,始终存在着一个对黑格尔的强大的批评的传统,把黑格

---

① Cristiana Senigaglia, "Strukturen der Moderne und Inhalt der Globalisierung in Hegels Denken", in *Hegel-Jahrbuch 2013: Hegel und die Moderne 2*, hrg. Andreas Arndt, Myriam Gerhard, Jure Zovko (Berlin: De Gruyter, 2013), p.123.

尔看作是一个为普鲁士的现状辩护的、保守的人，认为他的法哲学从本质上就是一种国家哲学；他真正支持的是，个体应无条件地从属于国家。他们批评黑格尔关于"历史中的理性"的说法以及"历史的狡计"的说法，也同样是在为某种国家主义或目的论辩护，在其中，个体的位置无非是一个微不足道的棋子、大机器上的零件。这一批评的传统从黑格尔的同时代人叔本华就已开始，中间经过了克尔恺郭尔和尼采，后来延续到罗素、波普尔等现代自由主义者。对有些批评者（如波普尔）来说，黑格尔的政治哲学甚至是法西斯主义和国家社会主义的先驱。"从黑格尔到希特勒"，在一些批评者那里几乎是一条典型的反自由之路。

而在黑格尔本人的著作中，也确实可以发现许多可被批评为"反自由"的，甚至具有国家主义和极权主义危险的说法。例如他始终立场鲜明地反对契约论的国家观（在第三章第一节中详细讨论这一问题）、同时他将政治上的爱国主义看作是对健康的共同体必不可少的东西（在第二章第四节和第三章第一节中讨论）。对于后世见识过纳粹式的极端"爱国主义"所产生的恶果的人来说，黑格尔的这些观点，至少从表面上看来，确实是具有鼓动极权主义的危险的。但霍尔盖特认为："如果黑格尔的评论者们完全地理解了他的哲学是如何推进的，他们就不会得出以下结论，即他简单地把个体的利益从属于国家的利益，或是赞成国家抑制个体自由。"①当我们考察黑格尔在《法哲学原理》中对市民社会的论述时，许多极易被误解为"极权主义"的观点是绕不过去的，例如黑格尔对法律的强调、对通过"等级"将社会有机地统合起来的构想、对警察的具体功能的论述，以及他将国家理解

---

① 斯蒂芬·霍尔盖特：《黑格尔导论：自由、真理与历史》，丁三东译，商务印书馆，2013，第289页。

为"伦理实体"的说法,等等。但笔者认为,黑格尔的这些论述决不是想要反对自由或将个人利益的地位放在国家权力之下,而是恰恰是他关于自由的理论的重要部分。或者说,在黑格尔看来,"自由"在一种自由主义的理解下,一定会遇到自相矛盾的情况,因为自由主义者对自由的理解本身就是有缺陷的;而只有在一种伦理的结构中,这种矛盾才能被扬弃,自由的本质才会显现出来。因此,在此先对黑格尔所理解的"自由"作一番讨论,并预先集中说明黑格尔对自由主义之矛盾的揭示,是非常必要的。

  黑格尔的逻辑学主张,理念不是某种确定不变的命题,对它的论证也不是通过寻找支持性的论据来进行的,因为黑格尔看到,理智总是能够为任何东西找到"论据",无论它所要论证的东西是不是合理;同样的理智也能够为任何东西找到"证伪"。因此单纯通过某些外在的例子来论证或证伪一个理念,都是不够的。对某个概念真正有意义的批评或论证,都需要从这个概念的内部出发,寻找它的矛盾,并从这种矛盾中找到扬弃的方式。而"扬弃"的结果也不是否定原来的概念,而是将这个概念以一种更加符合"它本身"的形式重新表达出来。换言之,所有的概念,当它以无论哪种特定的方式被规定(bestimmen)时,都是有矛盾的和不充分的,指出这种矛盾和不充分,不意味着对概念本身的否定,而必须被理解为揭示出了概念中更为复杂的但尚未显明的构想。当问题落实到"自由"这一概念时,同样是如此。"他对个体主义自由构想的批评不能被归咎为他个人赞同国家权威的偏好,而是在对自由本身的真正含义进行漫长沉思和规定的过程中发生的。"①

---

① 斯蒂芬·霍尔盖特:《黑格尔导论:自由、真理与历史》,丁三东译,商务印书馆,2013,第290页。

1. 对古典自由主义构想的批判

事实上,黑格尔所批判的自由主义者所持的自由的观念,可以归结为"古典自由主义的自由构想"[①],也即没有人能够强迫我去做我不愿意做的事。当然,这些论者也会承认,为了不破坏别人的自由和为了社会能够顺利运转,对自由的限制和约束是可以接受的甚至必须的。但无论如何,"自由主义立场的核心在于,社会要想把自由最大化,就必须要把个体选择最大化,而任何可能被加于我们选择自由的限制或约束,无论它们可能多么地必须,都会被我们经验为束缚"[②]。

在黑格尔看来,任何概念的发展都包括普遍性、特殊性和个别性三个环节,上述"古典自由主义"的自由概念也是如此。首先,就它的普遍性而言,是一种从任何规定性中抽离出来的自由,即"否定的自由"。其次,它的特殊性的环节则要求一种特定的、选择的自由,并且要求一个人具有进行选择的能力。最后,它的个别性的环节就是前两个环节的统一:要求一个人能够不受约束地选择某个特定的目标,也就是说,要求一种"积极的自由"。此外,霍尔盖特格还指出,在"积极的自由中",某种"退出"的自由是非常重要的:"一个人不是不可改变地被束缚于那个追求的,因为是他自己选择了它,从而他可以从它退出,转而从事其他的追求。"[③]因此,在黑格尔看来,就自由这一概念在它的全部环节之内的意义而言(同时也就是自由主义者所主张的自由的全部内涵),就是一种既具有选择的能力,又能在进行了选择之后依然具有退出的可能性,其他的选择永远处于开放中的状态。并且,无论个人有没有作出任何选择,他都始终保留着不作任何选择

---

① Singer, *Hegel* (Oxford: Oxford University Press, 1983), p.5。
② 斯蒂芬·霍尔盖特:《黑格尔导论:自由、真理与历史》,丁三东译,商务印书馆,2013,第291页。
③ 同上。

的自由,因为"不选择"同样必须被理解为一种选择。

于是,黑格尔就认为,这样一种自由观中包含着两个的矛盾。首先,如果说自由归根结底是一种"不选择"的自由,那么严格说来,即使对一个活着的人来说,例如进食、工作等都是必不可少的东西,但他依然有选择不工作或不进食的自由——但这显然是荒唐的。更为重要的矛盾则在于,将自由理解为"选择的自由"意味着,只有"选择"才被理解为是与自由直接相关的,而选择的内容或对象却是一种无关紧要的东西,于是严格说来,只有"不选择"才是真正出于自由的行动,而所有的选择,都是依赖某种外在于自由的内容或对象的。换言之,这种自由观在本质上并不认为,行动的根据是自由本身。黑格尔在谈论"等级"时指出,个人,尤其是当一个人处于少年时代时,对于决定自己属于哪一个特定的等级或从事特定的行业是非常抗拒的,因为他认为属于某一等级或行业了,就意味着失去了其他可能性,也就意味着失去自由。黑格尔批评这种观念是一种"抽象的思维";事实上,这就是"古典自由主义的自由构想"的典型想法,它最大的问题并不是某种"少年时代"的逆反心,而是从根本上将选择的内容排除出了自由的概念。

由此,黑格尔就指出了这种自由观的第三个矛盾:如果所有可供选择的选项都脱离了我,那么任何具体的行动就都不是直接来源于自由了——"那么下面的问题就会浮现出来:如果不是我的自由本身,那是什么规定了我在其中作出了选择的那些选项呢?"[①]答案是很明显的,如果不是"自由"本身为具体的选项作出了规定,那么规定就只能是来自于经验、环境、偶然性等等东西——无论我最终作出了什

[①] 斯蒂芬·霍尔盖特:《黑格尔导论:自由、真理与历史》,丁三东译,商务印书馆,2013,第292页。

么选择,都只能被理解为是受制于偶然性。这就是自由主义者的自由观中的内在悖论:如果自由意味着选择的自由,那么从自由中必然推论出,人的具体选择和行动是完全受制于外在事物的,也即不自由的。

2. 霍耐特论三种自由

霍耐特在《自由的权利》中,从对"自由"的不同规定中是否能够,以及如何推导出一种关于"正义的社会"的设想入手,对"自由"这一复杂的概念作了梳理。《自由的权利》可被认为是霍耐特对《法哲学原理》的现代式重构,因此,考察霍耐特的梳理,能让我们对黑格尔的自由观有更深的理解。霍耐特将各种对自由的设想大致分为三种,即消极的自由、反思的自由和社会的自由。

(1) 消极的自由

消极自由最初由霍布斯提出,指的是一种"没有外在抵抗的自由",随后在诺齐克那里演变为一种对主体的自由空间的主张,即认为主体必须有一个自由的空间,在这个空间里他可以从事一些以自我为中心的、不受干扰、也无需对别人承担责任的活动。在20世纪个人文化鼎盛的时期,消极自由在存在主义和诺齐克的自由主义那里找到了一种激进的表达:既给予主体表现自己的自私和怪癖的可能性,同时,也主张自由就是能够自由地脱离一切关系。这种自由观与社会正义问题的唯一联结方式即是,"每一个起着指导作用的国家法则,只有当它能够满足每个人的愿望时,才能期待它的臣民对他的认可。"[①] 而这样一种法律程序的问题在于,"自由"的范围被界定在个人行为的狭窄领域里,完全不涉及有关公共事务和法律的领域。"主体根本不具备机会通过参与基本法的创制和修改……这种程序更多的是把主体

---

① 霍耐特:《自由的权利》,王旭译,社会科学文献出版社,2013,第45页。

限制在概念为他们所设置的角色上,局限在一种一次性的最初审核方式上。"①由于对自由本身的界定过于狭窄,这种正义观下的国家公民,无法把自己视为国家的基本法律的创作者和更新者,因而被排除出了立法的领域。不过霍耐特认为,消极自由是现代人道德自我认识中的一种本质性的要素;并且,它所强调的自由的行动需以不伤害其他公民的权利为界限,这也是现代社会的基本原则。

(2)反思的自由

霍耐特认为,事实上"消极自由"在古代几乎没有多少先驱者,而"反思的自由"则有一个漫长的传统。反思的自由指的是,个人必须能够按照自己的意志来决定自己的事情,而从这一点中就可以区分出两种不同的设想,即"自律"的思想(康德)和"自我实现"的思想(赫尔德)。在前者的规定下,个人的自由必须被理解成一种共同意志形成的程序,从而,具有同等权利的公民们就能够一同决定,一种公正的社会秩序应该具有哪些基本原则。也就是说,这种正义观的关键是要保证公民共同立法的可能性。因此,"教育"和"协商"就是对正义来说最为重要的两个因素。威廉·冯·洪堡就认为:"每个政府都有着这样的任务,即通过合适的教育方法和严格保证公众舆论的多元化,以便给予自由一种社会'氛围',在这样的一种社会氛围中,每个社会成员都能够最大限度地发展自己个人的'特征、能力和感受'。"②而"协商"则更进一步被理解为一种集体式的自我实现的模式,也就是说,社会成员聚在一起对他们所共同关心的事务进行公开的讨论和商榷,是"自我实现的集体形式"。因此这种正义观所要求的是"一个现存社会的体制配置",这个配置"必须能够维护公民所需

---

① 霍耐特:《自由的权利》,王旭译,社会科学文献出版社,2013,第45页。
② 同上,第64—65页。

要的团结"①。而霍耐特认为,这种社会秩序的问题在于,"协商"只有在一个人数有限的范围内才是真正有效的,因此它只能包容比较少的个人和社会关系,因此不能从自身出发形成一种适合现代社会的幅员与人口规模的正义思想。

(3) 社会的自由

而黑格尔所主张的,是一种"社会的自由"。它的特征在于,社会中现实存在的机制不再被理解为一种简单的附加物,而是自由本身的实施条件。在黑格尔的观点中,消极的自由和反思的自由的问题都不在于它们本身有什么"错误",而在于它们都需要以已经存在的社会机制为前提,却忽略了这些机制究竟该如何实现。因此黑格尔提出了自由的第三种模式:"把真实的客观领域也置于自由的标准中:不仅是个人的意图应该去满足这一自由的标准,即意图的形成不受任何外在的影响,而且外在的社会现实也应该去满足这一自由的标准,即社会现实是自由的,不受制于任何他律和强制。"②

也就是说,黑格尔感到,必须主张一种不同的自由观,也即对选择的具体内容加以规定的自由。如果社会生活中所有可供选择的东西(包括市民社会中的等级、职业,或国家的法律,等等)都是某种"外在"的东西,而人的自由不过是在所有外在的东西间作出任意的选择或不选择,那么这实在谈不上是自由。黑格尔认为,真正的自由的前提是,自己所作的选择和所服从的法律,都必须是由自由意志自己产生的。黑格尔认为,真正的问题在于,"事实上"所有的普遍物的定在(包括市民社会、也国家、法的定在),都确实是自由意志的产物,然而,意识视角没有认识到这一点。在黑格尔看来,所有现存的东西都

---

① 霍耐特:《自由的权利》,王旭译,社会科学文献出版社,2013,第66页。
② 同上,第73页。

是历史的产物,其中混杂着合理的东西和不合理的东西,而判断究竟何为合理何为不合理,其标准也并非"给定的",而是在历史中生成的(第三章第二节中将详细讨论这一点)。而意识的视角无法从合理与不合理的混杂中,看出合乎理性的历史脉络,也无法在此基础上看出不合理之处究竟何在。

黑格尔认为,当时流俗的国家学说,要么是极为保守的,将所有不合理的东西都死抱住不放;要么就是"自由主义的",它本身就带有悖论,因而没有理解现实的能力,从这种自由观出发就会将合理的东西也全部抛弃。而他自己的《法哲学原理》所要做的是,从自由意志出发,对全部法的领域进行重构。用霍尔盖特的话来说,黑格尔试图解释清楚,在一种科学视角下,我们可以"把一个人所生活于其中的法律和制度理解为是由这个人自己自由的特性或结构所规定的"[①]。也就是说,《法哲学原理》中对市民社会的种种结构的详细分析,是为了揭示出这些结构就其本质而言是自由意志本身的规定,因此人们遵守这些规定、在其中生活,并不是出于被迫要作出某种选择,而是自由的自我规定。

霍耐特认为,《法哲学原理》的工作事实上是一个"规范性重构"(Normativen Rekonstruktion)的过程,也即以是否能实现自由(消极的自由、反思的自由和社会的自由都被包括在内了)和社会正义为"规范"或标准,去审视现有的社会机制并对它们进行分析和阐述,揭示出它们对社会的合法化的意义。而"重构"的过程则意味着,"在众多的社会习惯和机构中,只挑选和介绍对社会再生产来说不可或缺

[①] 斯蒂芬·霍尔盖特:《黑格尔导论:自由、真理与历史》,丁三东译,商务印书馆,2013,第292页。

的那些习惯和机构"①,并指出它们对于社会价值的稳定和改良所起的作用。因此笔者认为,黑格尔在《法哲学原理》中对市民社会的结构(法权、道德、需要的体系、等级、同业公会等)的论述,并不是在盲目地罗列和照搬社会中既有的机制,而是以它们是否对于自由和正义具有构成性的意义为标准,作出自觉的和精心的选择——他所做的,并不是照搬已有的机制,而是挑选出他心目中对于社会正义而已具有决定性意义的那些机制,并阐述出它们为什么是有意义的。因此,《法哲学原理》中所呈现的整个市民社会的体系,也就必须被理解为是对社会的一种"构想",只不过这种构想并不是以空洞的概念为依托的,而是以现实中存在的机制为基础。

第二节 道德、法权和警察:从"所有权"回到"人权"

我们在第一章中讨论了,黑格尔看到了现代社会最大问题在于,个人的自由在觉醒后,其意义不断地分裂。先是主体分裂为内在的道德的方面和外在的权利的方面,然后权利又分裂为从共同体的角度出发的人权和从私人的角度出发的公民权,最终,只有所有权排除了其他一切权利,成为现代市民社会的运行所围绕的核心。黑格尔从意识视角出发,对现代性的这种分裂和狭隘提出了深刻的批判。而《法哲学原理》作为"科学体系"的一部分,则是从科学视角出发,指出上述分裂不过是历史中的一个阶段,而历史永远不是完美的,永远会有各种各样的问题。我们所需要做的,是从这些问题中看出合理的内核,因为合理的内核才是克服外部纷纷扰扰的缺陷的力量;在对

---

① 霍耐特:《自由的权利》,王旭译,社会科学文献出版社,2013,第18页。

合理内核有了了解之后，我们只不过需要一点耐心，等待这一内核在时间当中，通过一代又一代人的努力实现自身。

在《法哲学原理》中，黑格尔试图重新弥合这些分裂，并唤回对"权利"的整体洞见，并且，他努力让社会中已经存在的各个部门各司其职，在这些不同的部门中分别为道德、权利、人权、公民权、所有权等复杂面相找到对应，同时他也非常注意避免在这么多方面中有所偏废，以致以偏概全。

前面已经提到，洛克式的生产-消费体系，在经济方面太过庞大，而在其他功能方面又太过单薄和渺小，几乎无所作为。这一体系中的人也完全被经济关系所统治，并且他们自身的存在也被简化为经济活动，主动弱化甚至取消了自己作为一个"人"的生存的其他方面。而黑格尔所想主张的却是一个有具体的层级、顾及公共生活各方面的复杂而有序的社会。在其中，道德、物质生产、生意契约、日常法律规则、公共安全、公共事业均各自有序运转并且互相配合；社会中的人也呈现同样复杂而真实的面相。他们有家庭温情、有道德观念、有体面且对社会有益的职业、有对公共福利的关注，并且也有对国家利益的关注、对人类历史的关注。总而言之，这是一个由"具体的人"组成的"大社会"。这种理解，已经迥异于《精神现象学》所批判的那个仅由此岸与彼岸、善与恶的二元对立所堆积而成的软弱无力以至于只能被经济关系完全统治的"教化王国"；里面的人也不再是失去了一切意义的人际纽带的、孤立、自私而又绝望无助的"原子个人"。

因此，在这一节中笔者将论述，黑格尔在《法哲学原理》中，究竟是怎样从外部的不合理中看到"合理内核"，并且如何将现代社会中分裂的主体重新弥合起来的。黑格尔认为，市民社会不应该是一个只有所有权这一种原则的领域，而是本身就有丰富的结构，在这些结构中,道德、所有权和公共利益都能找到安放之所。一些被忽视的东西(道德)得以重新在市民社会中建立;一些被过度强调而又片面发展的东西(所有权)得以在属于它的领域中得到普遍的承认而又不至于侵占不属于它的领域;而那些陷于"看不见的手"而没法得到合理的解释和照管的东西(公共利益)也能在社会内部自发的特定组织中被自觉地和有计划地安排。总之,黑格尔所批判的"原子个人"和"分裂的教化王国",在《法哲学原理》中得到了完整的重构,而成为具体的"市民社会的成员"和"伦理世界的一部分"。

一、道德的独立价值

前文已论述了道德是如何被经济的统治排除出市民社会的领域,事实上黑格尔视道德为社会中不可缺乏的部分,以及视它为现代个体性原则觉醒的标准。

1. 现代的道德:自律

黑格尔认为,社会是国家的一个部分,而国家最终是自由意志的产物,那么道德作为意志表现自身的一个环节,就是不可或缺的。在康德对道德的奠基中,道德的纯粹性是最为重要的东西:一种行为之所以是道德的,必须是因为它首先排除了所有外部的强制,而是完全出于自由和自愿;其次是排除了所有经验的、利益的考虑。康德所奠基的道德是一种"为道德而道德",严格说来,只有这种"为道德而道德"能够为主体觉察到并履行,才能谈得上"道德",因为所有为了利益考虑的行为、受强迫的行为、受控制的行为,都根本谈不上是道德的行为。而纯粹道德的行为的前提,其实首先是一个主张自由意志的和自律的主体。无论在康德还是在黑格尔看来,这种主体都是现代的成果。

黑格尔认为,意志的绝对主观性是道德的基础。任何不以主体的自由为基础,而是与偶然的情绪、偏好、法律、政治混杂在一起的"道德",都是尚未获得真正自觉的东西,它不可能是稳固的。这种观点让我们想起黑格尔在《历史哲学》中以古代中国为例对道德的阐明。事实上黑格尔对中国的了解相当有限,他的看法也并不都对,但这一评价是中肯的:"中国的道德——自从它和孔子的著述为欧洲人所知道了以后——受到那些熟悉基督教道德的人们最大的称颂和对它的优越性光荣的承认。对于印度的宗教和诗,尤其是印度哲学,它们详述并主张摆脱尘俗和牺牲色相中所显示出的精神崇高,也同样为人所盛道。然而我们不得不承认,这两个民族全然缺乏'自由理想'的主要意识。在中国人心目中,他们的道德法律简直是自然法律——外界的、积极的命令——强迫规定的要求——相互间礼貌上的强迫的义务或者规则。① '理性'的各种重要决定要成为道德的情

---

① 我们固然可以说,黑格尔对中国并没有太深的了解,他的批判也多少带有偏见的成分,但他批评中国古代的"道德"并非出于理性和自由的判断,而只是作为一种外在的法律的强制,这一观点事实上颇为切要害,并且我们也能在其他对中国有更深切的了解的华人学者那里找到类似的观点的。比方说,在《万历十五年》中,黄仁宇先生就通过对申时行分析指出,当时的中国文官制度所遇到的危机就是,道德成了一种全然外在的和口头上的说辞,而在现实中所真正运转的却是一套全然非道德的东西。"他(申时行)把人们口头上公认的理想称为'阳',而把人们不能告人的私欲称为'阴'。调和阴阳是一件复杂的工作,所以他公开表示,他所期望的不外是'不肖者犹知忌惮,而贤者有所依归'。"(黄仁宇:《万历十五年》,中华书局,2006,第47—48页。)非常高的道德标准所伴随的,却是现实中如此低的标准,这实在令人无奈。第一章第四节中已经讨论过,黑格尔也同样认为,将道德理解为一种外在的标准并且对它进行片面的和过度的强调,往往是一种伪善。而究其根本,当伪善并不只是某一两个个人的偶然问题,而成了某种具有普遍性的现象时,我们往往会发现人们正处在一个变迁的时代:旧的道德和秩序岌岌可危,因此必然表现为一种"外在的"东西,而新的秩序和价值又没有确立。黄仁宇所讨论的中国古代的"万历十五年"和黑格尔所讨论的欧洲的"教化王国",其实都是这样处在急剧变动中的时代。而黑格尔所设想的可能的解决方法,无非是承认这种变动、让新生的理性和自由原则充分展开自身,并给予一点耐心,等待它(转下页)

操,本来就非有'自由'不可,然而他们并没有'自由'。在中国道德是一桩政治的事务,而它的若干法则都由政府官吏和法律机关来主持。"①黑格尔认为,与法律和政治混为一谈的"道德"并非道德本质;道德只有一方面在与法律的区分中,另一方面在与任性妄为的区分中,才能被人们所发现和践行。

2. 道德与法的区别及道德的自我立法

在黑格尔看来,道德意志的法是一种不同于共同体的外部立法的法,它是主观性的自我立法。因此它的特征有两点:首先,它是主观的,因此它和外部的"法律"不同;其次,它依然是一种立法,因此与单纯的意志自由不同。

首先,黑格尔强调,法和道德是有区别的,并且这种区别绝非无关紧要。事实上,只要存在强制,我们就一定是在谈论"法",而绝对不是道德。道德就其本性而言必须要求自由意志摆脱所有外在的强制。黑格尔认为,法虽然也是意志的外化,但在法的阶段中,这种外化表现为一种强制。但在道德的东西中,是排除了所有外在的约束后所进行的自我约束。"善"是一个人根据自己的理性而为自己规定的目的,并且他想要将这种目的变为定在,也即将它付诸现实的行动。但是这种定在完全是内心的东西,人们对它不能加以任何强制。黑格尔认为,国家的法律不可能也不应该试图涉足人的道德和主观动机,因为在道德的领域中,人仅仅作为个体性的理性而存在,特殊性原则在这一领域中具有完全的权力,在这里外部规定是没有意义的。

(接上页)为自己建立起适合于自己生活的市民社会,同时也建立起合乎理想和自由的新的道德和价值。
① 黑格尔:《历史哲学》,王造时译,上海书店出版社,2001,第71页。

其次,黑格尔也认为,道德的自由也不同于单纯意志的自由。因为意志之自由可以仅仅凭着自己对自由的要求,就足以认为自己是自由的,因此它是一种"自我断言";而道德则进一步假定自己对自己所做的事负有责任,因此是一种"自我规定"。也就是说,在道德中,主观自由就具有权利,主张自己所做的事必须正是自己想做的、充分体现出自己的特殊性的。这是一种"主体在行动中发现满足(Befriedigung)的权利"①。在这里,黑格尔批评康德对"德福一致"的说法。在康德那里,德福一致只不过是一种先验预设,而在实践中,一种符合道德行为恰恰是"满怀厌恶地做义务所规定的事"。也就是说,道德主体的自由事实上要求人以义务的名义放弃个人的满足。而在黑格尔看来,道德的自由却蕴含着这样一个特殊的规定:在道德的行为中,人的特殊的关切和意图得到了自由的表达,因此,一个人能够直接通过他所做的事情而获得满足。因此,在道德意志中,唯有德福的一致、权利和共同福利的统一、自我意识的声张和合乎道德的利他行为的统一,才能被视为真正"善"的。

黑格尔认为,当主体能够以善本身为唯一的目的而进行自我立法时,主观意志的自由就确立了它自身。也就是说,当人无视所有经验上的利益、无惧所有外在的暴力或强制,而只以内心认定普遍行为准则为标准而行动时,整个"现代"就获得了它真正的基础,即个人对自身的意志的自觉。在这一自觉的基础上,个人才能承载"人""主体""社会成员""国家公民"等一系列伦理世界中的身份——伦理世界才能成立。因此,虽然黑格尔批评康德的实践哲学只局限于道德问题,而相对忽略了与共同体的伦理有关的内容;但他对康德为道德

---

① 斯蒂芬·霍尔盖特:《黑格尔导论:自由、真理与历史》,丁三东译,商务印书馆,2013,第303页。

所作的严格的奠基本身,是非常赞扬和认同的。"我应该为义务本身而尽义务,这是我在尽义务过程中实现我固有的真实意义上的客观性;我在尽义务时,我心安理得而且是自由的。着重强调义务的这种意义,乃是康德实践哲学的功绩和它的崇高立场。"①

3. 作为伦理之准备的"善"

然而,道德毕竟属于主观性的领域;黑格尔在《精神现象学》中认为,当主观性原则只以自身为依据而破坏客观的伦理实体时,就会产生"绝对自由和恐怖"。在《法哲学原理》中,黑格尔对道德的"扬弃"就不仅限于强调对主观性原则的滥用所造成的害处,而是承认,道德是现代的一大成就,并且在内心和世界中都有它不可取消的地位。但是,《法哲学原理》想做的要比从原则上肯定主观性原则更进一步,也即希望能够以主观性原则为地基,建立起一个具有伦理性的社会;而仅仅靠道德尚不足以支撑起完整的法权和有序而有意义的社会。在伦理性的社会中,事实上需要一种更为全面的"善"的概念:在道德意志中,"善"的标准取决于普遍的福利与个人自由权利的统一,因此善的最终标准在个人那里;而在伦理社会中"只有放弃一个人规定何者为善的专断权利,也即转变为一个伦理的(sittlich)意志"②,因此,"善"必须被理解为一种真正客观的东西、被公开表达和理解的东西。其次,善也必须将他人的福利作为一种非常具体和确定的东西纳入考虑。

首先,黑格尔指出,在道德意志中,"善"是一种个体自己所认识或规定的东西;而伦理的意志则承认,善是某种在周围世界中所遇到

---

① 黑格尔:《法哲学原理》,邓安庆译,人民出版社,2016,第 243 页。
② 斯蒂芬·霍尔盖特:《黑格尔导论:自由、真理与历史》,丁三东译,商务印书馆,2013,第 310 页。

的现实的和活生生的东西。"像'为善良而善良'的这一种抽象观念,在活泼泼的现实中间,是没有驻足的余地的。假如我们有所行动,那我们不但要存心为善,并且必须知道,究竟这是不是善,或者那是不是善。"①然而什么是善、什么是不善的具体内容,是由一国的法律和风俗来规定的。不过,在这里黑格尔并不是在要求人们对一切法律都不加质疑地完全服从——这种解读是非常幼稚的。他所主张的,只不过是个人应当具有一种对"文明(cililty)"的认同能力,也即能够对文明世界中已有的法律、制度、习俗、礼貌,甚至时尚等价值,保持一种开放的心态,"知道如何去信任它们、如何在它们之中发现自由"②。如果个人能够放下特殊性原则所产生的骄傲,对那些处在自己的良知之外的、来自周围环境的善保持开放的心态,那么他自然就能够发现,即使那些既有的法律和风俗习惯并不是他本人制定或亲自表示过同意的,他也依然能够在这些东西中发现,这些东西恰恰表达出他自己的本质。

　　黑格尔认为我们也不必担心,个人的信任心态会招致权力的暴虐,因为在他看来,一个真正伦理的国家不可能是暴虐的。如上文所说,道德感本身就应当而且可以要求德福一致,伦理的国家不仅必须保障公民的法定权利,而且也必须保证他们在现实生活中的基本福利。"普遍物同时就是作为特殊物的每个人的事业……我的特殊的目的同普遍东西同一,否则国家就等于空中楼阁。人们常说,国家的目的是为了公民的幸福。这当然是真实的。如果公民们感觉不幸福,他们的主观目的得不到满足,他们看不出,国家本身是这种满足

---

① 黑格尔:《历史哲学》,王造时译,上海书店出版社,2001,第29页。
② 斯蒂芬·霍尔盖特:《黑格尔导论:自由、真理与历史》,丁三东译,商务印书馆,2013,第313页。

的中介,那么国家站不稳脚跟的。"①第二章第三节会详细论述,共同体究竟采取了怎样的措施,保护公民的福利,以免他们陷入市民社会中必然会产生的贫困。此外,这样一个伦理的国家,也同样会保证所有个体依然享有确定何者为善的道德权利。霍耐特也指出,在《法哲学原理》,对纷繁复杂的"个人"道德标准的取舍,其实是有着严格的标准的,即"只有那些属于'伦理'范畴的,也就是那些可以证实对现代社会的普遍价值和理想的实现,起着重要作用的道德生活方式,才应写进他的《法哲学原理》中去;一切与规范性需要有矛盾的,一切代表个别价值或表现落后思想的,根本就不值得保留"②。因此在一个真正的伦理国家中,对秩序的强调绝不意味着个人失去自由,进而失去道德的基础。

其次,黑格尔认为同样重要的是,他人的幸福也必须被纳入道德之中加以考虑,如此"道德"才不会沦为"伪善"。如果自我意识把一切客观的有效规定都贬低为恶的(例如在《精神现象学》中,黑格尔就指出来这种空虚的自我意识是怎样把国家权力和财富都贬低为"恶"),或者把自己的任性提高到一切原则之上,那么自我意识就会走向为非作歹。并且这种为非作歹还有可能将自己伪装成善,因为它完全可以主张,尽管自己的行为是恶的,但行为只不过是手段,而自己的意图和动机是善的。黑格尔指出,这就是"伪善":"即首先对他人把恶主张为善,把自己在外表上一般地装成好像是善的、好心肠的、虔敬的等待;这种行为不过欺骗他人的伎俩而已。"③它的本质是一种狂妄,也就是说,这样的人的真实想法其实是,任何事物都说不

---

① 黑格尔:《法哲学原理》,邓安庆译,人民出版社,2016,第394—395页。
② 霍耐特:《自由的权利》,王旭译,社会科学文献出版社,2013,第20—21页。
③ 黑格尔:《法哲学原理》,范扬、张启泰译,商务印书馆,1979,第260页。

上是有价值的,只有"我"才是优越的,才是规律和事物的主宰者,因而可以打着"正当"的名义随意颠倒玩弄它们。

克服这种伪善以及由此产生的空虚感的方法,不是去抓住随便哪个外部的法律或完全服从于某种权威,而是将"他人的幸福"纳入进来,并关注一种能够系统性地保证"他人的幸福"的制度。霍耐特指出,黑格尔虽然承袭了道德是个人的自由的表现的观点,但他所认为的道德的基础已经与康德有很大的不同:"道德的基础并不是通过认识而产生的信念,而是主体互动的实践习惯。"①换言之,一种真正的善,需要在主体间互动的基地上建立起法权的体系。

4. "文明感受"和"信任感"对道德的意义

另外,单独提一下这一点是非常有意义的,虽然它也许和本文的主线并无直接关系。虽然黑格尔从未主张,一切国家都是"真正的"伦理共同体;但他却又主张,无论实际的状况有可能多么糟糕,我们都必须保持一种对真正的共同体和对道德的基本信任。现实中的国家都是一些活生生的东西,如果以某种空洞的"完美"的样板去加以对照的话,对现存的以及任何曾经存在过、将要存在的共同体,都可以找到无数缺点、进行无数批评。不过霍尔盖特指出,当我们出于让共同体改善的好意而批评它时,不妨考虑一下从黑格尔的分析中所引申出的这个教训:"对一个社会的革新首先包含着,形成一种更深厚的文明感受(a deeper sense of civility)。"对形成这种文明的感受来说,最为重要的是一种道德上的真诚感和信任感。"如果人们要求他们自己的权利,或者相互之间进行道德批评,或是对制度进行道德批评,但其方式却破坏了文明的纽带,破坏了人们之间、个体与国家之

---

① Allen W. Wood, *Hegel's Ethical Thought* (Cambridge: Cambridge University Press, 1990), p.172.

间信任的可能性,那么人的自由的最根本的核心将会被丧失。"①这绝不意味着,黑格尔会荒唐地认为,我们因此就该不加批判地接受任何现状;只不过黑格尔隐隐感到恐惧并暗示我们,一种采取了错误的方式进行的批判,有可能对民族的整个道德感和信任感产生破坏,这种破坏所造成的悲剧也许远甚于任何具体制度或具体事务中的权利或道德欠缺所产生的后果②。我们有理由相信,黑格尔的这种忧虑已超

---

① 斯蒂芬·霍尔盖特:《黑格尔导论:自由、真理与历史》,丁三东译,商务印书馆,2013,第313页。
② 值得注意的是,康德在谈到"永久和平论"时,同样将"信任"和"荣誉"视为"永久和平"的先决条款。康德所设想的永久和平的先决条款的第6条也是最后一条就是:"任何国家在与其他国家作战时,均不得容许在未来和平中将使双方的互相信任成为不可能的那类敌对行动:例如,其中包括派遣暗杀者(pecussores)、放毒者(venefici)、破坏降约以及在交战国中教唆叛国投敌(perduellio)等等。"因为康德认为,"例如使用间谍(uti exploratoribus)那就只不外是利用另一个人的无耻而已",并且康德也补充说,这种无耻"是永远也无法消灭干净的",因此这些手段一旦被使用了,"就不会长久地限制在战争的范围之内",也就是说,这种无耻一旦被"合法"地或"作为实现目的的手段"而被使用,它就必然被激发起来、蔓延到交战双方除战争之外的普遍日常状态中去,变成了一种常态和普遍的道德堕落。因此康德说,使用这些策略,是"不荣誉的"。"因为即使在战争中,对于敌人的思想方式也还是得保留某些信任的,否则的话就连任何和平条约都不可能缔结了;于是敌对行动就会以一场绝灭性的战争(bellum internecinum)而告结束。"也就是说,即使是在战争中,如果交战者指望着某种和平的可能性还会存在的话,就必须保持"荣誉"和"信任",因为如果这些东西被破坏,它的后果绝不是一时的胜负,而是会破坏整个和平的可能性。康德自己也承认,要交战者无条件地遵守这一先决条款,几乎是不可能的,也正是在这一意义上,他无不苦涩和反讽地表示,"只是在整个人类物种的巨大的坟场上才能发现永久和平"。但康德依然认为,在永久和平的各项条款中,有些纯属禁令性的法律(leges prohibitivae),也就是说,它的实施与否,很多时候都要看当权者的意图;但有些"却是严格的、不问任何情况一律有效的(leges strictae),是迫切必须立即实施的"。而上述这条就属于必须严格的、不问任何情况一律有效的。因为在康德看来,战争或和平作为一种国家间的关系的状态,是非常暂时的和不断交替的,但对人类的道德感的基本信任却是具有普遍性的东西,它的意义远远超过某一场战争的胜负。因此每个人、每个国家都必须不顾任何经验性的状况,而将它视为自己的道德义务。因此笔者认为,黑格尔将"文明的纽带""信任"等概念视为"自由的最根本的核心",绝不是孤例;康德(转下页)

出了"哲学思辨"的范围,而是基于对他所处的时代的现实的直接感受。

总之,在黑格尔那里,道德意味着某种"最小程度的"权利,也就是说,它不是最终的目标,也不是主体的最大程度的满足——主体的自由的最大程度的满足应当是在某种体现了主体自由本身的自由的社会机制中;可是,当现存的社会并不能够满足个体性原则的要求时,道德就成了个体所能够"最终"诉诸的东西:霍耐特认为,"通过对'抽象权利'的承认,主体就有可能在不利的情况下使用他们的消极自由;而相反,通过对他们的'道德性'的承认,他们则又有能力使用他们以反思而赢得的信念,去对抗现存的统治秩序"①。也就是说,黑格尔对道德强调,总是带着严格的使用范围:在消极的和不利的情境下,道德的权利是个人所"最终"保留的和彻底自律的绝对权利。然而,道德本身并不能够穷尽个体性原则的全部内容,因为个体性原则的实现,并非仅仅限制在个人或私人的领域,而必须进入整个社会机制中;在社会的情境中,个人的道德就必须将决定权和优先权交给主体间的伦理。

二、作为个体性原则的法权

在将道德重新引入对人的基本规定之后,《法哲学原理》还对"权利"作了更为具体的界定。它不仅仅是财产权,而且是以法律的形式规定下来的个人的所有权利的总和。黑格尔认为,它的基础也并非只是人对物的占有。从根本上说,"法权"的合法性基础是个人的自

(接上页)也将同样的东西视为和平的最根本的核心。(上面的引文均参见康德:《历史理性批判文集》,何兆武译,商务印书馆,1991,第102—103页。)

① 霍耐特:《自由的权利》,王旭译,社会科学文献出版社,2013,第159页。

由意志,以及由这种意志派生出来的一切活动;这种意志的活动受到了他人和共同体的普遍承认,且这种承认必须以实定法的形式加以固定。

1. 作为意志之自我立法的法权

黑格尔在《法哲学原理》的导论中就说:"法的基地一般说来是精神的东西,它的更切近的位置和出发点是意志。意志是自由的,所以自由就构成法的实体和规定性。至于法权体系是实现了的自由的王国,是从精神自身产生出来的、作为第二天性的的那精神的世界。"①刚才已经论述了,道德同样是意志的自由的体现——在康德为道德所作的奠基中,它甚至是自由的最为纯粹、不受任何因素干扰的体现。黑格尔在很大程度上接受这一点,也将道德理解为不受"现实世界"干扰的领域,是人的自由的最为内在、最为纯粹的表现。因而黑格尔同样认为,道德立法是个人内心的立法;而他所说的"法的体现"和"自由的王国",则是一种在共同体中的、必须加以明文规定的和受到普遍承认的立法,而非指个人的自我立法。

因此,唯有在这里,现代的个体性原则达到了自身的普遍性,"在黑格尔那里,有关价值的观念和对个人的承认,都获得了概念的普遍性,它们是属于现代的普遍性思想的。这意味着现代和古代之间的明显区别:在现代世界中,个人的广泛性和普遍性都获得了承认;而在古代,人的无限的价值、无限的权利都还没有获得承认"②。

因此,在前文中表现为取代了权利的各种复杂面向的所有权,曾

---

① 黑格尔:《法哲学原理》,邓安庆译,人民出版社,2016,第34页。
② Cristiana Senigaglia, "Strukturen der Moderne und Inhalt der Globalisierung in Hegels Denken", in *Hegel-Jahrbuch 2013: Hegel und die Moderne 2*, hrg. Andreas Arndt, Myriam Gerhard, Jure Zovko (Berlin: De Gruyter, 2013), p.122.

经在《精神现象学》中表现为与国家相对立的"财富之恶",而在《法哲学原理》中,则依其本来面目得到了规定。在自由王国中对权利的规定可分为两个层次,首先是占有,也即所有权。在这里自由是一般抽象意志的自由,或者说,是仅仅只和一个主体有关的单个人的自由。其次则是契约。在契约中,人与另一人发生了关系,并且意识到只有在他者的承认中,自己的权利才有意义。因此他们之间形成了一种"共同意志",从而能够在契约中将所有权由一方移转给另一方。黑格尔认为,契约所涉及的虽然是两个人之间的交换关系,看似是一种对人的权利[①],但严格说来,将契约理解为人格权和物权性质的人格权(康德)都是混乱的。因为在黑格尔看来,唯有人格才能给予对物的权利,同时人格权又必须将自己外化为对物的占有、改造和交换,所以人

---

① 在这里需要提到一点,康德将婚姻也看作是一种契约。他是这样定义婚姻的:"婚姻就是两个不同性别的人,为了终身互相占有对方的性官能而产生的结合体。"康德也承认,将婚姻视为"契约",本质上是将"人"视为"物",这与"人只能作为目的而不能作为手段"的对人的本性和权利的规定是相矛盾的。而康德认为解决这一矛盾的办法是,"这种情况只有在一种条件下可以存在,即一个人被另一个人作为'物'来获得,而后一个人也同样对等地获得前一个人。这就恢复并重新建立了理性的人格。"(康德:《法的形而上学原理》,沈叔平译,林荣远校,商务印书馆,1991,第 96 页。)正是出于"恢复并重建理性人格"的目的,康德主张,婚姻必须是双方平等的占有关系,因此只有一夫一妻制才是合理的。其他的两性关系形式,包括纳妾、一夫多妻或一妻多夫制,乃至于夫妻间身份地位并不相配的婚姻(康德称之为"不自然"的婚姻),都是没有法律上的约束力。而黑格尔则从根本上就并不认为婚姻应当被理解为"契约"。一般来说,关于婚姻有三种观点:其一是只从肉体的方面看待它,将它看成性关系;其二就是只将它看作民事契约;其三则是认为婚姻仅仅建立在爱的基础上,因此全然是一种基于偶然的个人情感的关系。关于第二点,即把婚姻仅仅理解为民事契约,黑格尔认为:"这种在康德那里也还出现了的观念,同样是粗鲁的,因为根据这种观念,双方彼此任意地以个人为订约对象,婚姻也就降格为按照契约而互相利用的形式。"(黑格尔:《法哲学原理》,邓安庆译,人民出版社,2016,第 301 页。)黑格尔认为,人的自我意识必须通过对另一个人的承认和通过被另一个人所承认,才能够完整地建立,因而与物无关的纯然人格之间的权利就是对于个人的自我意识和对整个社会的伦理原则都具有构成性的东西,正是在这一意义上,黑格尔认为婚姻从一开始就必须被理解为一种(转下页)

格权本质上就是物权。也就是说,所谓"物权",从根本上说是从属于人格的,它在某一逻辑阶段中表现为一种主体间关于物的权利。

2. 所有权和契约中的"承认"

具体说来,所有权又会进展为以下三种更为具体的规定。"所有权在意志对物的关系上具有它更进一步的规定。这种关系是(α)直接占有,这时意志置于物中,作为一种肯定的东西,有其定在;(β)使用,这时物对意志是一种否定的东西,意志是作为一个被否定的东西在物内有其定在;(γ)转让,即意志从物回到在自身中的反映(Reflexion)。"①黑格尔认为,这三种规定之间,并非仅仅是内容上平行的关系,而是有着逻辑上的递进,也就是说,它越来越从单纯对物的占有,转变为与他人发生关系的、希求着他人的承认的、希求实定法的保护的占有。动物也能够占有物,而人对物的占有比动物直接吃掉物的占有方式更多了"交往"与"要求承认"的精神性因素。

接着黑格尔又声明,所有权之所以是合乎理性的,"不在于满足需要,而在于扬弃人格的单纯主体性。人唯有在所有权中才是作为理性而存在的"②。因此,黑格尔认为物权中的人格和意志只表现为"排除他人的占有",因而是一种消极的规定。如果说物权中的理性不在于个人的主观性,而在于不同人格间的互相承认,那么仅仅只有这种消极的规定就是不够的。而体现着物权中的精神因素的东西,直接地就是契约。

黑格尔在对契约的观察中,为所有权界定了一个它在意志中的

(接上页)伦理关系,而非契约关系。康德式的通过将婚姻理解为契约,而后又引入双方互相都视对方为"物"并加以占有的平等关系,从而恢复并重建理性人格,这样一种理解从根本上讲就是错误的。

① 黑格尔:《法哲学原理》,邓安庆译,人民出版社,2016,第107—108页。
② 黑格尔:《法哲学原理》,邓安庆译,人民出版社,2016,第92页。

准确位置,也即,它是一种当事双方的"共同意志"。一方面,它不同于作为个人单独意志的道德和单纯的占有;另一方面,它的对象依然是物,而非其他与自己平等的意志,因而它也不同于在人与人之间的关系为对象的伦理世界中才会出现的"普遍意志"。由此,黑格尔就避免了如英国古典政治经济学中所认为的那样,将人的意志简化为对物的权利,并使这种权利凌驾于其他权利至上,进而在市民社会中排除了其他权利的片面的做法。

第一章第四节已经提到,黑格尔认为,我们应当在特殊性原则及自我意识之形成的话题下理解劳动。也就是说,通过劳动,人才摆脱了动物性的直接的欲望,从而通过对物的陶冶和通过"机巧的意识"征服了自然,让自己摆脱了奴隶的状况、得到了其他主体的承认;当人们既不是作为"主人"也不是作为"奴隶",而是作为平等的个人互相承认时,自我意识就觉醒了。但这种单个的人之间的互相承认却只是个人之间的私人关系,它只能导向个人间的爱情或友谊,而不足以作为社会的伦理基础。

而在法权中,"承认"则不限于单个人对单个人的承认,而是获得了一个社会性的中介。施密特·安·布许(Schmidt am Busch)认为,黑格尔那里的"承认"应当被理解为一种本身就具有社会性结构的关系,而非两个人之间的线性关系。"承认是一个具有三个方面的谓词:x 希望自己在某个 z 的面前,为 y 所承认。"①也就是说,承认并不只需要 x 和 y 之间的相互承认——更为重要的是作为中介的 z。唯有在一个中介在场的情况下,x 和 y 之间的承认本身,才得到了普遍的承认。我们完全可以用《法哲学》中的关于权利的术语重述这种观

---

① Hans-Christoph Schmidt am Busch, *Hegels Begriff der Arbeit* (Berlin: Akademie Verlag, 2002), p.60.

点:首先,个人的权利需要在与另一个人的契约中得到互相的承认,这是一种二元的承认。其次,两个人之间的契约需要在法权的中介中得到普遍的承认,这是一种以社会性为中介的承认。在这种社会性的承认中,主体就不仅能够建立私人的爱情或友谊了,而是能在真正意义上结成一个以意志的伦理化为基础的"社会"。

3. 从"不法"到"法律"

同样从契约中产生的,还有"不法"的行为。而从"不法"的行为和对这种行为的纠正中,"法"的理念就被特殊的个人所直观感受到了;实定法也因这种自觉而成为市民社会中的必须。从"不法"中产生"法",看似是一个悖论,但它恰好符合黑格尔整个体系中通过否定而扬弃前一个环节、进展到下一个环节的辩证方法。

首先我们来看一下,为什么"不法"是在"契约"这一环节中浮现的。黑格尔认为,契约从一开始就是一种自在的法,它首先表现为一种初步的和直接的东西,它在契约中作为被设定的东西而出现,并没有体现出强制的力量和必然性。当双方当事人的任性和特殊意志达成共识并化为给付行动时,自在的法就能够成立;但如果特殊意志的活动与自在的法相对立,那么这两者的一致就成了假象。也就是说,当契约的双方中只要有一方因为任何原因而不愿履行契约时,不法就发生了。对于没有实定法保护而只依赖个人具有偶然性的意志的契约,它被个人的任性所打破,几乎是必然会发生的事情。

其次,就像所有权可分为占有、使用和交换三个具有逻辑上的递进关系的层次一样,不法也有三个层次:"它或者是自在的或直接的假象,或者是被主体设定为假象,或者简直被主体化为乌有——[因而不法分为:]无犯意的或民事上的不法,欺诈和犯罪。"[①]第一个层次

---

① 黑格尔:《法哲学原理》,邓安庆译,人民出版社,2016,第163页。

也即无犯意的不法是指主观上没有故意的不法,也就是说,自在的法之被破坏,只是由于无法了解或无法控制的外在原因,而主体本身并没有要破坏自在的法的意图,只要客观条件允许,他就愿意而且能够恢复自在的法。第二个层级也即欺诈则有了主观的意志的参与,也就是指,主体出于自己的利益或任性而故意无视自在的法。这个主体认为,自在的法只是一种假象而已,为了自己的利益随时可以打破这种假象,由此就产生了故意不履行契约的欺诈行为。但欺诈的意图是为了满足个人的利益,伤害的也只是契约的另一方的意志,也即伤害的是特殊意志,而非直接与自在的法为敌。第三个层次也即犯罪则是直接破坏自在的法,它是一种故意的,同时破坏了特殊的意志和普遍的法的行为,并且这种破坏本身就是目的。因此,黑格尔将犯罪界定为:"第一种强制作为由自由人所实施的暴力,它侵犯了具体意义上的自由之定在,即侵犯了作为法的法,这就是犯罪。"①

接着黑格尔指出,正是在犯罪中,对自在的法的破坏被公开了,于是,自在的法就要求对破坏者进行惩罚②。在惩罚达成后,自在的

---

① 黑格尔:《法哲学原理》,邓安庆译,人民出版社,2016,第172页。
② 笔者想补充一些黑格尔关于"刑罚"的观点。黑格尔认为,现代实定法学界对于刑罚的研究几乎都是失败的。大部分理论都采取预防说、儆戒说、威吓说、矫正说等,而这些理论都有一个共同点:它们都将犯罪中的"恶"或"祸害"视为首要的东西。但黑格尔认为,"恶"本身并不是一种"实在"的东西。"对法之为法所发生的侵害虽然是一种肯定的外在的实存,但这种实存在其自身中是虚无的。"(黑格尔:《法哲学原理》,邓安庆译,人民出版社,2016,第176页。)也就是说,黑格尔的观点不同于奥古斯丁,他并不认为有某种先天的恶,换言之,"恶"本身只是对法的否定,它自在地是没有任何内容、没有任何意志的。因此根本就不存在某种肯定的、可被定义为"恶"或"犯罪"的东西,犯罪并非最初的和肯定的东西,而只是对肯定的东西(契约或法律)的否定。黑格尔就是在这一意义上理解"惩罚"的:惩罚是对犯罪这一否定的否定。因此黑格尔认为,犯罪行为之所以必须予以扬弃、犯罪者之所以必须受到惩罚,并不是因为犯罪制造了一种"祸害",而只是因为犯罪侵害了作为法的法,并且这种侵害是纯然对法本身的否定。因此,对于犯罪必须加以惩罚,以便恢复法。并且对于具体的犯人来说,公正的惩罚也是对他作为(转下页)

法也即普遍物,就宣告了自己对于任性的意志的胜利、恢复了自身的权利,因而自在的法就成为实定的法,即"法律"。因此,在黑格尔那里,"法律"并不能被理解为外在的强制,也不能被理解为单纯只是对私人所有权的保护,而是必须被理解为:首先先有了自在的法,但自在的法是一种偶然的和任性东西,它必然被"不法"所否定。于是"自在的法"中的矛盾和不足就暴露出来,它在逻辑上必须将自己上升为实定的,因而是能够以普遍的形式传播并为人们所公认的"法律",也即形成"实定法"。

4. 实定法

因此,市民社会中的法,就是一种比仅仅表现为契约的自在的法更为明确地体现普遍性的实定法。这种实定法摆脱了抽象法中的直接形式,而具有了更为复杂的"手续"。

黑格尔格外强调所有权中"手续"的重要性,因为它是从法律的角度出发,克服了无法律状态下的占有的直接性,而有了合法的效力。"法律就是法,即把原来自在的法制定为法律。我占有某物,它在无主状态中被我占有因而成为我的所有物,但这种占有还必须经过承认和设定才能作为我的。因此之故,在市民社会中就产生了有

(接上页)一个理性的人的尊重。如前所述,恶和犯罪都不是独立自存的东西,它之所以存在,只是因为犯人自己作出了侵犯法的行为,因而犯罪行为的实存性其实来自罪犯自己为自己规定的"法",是他的自由意志的体现。"既然刑罚之中包含着被视为犯人自己的法,所以犯人在受刑罚当中被尊重为有理性的东西。……如果犯人只被看作是应该变成无害的有害动物,或者以儆戒和矫正为刑罚的目的来看待他,也是同样得不到这种尊重。"(黑格尔:《法哲学原理》,邓安庆译,人民出版社,2016,第181—182页。)正是在这一意义上,黑格尔将惩罚理解为"报复",但这并非苦主个人对罪犯个人的报复,而是实存的法对加诸于法的否定和侵害的报复。因而黑格尔认为,惩罚的质和量都应当以侵害所涉及的法的质为依据。惩罚和犯罪之间的关系并非量上的"以牙还牙以眼还眼",而是须根据所侵犯的法的性状,建立起"价值的等同"。

关所有权的各种手续……市民社会的大多数所有权是根据契约的,契约的手续是固定的和有规定的。"①

黑格尔指出,有时人们会对这些手续感到反感,认为它一方面是一种繁琐而无必要的东西,似乎它只是"为了让官府多得一笔收入"才存在的;另一方面,法律的保证似乎暗示了某种对个人的信用的不信任。但黑格尔认为,首先手续并不是多余的东西。如果我们要将市民社会理解为伦理世界的一部分,那么就必须对市民社会中最为重要的所有权加以法律的保护。有了这种来自普遍承认的法律的保护之后,所有权就被纳入普遍物的统摄之下而获得了自己独立的领域,因而不再有侵入生活的其他领域中而压制和排斥人的其他权利的危险了。其次,黑格尔也并不认为,用法律对契约加以普遍的保护,就会破坏"言出必信"的德性,因为信用是个人的道德问题,而契约本质上是主体间的事务和具有社会的普遍性的事务,两者根本无关。事实上,黑格尔从来就反对以属于道德领域的范畴为名,阻碍具有社会性的东西。例如他在《法哲学原理》的序言中就批评了以十分抽象的"人民""精神""民族"等词语,代替和贬低关于国家哲学的实实在在的内容的行为。同时,黑格尔也认为,有时死板的理智确实会陷于过度复杂的手续,这种做法其实和出于抽象的"信用"而对手续同样错误。并且,这种过度复杂的手续,往往并非出于对法律的尊重,而恰恰是出于对法律的误解和隐藏的蔑视。但黑格尔认为,当法权的概念深入人心并且人们在这方面的认识和实践都受到充分的教养时,自然会在手续的充足正当和事务的清晰简便之间找到平衡。

因此,黑格尔认为,我们不该把法律理解为外在的规定,也不该把对所有权的保护的特殊法律理解为反对普遍权力而保护私人利益

---

① 黑格尔:《法哲学原理》,范扬、张启泰译,商务印书馆,第227页。

的工具,事实上法律本身就是人的意志的体现,并且是将人的权利的具体化。"通过实定法。权利(Recht)就被规定为(gesetzt)法律(Gesetz)。法律规定了人的行为。但法律的更重要是功能是为权利详细地赋予了一种理性的形式。只有通过实定法,人们才能在一种具体的意义上,认识到他们的抽象权利究竟是什么。"①事实上,将抽象权利"公之于众",使每个拥有权利的人都认识到抽象权利的本质,并认识到这种权利是具有普遍性的,这才是实定法的意义所在。

三、公共利益和公共事务

前文提到,近代世界将道德和权利分割开,并将权利简化为仅仅是所有权;黑格尔则试图将道德重新引入社会的领域,并试图揭示出"权利"其实是一种受到法律保护的"法权",从而发现它自身中所蕴含的普遍性的东西,避免了现代经济学将权利视为"私人利益"并将它与"共同体"相对立的弊端。黑格尔在《法哲学原理》中同样说明了,在市民社会内部,本就存在一种结构,这种结构是为公共的利益考虑的。这种结构就是"警察"。

1. "警察"的四项常规职责和一项补充职责

需要预先说明的是,黑格尔所说的"警察(Polizei)"和这个词在中文中的含义不尽相同。在中文中,"警察"专门处理与刑法有关的事物,并且是一个国家机关。而在黑格尔的论述中,这个词的范围要广得多。它是指通过公共力量,对普遍事务和公益设施进行监督和管理的行为;并且它并不属于"国家"的范围,而是市民社会内部的某种自发性的组织。严格说来,它属于为普遍利益服务的"第三等级",但

---

① Allen W. Wood, *Hegel's Ethical Thought* (Cambridge: Cambridge University Press, 1990), p.104.

它本质上是与农业等级和产业等级平等的,并非某种高于社会中所有等级的国家权力。

警察的第一项工作,就是防止和纠正不法。"警察的第一项工作是处理那些具有普遍性的难题,即对个人和市民的权利进行保护、干预那些与权利不符的侵害行为。"①前面已经提到,"不法"是对自在的法的或者无意、或者故意的破坏;而对这种破坏的纠正,就是法从自在的存在上升为自觉的存在和取得稳定且受到公认的形式的过程。而对"不法"的纠正,正是警察的首要职责。这种对不法的纠正,其根本的关切点并不是不法所涉及的特殊利益,而是公共的利益。这里的"公共利益"所指的,并非如功利主义者所认为的"大多数人的利益",因为"大多数人的利益"本质上依然是私人的利益,只不过涉及的主体从一个变成了多个而已。黑格尔那里的"公共利益",或者说"普遍物"是一种从根本上就超越特殊意志的东西,是特殊性所依赖的那个普遍的原则、法和秩序。也就是说,警察首先要保护的,是"法"。

其次,警察的工作才涉及对本质上是特殊利益的"公共福利"的照料,"警察的第二项任务是尽可能地为个人实现他的目的创造一个适宜的条件。"②也就是说,警察应当尽量发现和照顾市民社会中那些人人都需要却又没有人专门以之为业的事务。③ 具体说来,

---

① A. A. Piontkowski, *Hegel's Lehre über Staat und Recht und seine Strafrechtstheorie* (Berlin: Veb Deutscher Zentralverlag, 1960), p.339.
② 同上。
③ 关于尽管人人都需要公共事业,但在纯然"经济的"社会中却往往没有任何人愿意以之为业这一点,我们自然会联想到"搭便车"现象。曼瑟尔·奥尔森于1965年发表的《集体行动的逻辑:公共利益和团体理论》一书中对这一点进行了专门的考察。他认为,存在一种"搭便车心理",即对于一个集团所提供的公共物品(可以是产品、服务、利益、团体本身的地位,等等),总是会有一定数量的团体成员(转下页)

"警察必须负责照管路灯、搭桥、日常必需品价格的规定①和卫生保

(接上页)认为,公共物品作为一种应当公平分配的共同利益,是高度共享的,并共享的范围包括了集团的全部成员,因此个人即使为之付出努力,也会因为个人的力量太小而无法变其大局,因而是"吃力不讨好"的,而即使不为之努力,也总会有"别人"为"所有人"的利益操心,因而自己可以坐享其成。这一现象在规模较大的集团中表现得尤为明显,因为集团越大,为了增进集团利益而付出努力的人获得的集团总收益的份额就越小,他有利于共同利益的行为所得到的报酬就越少(无论是实际利益的报酬还是名声、荣誉方面的报酬),因此大集团中的成员格外倾向在公共事务中搭便车。这样即使集团能够获得一定量的集体物品,其数量也是远远低于最优水平的。(曼瑟尔·奥尔森:《集体行动的逻辑》,陈郁、郭宇峰、李崇新译,生活·读书·新知三联书店,1995,2 集团规模和集团。)而当话题涉及"市民社会"时,我们所讨论的无疑是一个包括了全部成员的超大型集团,在这样的集团中,如果仅仅根据市场的法则运转,公共事务显然就会落入人人都在搭便车从而无人照管的状态。因此黑格尔认为需要由"警察"这一从属于市民社会内部,但又并不按照经济上的自利法则行事的特殊的组织对公共事务加以照料,就是非常有道理的。这一观点不该被理解为某种"国家主义"甚或"极权"。因为黑格尔提出这一点,首先是出于对经济原则本身的特征的了解,并且寻求对之进行改良的方法;其次,在黑格尔的体系中,承担公共事务的"警察"本身也并非国家权力的一部分,而是市民社会的一部分。事实上黑格尔所真正寻求的,是尽可能从市民社会内部寻找能够解决市民社会本身的难题的方法,并试图将这些方法强化为一些常设的机构,并且这些机构也始终被限定在市民社会内部。总之,黑格尔在论述市民社会本身的结构时,并不希望引入外在的权力,而是更寄希望于通过提高市民社会的自发性和自我组织的能力,解决它自身的问题。

① 这里有一点值得注意,黑格尔认为,"日常必需品价格的规定"是警察的职责。我们经常会在主张"最小政府"的自由主义的经济学家那里看到一种观点,也即认为政府对商品的价格的任何干预都是不合理的,都只会是对自由市场的扰乱——并且往往会产生与它本身的意图截然相反的后果。而黑格尔则并不这么认为。首先我们必须明确一点,黑格尔提及"警察必须照顾日常必需品价格",并不意味着他主张政府对市场进行强制干预。因为首先,黑格尔始终主张市民社会是特殊性和自由的领域,他从来不认为国家应当压制这种自由;他也在一定程度上承认,自由市场所带来的如贫困、生产过剩等问题,是市民社会本身的痼疾,它并不是靠国家的干预就能根除的。其次,如果把"警察"理解为"国家干预",将是一种误解。因为在黑格尔那里,严格说来警察并不属于"国家"的一个机构,而属于市民社会的机构。并且我们应当注意到黑格尔说这句话时的语境:他说的是"警察必须负责照顾路灯、搭桥、日常必需品价格的规定和卫生保健"。也就是说,在黑格尔的观点里,日常必需品价格是与另外几项事物并列的,它们都是一些与所有人的生活休戚相关,但又未进入劳动分工市场的事物。也就是说,黑格尔从根本(转下页)

健"。① 如此,当社会变得日益复杂和交叉,每个人生产和交换等满足需要的手段也越发多样的时候,一些最为基本的事情才不会陷于让所有人感到不便,却又无人照料的情况。警察必须承担起填补这些需要的体系中的"空白"的责任,必须主动提供它们,或予以监督和管理。

  警察的第三项任务是平衡生产者和消费者之间的利益。"生产者和消费者之间的不同利益可能发生冲突。虽然正当的关系会在整体中自然而然地建立起来,然而,为了平衡起见,也需要采取一种凌驾于双方之上的、有意识的调整工作。"②尤其是对于一些日常生活必须品,由于它是全社会每个人都需要用到的,因此黑格尔将它们视为某种"特别"的商品。也就是说,它们不完全是个人与个人之间的生意,而是提供给公众的;如果这些商品有质量问题,或这一类生意进行得不公道,损害的就是公众的权利了,因此它是必须被当作具有普遍性的公共事务,而加以普遍的照管。

  最后,黑格尔也提到,警察需要对一些与国外有交易或非常依赖

(接上页)上就没有将"必需品"的价格视为需要的体系中的东西。其次,我们就可以谈论,为什么黑格尔不认为必需品的价格是需要的体系也即经济市场的一部分?如果它不属于这里,那么它究竟是什么、属于哪里?笔者认为,黑格尔的整个法哲学都是从"自由意志"出发而展开的体系。所有权是自由意志的表现;道德是自由意志的表现;市民社会、警察、国家乃至于历史,都是自由意志的表现。而意志的主体显然是人。在下一节中我就会提到,黑格尔在讨论关于贫困的问题时说,人的生命才是最为重要的,一个人为了维持生命之故而破坏契约、伤害别人的权益,这并不是犯罪。比方说,一个人无故偷窃当然是犯罪,但当他快要饿死了而偷一片面包,这种情况下指责他犯罪就是极度不公道的。因为如果连承载意志的基础即生命都没有了,那再谈论意志更高层次的体现如契约或法律的问题,就是毫无意义的。因此之故,笔者认为黑格尔是将"必需品"视为与人的生命相关的东西,因而它的价格不能够被当作市场中可交换、可讨论、可犯错的东西。

① 黑格尔:《法哲学原理》,邓安庆译,人民出版社,2016,第 370 页。
② 同上,第 370 页。

国外的情况的大工业部门(如果该部门的人对国外的情况并不熟悉的话)提供某种指导。"至于大的工业部门,依赖国外情况和远地配合,与这些部门捆绑在一起并依赖它们为生的个体,不可能对这些情况一目了然,因而一种普遍的监督与指导就更加必要。"①

此外,黑格尔还提到了一种更为极端的情况,如果在某个国家中完全不存在市民社会,那么也就不存在人们出于自己的主观偏好、选择行业养活自己,并在合理的行业结构的平台上进行交换、满足所有人的需要的可能性了。在这种情况下,个人无法组织起来自行生活,那么就唯有靠公共机关供养,于是所有的劳动也就由公共机关统一安排。"跟在市民社会中工商业自由相反的另一极端,就是由公共机关来照管并规定所有人的劳动,好比古代金字塔以及埃及和亚洲其他巨大工程的劳动那样。这些巨大工程是为公共的目的兴建的,不以单个人出于特殊任性和特殊利益的劳动为中介。"②但我们也应注意到,他举的例子都是古代的国家,因为他认为"现代"的特色就是特殊性原则的觉醒,而市民社会作为特殊性活动的场所自然会产生;因此,缺乏自主的市民社会而由公共机构来统一安排人们的劳动和生活,这种做法对于现代国家来说并不是,也不该是一种可以接受的常态,而是一种特殊情况(如战时)下的权宜之计,它毕竟是现代国家必须加以克服的东西。

2. 警察的职权之宽严

黑格尔自己也承认,市民社会中的警察的职责范围,是非常琐碎和模糊的。究竟哪些行为是破坏了法律本身的"不法",而哪些只是无关宏旨的私人契约中的纠纷;哪些是关乎所有人生命的"必需品",哪些只是

---

① 黑格尔:《法哲学原理》,邓安庆译,人民出版社,2016,第370页。
② 同上。

普通的商品；哪些是需要警察加以关注普遍事务，哪些是不容窥探的个人私事——总之，哪些才是警察该考虑的，都是些无法有定论的事情。

因此黑格尔意识到，警察的工作很容易陷于过度而招人厌恶，但有时又会受到失职的指责。为了避免失职，警察很容易将所有想得到的事情都纳入自己的职务范围，但当警察管得越多，越容易陷入片面的"找茬"，无法容忍市民社会中的任何不完美。"在这种情况下，警察可能在工作上吹毛求疵，干扰个人的日常生活。"①可是市民社会偏偏又是一个特殊性的激情激荡的地方，容忍不完美甚至容忍错误，其实是保护特殊性原则的前提，因为特殊性原则本就意味着自由、多样化。因此黑格尔在《法哲学原理》的序言中就半开玩笑地说，柏拉图大可不必向乳母介绍应该怎样抱孩子，费希特同样可以不必操心如何改进护照警察工作。他认为，"哲学不妨放弃这种过度智慧"，因为这些事情实在是和哲学的真理无关，它们只是在用琐碎事物扰乱头脑，这对于一个国家真正认识到自己的理念并改进自己，是没有任何好处的。这种观点尽可以类比到警察的工作所应采取的基本态度上：警察在思考究竟什么是真正的普遍物时，对于一些无关宏旨而又无穷无尽的琐碎对象，尽可以采取宽大的态度。

黑格尔意识到，关于警察的职权之宽严，永远都有无穷无尽的争论，我们虽然永远不可能也没有必要给出明显的界限，但有两件事是很明白的：首先，片面而极端的看法是错误的——无论是走哪一个极端。我们应当做的是，去理解权衡的标准在于理性，即认识到，特殊性的自由和普遍的福利都是应当满足的。"个人必须有权用这种或那种方式谋生，但另一方面，公众也有权要求必需的事物按照适当的方式去完成。双方面都应当得到满足，而产业自由的存在，不可采取

---

① 黑格尔：《法哲学原理》，邓安庆译，人民出版社，2016，第369页。

将普遍福利置于危险境地的方式。"①其次,在衡量如何同时满足这两者时,还需要一些对当下的情况的观察和了解。"这一切都因习俗、整个国家制度的精神、当时状态、目前危险等等给予了更为细致的规定。"②因而关于警察的职权之宽严,我们或许根本就不必寻找标准,而只应观察和尊重实情。

第三节 需要的体系:自下而上的合法化

第一章第三节提到,青年时期的黑格尔就对经济学的问题非常感兴趣,并且为劳动和分工赋予了一种哲学上的意义。也就是说,他将劳动理解为特殊的人的自由意志外化的方式,将分工理解为人与人联结成有机的共同体的方式。因此它也是人自己的本性的外化和对动物式的直接欲望的驯服。但随着需要越来越精致化,必须得到满足的就不再是直接的需要,而是更为社会化和特殊化的"意见"。为了满足这些"意见"和复杂的需要,为它服务的手段也就细分和繁复起来,特殊化了的需要所带来的是特殊的劳动手段的分工。广泛的分工则带来了"机巧",也就是说,人不再需要自己劳动,而能够通过机器来代替自己劳动。但这同时也是人的异化的开端:在机械化的劳动中,人不再能够从产品中发现自己的本质,而变成了自己劳动的奴隶,反而失去了自由。

但黑格尔在《法哲学原理》中,对"自由"本身有了不同的理解。他认为,应该将实际存在的社会机制也纳入自由的标准中。也就是说,"不仅是个人的意图应该去满足这一自由的标准,即意图的形成

---

① 黑格尔:《法哲学原理》,邓安庆译,人民出版社,2016,第371页。
② 同上,第369页。

不受到任何外在的影响,而且外在的社会现实也应该去满足这一自由标准,即社会现实是自由的"①。黑格尔希望从这一视角出发,对现实的机制进行重构,找出社会中究竟有哪些机制,对于社会关系的再生产和改良来说是具有结构性意义的,是体现出社会现实中的自由和伦理因素。黑格尔希望证明,现代人生活于其中的市民社会是一个劳动、满足需要和相互承认的场所,它一方面固然是一个片面的商品社会,这种片面性是需要批判的;但市场本身又提供了一种新的、现代的承认关系,并且为人的自由开拓了新的可能性。因此在《法哲学原理》中,黑格尔就不再满足于批判,而是从上述角度出发,对具体的社会进行重构,也即将它理解为一种为了实现具体的自由而合理地组织起来的共同体,并且这一共同体还具有对自身内部的问题(主要现代化的生产方式和分工所带来的贫困问题)在一定程度上进行纠正的能力。

一、具体的社会:分工和等级

黑格尔认为,普遍的分工和由此带来的一切人的相互依赖,是一种"普遍而持久的财富"。"这种财富对每个人说来包含着一种可能性,使他通过教育和技能分享到其中的一份,以便能为他的生活提供保障;另一方面通过他的劳动所中介的所得又保持和增加了普遍财富。"②但问题在于,个人对财富的分享始终是一件"特殊"的事情,它一方面受到资本的制约,另一方面也受制于个人的教育程度和技能——而受教育的机会和技能也同样最终受制于资本,再加上个人之间难以避免的天赋差异,其后果就是各个人的财富和技能上的不平等。

---

① 霍耐特:《自由的权利》,王旭译,社会科学文献出版社,2013,第73页。
② 黑格尔:《法哲学原理》,邓安庆译,人民出版社,2016,第342页。

黑格尔认为,市民社会在扬弃人的自然不平等之前,倒是首先应当从"精神"的层面落实这种不平等。也就是说,在假设的"自然状态"中,人的不平等主要体现在自然的体力和智力上的差异。在市民社会中,这种自然的不平等显得不再重要,市民社会中首要的不平等是技能和财富上,甚至在理智教养和道德教养上的不平等。① 关于这种根本的不平等现象的问题,以及它与贫困之间的恶性循环关系,将在"三、如何解决贫困?从家庭内部救助到社会救助"中详细讨论。目前我们先讨论黑格尔对作为正常的社会分工的"不平等"即"等级"的论述。黑格尔看到了,"不平等"并不一定意味着对"较低的"等级的现实压迫,它也有某种无关乎力量强弱对比,因此也就无关乎道德判断的含义,也即只是意味着劳动分工之"不同",以及随之而来的不同行业的人群在风俗习惯上的"不同"。在黑格尔看来,社会中固化的强弱之分和弱者的赤贫是社会的痼疾,但这并不意味着要抹杀并不带有歧视意味的"不同"。

---

① 一般来说,我们容易承认技能和财富上的不平等是一个现实;在很大程度上我们也会承认教育水平的不同确实会让人产生"理智教养"上的不平等。可是谈论"道德教养"上的不平等,却似乎是一个敏感得多的话题。也许是因为在很大程度上我们都接受康德对道德的看法:道德本质上是一种与先天的东西,与经验无关。从积极的角度讲,内心的道德律能让人在哪怕最困能的情况下都作出合乎道德的选择;而从消极的角度讲,这样一种观点也让我们有意忽视了,具体的经验、日常的生活境况对人的道德感和行为方式可能产生的影响。事实上我们必须注意区分"道德"与"文明",有些我们称之为道德的事情,也许都应归为"文明",它们更多是与经验、习惯和教养程度高度相关的。只有在退无可退的极端情况下,人的行为才诉诸康德所说的道德的形而上学根基。而在更为"日常"的事务中,"文明"才是问题的关键。事实上,是"文明"的水平,而非"道德"的水平,决定了一个社会在多大程度上是有秩序的。而在黑格尔那里,所谓"道德教养"上的不平等,一方面指的是"文明"层面的"不同",也即不同文化背景的人有不同的价值追求,这种"不同的价值追求"并不涉及康德意义上作为人之为人的自由意志和道德。但另一方面,黑格尔又在道德的严格意义上谈论极端贫困对人的最为基本的道德感的损害。关于这一方面的内容,将在后文中详述。

1. 依据分工而形成的等级

黑格尔并不认为,这种"不平等"必定意味着人被分为孤立的单子了,也不意味着社会就一定会成为"所有人反对所有人的战场"。他认为,这种不平等,其实有着内部的合理结构,即等级。"无限多样化的手段及其同样无限地自我限制在相互生产和交换上的运动,由于其内容中固有的普遍性而集合起来,并自我区分为各种普遍的集团;结果就使得整个关系构成为需要、及其手段和劳动、满足的方式和方法、以及理论教育和实践教育等各方面的特殊体系,即个体分属于其中的体系,这就形成了等级的差别。"①

值得注意的是,黑格尔并不认为等级仅仅是一种柏拉图意义上的自然的和政治的区分,而是从生产的分工中派生出来的东西,并且它们之所以都在社会中占有一席之地,也不是由于它们在政治权力的分配中处于不同的地位,而是因着它们在生产活动中不同而又互相平等的分工,才受到普遍的承认。伊丽莎白·维瑟-洛曼(Elisabeth Weisser-Lohmann)认为:"社会中的等级并不能理解为一种自然而然地给出的东西,黑格尔更希望做的是,从确定的原则、需要、劳动和承认中推出这些稳定的等级。"②

黑格尔认为,社会中根据劳动分工的不同,可分为三个等级,分别是实体性的等级、产业等级和普遍等级,它们的区别和团结都是具有伦理性的。

(1) 实体性的等级

实体性的等级指的是农业等级。实体性的等级以它所耕种土地

---

① 黑格尔:《法哲学原理》,邓安庆译,人民出版社,2016,第342—343页。
② Elisabeth Weisser-Lohmann, *Rechtsphilosophie als praktische Philosophie: Hegels Grundlinien der Philosophie des Rechts und die Grundlegung der praktischen Philosophie* (München: Wilhelm Fink Verlag, 2011), p.222.

的自然产物为它的财富。黑格尔认为,由于这一等级的劳动一般说来是非常依赖固定的季节和自然气候的,因此它倾向于一种"不大需要以反思和自己意志为中介的生活方式"①。同时,由于农业生产非常依赖土地和人群的合作,因此它自然而然地就形成了一种以直接的家庭关系和信任为基础的伦理,这也是黑格尔称它为"实体性的等级的原因。这样一种生产方式和与之对应的伦理理念,主要是"前现代"的。在现代社会固然也需要农业,但现代社会中起主导作用的生产方式和生活观念已不再是"实体性的"。

(2) 产业等级

产业等级指的是各种手工业和大型工业。产业等级不直接耕种土地和取得收成,而是对自然物进行进一步的加工制造。这一等级的劳动所主要依赖的不再是自然界的气候或其他外部条件,而更多地依赖于"技术",即人自身的智慧。因此黑格尔认为产业等级"赖以为生的手段在它的劳动上,在反思和理智中,乃至本质上是以他人的需要和劳动为中介而取得。"②的。这一等级更倾向于将它的生产和它的利益,都主要归功于它自己,即它本身的活动,因此它是更加体现"现代社会"特征的等级。

(3) 普遍等级

在黑格尔那里,普遍等级是指"以社会状态的普遍利益为其职业"的等级。也就是说,这一等级相比于前两个等级具有某种特殊性。这种特殊性首先体现在,它的职业并不是直接的劳动和生产,而是对普遍利益进行照料。其次则体现在,它的利益也并不完全是"自己的"利益,而是区分为两个层次:普遍等级的成员作为他自己这个

---

① 黑格尔:《法哲学原理》,邓安庆译,人民出版社,2016,第343页。
② 同上,第345页。

个人,当然是关心自己的私人利益的;而他作为等级的成员的公共身份,则是关心社会的普遍利益的。因此,黑格尔认为,对于这一等级,"必须使它免于参加直接劳动来满足需要,它或者应拥有私产,或者应由国家给予待遇,以补偿国家所要求于它的活动"①,这样,才能够保证他们的基本私人利益得到足够的满足,因此能够在作为等级成员的工作中具有某种"大公无私"、能够专心关照普遍利益。

我们可以看出,等级首先直接地是基于劳动方式的不同而自然形成的分工。施密特·安·布许认为,通过等级,黑格尔为英国古典政治经济学中关于劳动分工自然就符合共同利益的说法提供了论证。我们能够在等级中看到,分工确实是一种"所有人为所有人劳动"(Die "Arbeit Aller und für Alle"),因为这种分工是以法权为中介建立起来的,是社会性的普遍承认的体现:"在'直接的承认状态'的基础上,就发展起了一种个人的共同劳动。"②黑格尔正是在这一意义上提出了"抽象"劳动的概念,"和'具体的劳动'中的情况不同——具体的劳动指的是,为了满足特定的人(劳动者本人或他的家人)的需要而进行的劳动;在'直接的承认状态'所构成的等级的基础上的劳动,是为了某一种抽象的需要而劳动——劳动者有理由相信,我的劳动是能满足(随便哪一个个人的)需求的。尽管这个劳动者并不知道,他的产品究竟是否或在何时何地,满足了哪个人的需求。在等级的产品中,所存在的是一种对于产品将被潜在的消费者所需要的预期"③。在这里,这种"预期"由于有了等级为依托,就不再是一种让劳动者感到迷惑的"庞大而无法理解的社会"和"看不见的手",而成了

---

① 黑格尔:《法哲学原理》,邓安庆译,人民出版社,2016,第345—346页。
② Hans-Christoph Schmidt am Busch, *Hegels Begriff der Arbeit* (Berlin: Akademie Verlag, 2002), p.63.
③ 同上,第68页。

一种"看得见的"预期。

2. 社会的基础：从农业等级到产业等级

黑格尔认为，"等级"并不仅仅与生产和劳动有关，它还实现着社会的细化和具体化。因此，等级的生产方式所暗含的行为和性格特征，其实会深刻地影响整个社会的组织方式、政治哲学，乃至基本伦理原则。从这一意义上看，"现代"社会之不同于古代，其重要原因在于，在古代社会中，农业等级是最为重要的，整个社会的伦理都为这一等级的生活方式所塑造；而现代市民社会的中心则是产业等级，它的整个伦理原则也须根据产业等级的生活方式和思维方式，找到新的基础。

黑格尔认为，在现代世界中产业等级已经成为一种不可忽视的力量，并且对传统的基于农业的政治哲学形成了挑战。但如果我们考察历史就会承认，农业曾经是国家的开端和基础。首先是因为农业使人能够征服自然和土地，并在此基础上形成了私有制。其次也是更为重要的则是，农业的所带来的依附于土地的生活方式驯服了人自身：它使人的生活方式从游牧状态转变为具有稳定的所有权关系的"静止状态"，并使需要的满足得到了长期而稳定的保证。与此同时，基于土地的所有权的稳定也带来了婚姻的稳定，大家族得以建立起来，并扩大为一种持续的、普遍的联盟。因此，个人的具有偶然性的占有也成了家族的共同产业，在此基础上，政治权力找到了它固定的根基。

因此，黑格尔不仅仅是从劳动和经济的角度理解"农业"的，他还看到了这一产业所代表的"情绪"和伦理原则。总的来说，以农业为主导的社会所遵循的是一种"被动"的生活，他们以直接的感觉接纳所给予的和所领受的东西。因此他们也是自然地倾向于具有宗教信仰的，将他们所接受的东西视为土地或上帝的赐予、感谢这种恩赐，并在虔诚信仰中生活。因此对农业社会来说，对恩赐的"接受"和对上帝的"虔诚"是首要的美德，这一特征在很大程度上奠定了古典的政治哲学的基本原则。于是黑格尔也看到，农业及其背后的原则在现代所遇到的挑战。前文中我们已经提到，农业本身已经不是社会中最重要的产业和权力传递的依托；在《法哲学原理》中黑格尔更是看出，农业本身的经营方式也在模仿产业等级的那种理智的和反思的方式："在我们时代，经济也像工厂一样根据反思的方式经营，因此它具有了违反其自然性的第二等级（产业等级）的性格。"①

而产业等级的则从一开始就倾向自由和自治。黑格尔认为，产业等级与现代的主体性原则更为看重在共同体中对所有人都一视同仁的法律，而非看重贵族式的忠诚原则。"在产业等级中，个体都依靠自己。这种自我感（Selbstgefühl）跟建立法治状态这一要求有最密切的联系。因此，对自由和秩序的感觉主要是在城市中发生的。与之相反，第一等级很少想到自己。它所取得的是外界的即自然界的恩赐。在它那里这种依赖感是首要的；与此相连的是容易产生那种由人而来的逆来顺受的倾向。因此，第一等级比较倾向屈从，第二等级则比较倾向自由。"②

此外，黑格尔认为，第二等级摆脱了对土地的依赖，不需要依赖于大家族，而能够独立地拥有只属于自己的财富。因此从财富的享有方式即所有权的角度看，相比于第一等级，第二等级才是"现代"的。他在《基督教的精神及其命运》中就说道："每个犹太人属于一个家族，因为他享有一份家族的土地，而这片土地一个家族并不能说是

---

① 黑格尔：《法哲学原理》，邓安庆译，人民出版社，2016，第344页。
② 同上，第345页。

它自己的。这片土地只是出于恩赐而给予这个家族的。"①正因如此，黑格尔认为，犹太人处在一种个人依附于家族的状态，他的财富"不能说是它自己的"；每个家族又依附于某种"恩赐"，而不被理解为他自己的劳动所得和合法占有，因此这种财富类似于某种"借来的东西"，生活在这样的状况下的人也是"没有独立自存的能力的"。现代第二等级对于财产权的观念的优越之处就在于，它将财富理解为依靠自己的劳动获取的，而不是靠着自然、土地、家族、神，或其他任何外在的东西的恩赐，因此人们可以生活得自由而有尊严。能够承载这样一种对待财富的观念的，也只有"现代"的国家，而不可能是传统的土地贵族式的国家。

二、对经济关系之体系的批判：贫困问题

黑格尔除了如其所是地对市民社会的需要体系进行描述之外，更对其中的经济原则走向片面的极端化之后的恶果进行了批判。他的批判也构成了马克思的思想的先声。他在《法哲学原理》中对经济关系之体系的批判，并非按照任何外在的标准（如道德）进行，而是着眼于市民社会的经济运行中的内部问题。他从以下两个方面出发：第一，经济运行的目的是满足特殊性的需要，而需要必定会变得越来越复杂和越来越膨胀，变成无限的欲望；第二，无限的欲望造成的结果是，富人为了满足自己的贪欲而强迫穷人为自己工作、攫取更多的财富，而穷人则被压迫得越来越贫困，于是贫富急剧分化，而社会内部无法解决这个问题，甚至不愿正视这个问题。

1. 需要的精致化和奢侈的必然性

黑格尔认为，"奢侈"并非某种可有可无的和可以克服的"缺点"，

---

① 黑格尔：《黑格尔早期神学著作》，贺麟译，商务印书馆，1988，第296页。

相反,它本身就是来源于人的本性的——或者说,是作为精神的存在的人在某一阶段中的必然表现。正因为人是一种精神性的存在,所以他的需要与动物不同,他不能也不该只把生存下去作为自己唯一的需要,而是必定会产生更多、更精致的需要。比方说,为了生存下去,人只需吃饱就够了,但人却不满足于吃饱,还需要不吃生的食物,而对它加以烹调,黑格尔认为,这种对需要的精致化源于人的精神性。人必须从对"需要"的动物性的满足走向对人类所特有的"欲望"的满足。"欲望"可理解为一种社会性的需要,或者说,是由其他人的判断所规定的需要。在这里,"趣味和有用性成为判断的标准,因此需要本身也受其控制。必须得到满足的,终于不再是需要,而是意见了"①。直接的生存需要,越来越掺杂了用途和趣味②,这也使得满足需要的手段也变得复杂。进一步说,满足需要的手段本身也变成了一种需要:"为了特异化了的需要服务的手段和满足这些需要的方法也细分而多样化起来了,它们本身进而变成了相对的目的和抽象的需要。"③

于是就产生了一个矛盾:复杂而且无限膨胀的欲望,一方面是人类的精神和意志的体现;另一方面却也是一种永远无法满足的"恶的无限"。这种无限的需要就集中表现在满足需要的领域中,也即表现在市民社会中。黑格尔指出,在当时市民社会最为发达的英国,社会

---

① 黑格尔:《法哲学原理》,邓安庆译,人民出版社,2016,第338页。
② 黑格尔已经隐约看到,"趣味"的重要性,而这一点在之后的思想家那里得到了进一步的发展,许多人将这一点作为现代性批判和资本主义批判的出发点。其中最具代表性的是布尔迪厄的观点。他指出,所谓文化品位、生活趣味等貌似只与满足需要的消费或个人的审美相关的概念,事实上源自于不同阶层之间隐蔽的斗争,它所反映的是社会的区分与差异,而对"趣味"的消费又反过来再生产了这种阶层区分与差异。(皮埃尔·布尔迪厄:《区分》,刘晖译,商务印书馆,2015。)
③ 黑格尔:《法哲学原理》,邓安庆译,人民出版社,2016,第338页。

的运转就被这种无限膨胀的需要绑架了。"英国人所谓 comfortable[舒适的]是某种完全没有尽头而要无限进展的东西,因为每一次舒适又重新表明它的不舒适,然而这些发现是没有穷尽的。因此,需要并不是直接从具有需要的人那里产生出来的,它倒是那些企图从中获得利润的人所制造出来的。"①黑格尔敏感地意识到,这就产生了奢侈。当需要彻底不再是从有需要的人那里产生出来,而是被希望从中获利的人制造出来时,资本的逻辑就彻底压倒了人的逻辑,最终被满足的不再是任何必须的或精致化了的需要,而是对利润的需要。在对利润的追逐中,总是更大的资本能够产生更多的利润、更多的利润又反过来加强了资本的量和它的力量,用马克思的话来说,能够占有更多的剩余价值。事实上,黑格尔对这一点已经有所预感,他说,"这同样是依附性和贫困无限增长的趋向"②。

2. 必然的贫困:马尔萨斯的观点

事实上,在 19 世纪,主流的经济学家都倾向于认为,社会中底层人群的贫困是一件无法避免的事情。但他们认为,贫困的原因则并不是生产方式和社会制度有什么问题,而只能归结为穷人自己的懒惰和生育过多;并且国家的干涉只会让穷人的处境更加糟糕,甚至还会连累社会中的其他成员。最为典型的是马尔萨斯的看法,他认为:"人口若不受到抑制,便会以几何比率增加,而生活资料却仅仅以算数比率增加。懂得一点算数的人都知道,同后者相比,前者的力量多么巨大。"③因此,人类社会就必定会陷于这样一个恶性循环:当生活比较富裕后,人口就开始大量增殖,于是必然造成食物短缺,迫使一

---

① 黑格尔:《法哲学原理》,邓安庆译,人民出版社,2016,第 338 页。
② 同上,第 340 页。
③ 马尔萨斯:《人口原理》,朱泱、胡企林、朱和中译,商务印书馆,1996,第 6 页。

部分人饿死、幸存者也迫于生存压力而减少繁殖。① 而如果一个国家人人生活优裕,且道德风气良好,那么人口自然就会大量增殖,这又必定会造成食物短缺。于是,无论经济状况如何,周期性的贫困都会一再重演,世界上也势必有一部分人陷于濒临饿死的赤贫境地。

马尔萨斯将这一问题视为必然的,因此他认为,国家如果想要对社会的经济运转加以干预、想办法改善穷人的处境,其结果非但不能解决问题,反而会让情况变得更糟糕。马尔萨斯通过批评1601年英国皇室颁布的《伊丽莎白济贫法》所产生的负面效果,去说明他为什么认为国家的干预和救济是无效的,甚至是会起反作用的。他认为,国家的干涉之所以会出现"越帮越忙"的恶果,原因有以下两条:首先,整个救济本身就是违背人口增殖力和土地生产力的比例规律的。他认为,《济贫法》在一定程度上改善了穷人的处境,因此往往使人口趋于增长,但养活人口的食物却不见增长。"所以在某种程度上可以说,是济贫法在生产它所养活的穷人。"② 其次是因为,马尔萨斯认为,对穷人的救济是在抢夺勤劳者的资源,因此是在变相地鼓励懒惰。济贫所带来的经济压力往往大部分都被转嫁到了底层劳动者身上,而非由富裕者负担,这些底层劳动者本来就已经处在贫困的边缘了,

---

① 卢卡奇在《青年黑格尔》中说过,黑格尔在青年时代仔细地阅读过英国经济学家斯图亚特的作品。事实上,斯图亚特在《政治经济学原理的研究》一书中就已经详细地论述了人口问题。"他认为,一切动物——包括人类——增殖的基本原理首先是生殖,其次是食物,生殖赋予生存,食物则维持生存。动物数量的多少是存在着规律的,它要和土地提供的食物成比例。……人的生殖力如同载有重量的弹簧,它的伸张总是与阻力的增减成反比。当食物暂时没有减少时,生殖数量会尽可能提高;如果以后食物减少,弹簧被压得过重,生殖力就会弹到零点以下,人口至少将按照超重的比例减少。"(参见《人口原理》,第12页)我们有理由认为,斯图亚特的这些观点不仅仅被马尔萨斯所接受和发挥,事实上它也影响了黑格尔对社会经济体系的理解。
② 马尔萨斯:《人口原理》,朱泱、胡企林、朱和中译,商务印书馆,1996,第33页。

他们的处境只是比济贫院中的人稍稍好一点而已。一旦这群人本应享有的财富份额被已经被纳入"济贫对象"的人抢走,他们很快就会自己也陷入贫困。因此马尔萨斯认为,济贫的结果,是迫使更多的人依赖救济为生。

因此,马尔萨斯形成了一种对穷人十分冷酷残忍的观点:"应该形成一种风气,把没有自立能力而陷于贫困看作是一种耻辱,尽管这对个人来说似乎很残酷。对于促进全人类的幸福来说,这种刺激似乎是绝对必需的,任何削弱这种刺激的企图,不论其用意多么好,总是会产生事与愿违的结果。如果某些人根本没有可能自立,根本不可能养家糊口,只因可以指望得到教区的施舍,便结婚成家,那这些人就是受了不正当的诱惑,不仅会给自己和家人带来不幸,生活不能自立,而且还会不知不觉地损害同阶级的所有其他成员。"[1]

最后,马尔萨斯得出的结论是,我们只能将贫穷归咎于穷人自己,而不能将它归咎为不正确的经济制度。因此,我们也没有必要和可能,将"仁爱"的原则渗透进只尊崇"自利"原则的经济制度中,因为这样做根本不可能改善贫困这一根深蒂固的必然现象。他批评那些主张通过改良制度消除贫困的做法:"葛德文先生在全书中所犯的一个重大错误,是将文明社会中所有的罪恶和贫困都归咎于人类制度。在他看来,政治制度和现存财产制度是一切罪恶的重大根源,是使人类堕落的所有罪行的温床。……但事实真相是,虽然人类制度似乎是造成人类许多灾祸的明显和突出的原因,但实际上它们是不重要的、表面的原因,同使源泉污浊、使全部人类生活的水流浑浊的那些根深蒂固的不洁原因相比,它们只是漂浮在水面上的羽毛。"[2]因此,

---

[1] 马尔萨斯:《人口原理》,朱泱、胡企林、朱和中译,商务印书馆,1996,第34页。
[2] 同上,第69页。

马尔萨斯对人类社会抱有某种近乎宿命论的悲观,他认为所谓的"美好制度"和"幸福生活"只是一种幻想而已。

3. 根源于社会结构的贫困——黑格尔的观点

在黑格尔看来,贫困的根源却是社会结构的问题。根据他的分析(事实上马克思对这一问题的分析是与黑格尔非常相似的),"导致贫困的不是市民社会的故障,而是自由市场本身的顺畅运行"①。阿文内利(Avineri)认为,黑格尔看到了,"市民社会本身的经济扩张带来了社会的两极化,并使它不断增强"②。黑格尔和马克思一样,将贫困的根源归结为生产的过剩:"现代意义上的贫困,是由工业化的过度生产造成的,这种过度生产没法为自己找到足够的具有消费力的消费者去购买市场上的商品。"③也就是说,当市民社会处在顺利展开活动的状态时,"一方面财富的积累增长了,因为这两重普遍性可以产生最大利润;另一方面,也正是在这另一方面特殊劳动的细分和局限性,从而束缚于这种劳动的阶级的依附性和贫困化,也愈益增长"④。这两者必定是同步增长的。因此,黑格尔已经清楚地看到,除了由于个人偶然的不幸所造成的贫困之外,还存在一种结构性的贫困和结构性的失业。而这一结构性的问题恰恰是市民社会所必须要求的自由、公平但又无序的竞争的必然后果。在黑格尔看来,"有产者的自由会产生贫困,它内在于有产者的自由的逻辑"⑤。也许在古

---

① 斯蒂芬·霍尔盖特:《黑格尔导论:自由、真理与历史》,丁三东译,商务印书馆,2013,第321页。
② Shlomo Avineri, *Hegel's Theory of the Modern State* (Cambridge: Cambridge University Press, 1972), p.148.
③ 同上,第149页。
④ 黑格尔:《法哲学原理》,邓安庆译,人民出版社,2016,第374页。
⑤ 斯蒂芬·霍尔盖特:《黑格尔导论:自由、真理与历史》,丁三东译,商务印书馆,2013,第321页。

代世界也存在贫困的现象,但黑格尔认为,唯有在现代社会,贫困才成为一个社会本身所固有的问题。当市民社会刚刚开始快速发展时,生产过剩的问题将尤为突出,并且,此时可以照顾贫弱者的社会结构失效了,新的结构却还没有形成,因此在这一阶段,贫困问题尤其是位于市民社会核心的"痼疾"。

黑格尔指出,想要根除这种结构性的贫困几乎是不可能的,一方面,黑格尔不认为回到抽象的财产平等是一种可行的方法,并且认为这种方式从根本上就违背了现代人好不容易争取到的自由和自尊。他认为,如果由富有者阶级出资,或直接运用其他公共财产中的资金去维持贫困人群的基本生活,那么,穷人用不着以劳动为中介就可以为生,其实是在客观上剥夺了穷人以有尊严的方式与自然界他人打交道、维持自己的生活和自我意识的机会。黑格尔认为这是与市民社会所最为主张的个体性原则以及个人的独立和尊严相违背的。另一种方式则是通过更多的生产来提供更多的工作、创造更多的财富,但这种策略又会造成生产过剩。前面已经提到,贫困的根本原因恰恰是由于,需要不再是人自己的需要,而是为了追逐利润而制造出来的奢侈的需要。因此黑格尔认为:"正是在这种产量过剩(或者更清楚地说,由于缺乏合乎正当比例的消费者)中存在着恶,上述两种方式都使这种恶更加扩大化。"①总之,不论是直接救济的方法还是提高生产增加工作机会的方法,都只会让灾难越来越扩大。因此黑格尔看到,过剩和贫困的并存,是市民社会本身的痼疾:"尽管财富过剩,市民社会总是不够富足的,这就是说,市民社会所占有而真正属于它的财产,总是不足以用来防止贫困的过度和贱民的过度产生。"②

---

① 黑格尔:《法哲学原理》,邓安庆译,人民出版社,2016,第 375 页。
② 同上。

4. 贫困作为"不法"

黑格尔对贫困的反思中,尤为深刻的地方还在于,他看到了极端的贫困有可能破坏个人的道德感,甚至动摇共同体的合法性。黑格尔说,贫困所造成的不仅仅是个人经济上的困境,更会破坏赤贫者的道德,使他们成为"贱民":"当广大群众的生活降到某种生存水平——作为自发调整为社会成员所必需的水平——之下,从而丧失了通过自食其力的劳动所获得的这种正当、正直和自尊的感情时,就会产生贱民,而贱民之产生同时又再次导致不平均的财富更容易集中在少数人手中。"[1]值得注意的是,黑格尔认为,贫困自身并不使人就成为贱民,"贱民"也并不直接等同于贫困者,因为从根本上说,"贱民"的含义并非经济上的,而是政治上的,"贱民只是决定于跟贫困相联系的情绪,即对富人、对社会、对政府等等的内在愤怒"[2]。也就是说,陷于赤贫的个人之丧失尊严、勤奋劳动的动力和能力,直到最后丧失自尊心这一悲惨的现象,从根本上说是在拷问整个市民社会所围绕着运转的那一经济原则的正当性,是对社会和政府的内在矛盾的反抗。

这种道德的败坏所危及的整个社会的正当性——或者说,正是贫困问题,将片面的市民社会所内部固有的矛盾和非正当性公开地表现出来。由于市民社会本身无法解决贫困问题,所以这一问题就成了社会中的"败坏的东西",它必然表现为某一些成员的"道德败坏"。这种败坏虽然首先使贫困者受害,但它的根源却并非贫困者本人的过错,而是社会的内部矛盾。因此黑格尔说,"在社会状态中,匮乏立即采

---

[1] 黑格尔:《法哲学原理》,邓安庆译,人民出版社,2016,第374页。
[2] 同上。

取了不法的形式,而强加于这个或那个阶级"①。也就是说,在现代市民社会中,贫困本身就是"不法",是社会的内部矛盾的体现,而赤贫阶级则无可避免地体现为这一"不法"的逻辑阶段的具体定在。

其次,贫困问题让现代社会苦恼的第二个重要原因在于,现代社会尚未发展出成熟的救助贫困者的组织和制度。在古代社会,经济以大家族为单位运行,而家族中的血缘亲情纽带让人们天然就会愿意照顾贫弱者,并且大家族也有足够的力量对贫困的和失去劳动力的人进行救助。但在现代社会,不再有作为生产组织的大家族,现代的"家庭"不过是私人的爱情的载体而已,它在经济力量上几乎和单独的个人一样弱小。正由于市民社会瓦解了作为生产组织的大家族,使家庭丧失了它在救助贫困者方面的能力和义务,因此它也似乎在无形中作出了某种承诺:既然人在世界上的首要身份不再是家族中的一分子,而是市民社会中的成员,那么市民社会也就需要像家族所曾经承担的那样,承担起对它的成员的责任。然而,从"无形的承诺"到切实有效的帮助,却还有很长一段路要走。

综上所述,贫困是现代市民社会内部的必然矛盾,并且它带来的道德堕落几乎可以让整个社会都面临反叛和瓦解的危险;但现代又失去了古代对贫困者进行救助的手段,因此,黑格尔说:"如何救济穷人,消除贫困,这个重要问题,是推动现代社会发展的一个主要问题,也是让现代社会为之苦恼的一个主要问题。"②

三、如何解决贫困:从家庭内部救助到社会救助

那么,黑格尔认为究竟该如何应对这一推动现代社会并使它感

---

① 黑格尔:《法哲学原理》,邓安庆译,人民出版社,2016,第 374 页。
② 同上,第 374 页。

到苦恼的问题呢？黑格尔认为，市民社会已经取代家族而成为将人群聚集起来的基本方式，因此它必须将自己的成员真正视为自己的成员并承担他们所可能遭遇的贫困问题。更何况，只有在市民社会中，贫困才真正是一个"社会问题"而非偶然的和个人的不幸；正因为它是社会本身固有的问题，它的解决方法也就必须从社会内部的结构中去寻找。

1. 关于平等的观念、家庭救助和慈善事业

首先需要明确，黑格尔并不认为"平等"是一个应当运用到社会的具体经济活动中的原则。或者说，黑格尔对"平等"的强调，仅限于认为就每个人都有自由意志这一点而言，这个人的自由和自主，与另一个人的自由和自主是没有高低之分的。可是，自由意志恰恰需要将自己实现出来、要求个性和差异化。市民社会正是一个特殊性充分发扬和展现的基地，为了追求表面上的财富数量的平等，而损害了自由意志层面上的平等，这在黑格尔看来是不可取的。

但黑格尔也不认为，社会就可以因此放任贫困存在。他完全不同意上面提到的马尔萨斯所说的，贫困完全是穷人"自己的错"，于是国家应该不作为，并且如果想要通过公共的力量济贫只能是越帮越忙。洛苏尔多认为，这也是黑格尔和自由主义者的根本不同："根据自由主义思想学派，个人是反对政治干预他不可侵犯的私人领域的所有者。相反，黑格尔头脑里想着的是平民，或潜在的平民，这些人赞成在经济领域的政治干预，以保障他们的生计。对前者来说，要捍卫的是资产阶级的独立性，或者是贵族和资产阶级的独特性；而对后者来说，要捍卫的乃是平民的独特性，或潜在的平民的独特性。前者所攻击的抽象的普遍性乃是指国家，可能成为无产者的工具的政治力量；而后者所攻击的抽象的普遍性则是指认可现存所有权关系的

市场规律。"①

黑格尔倾向于主张,既然人就其本质而言是特殊性原则,而在现代,特殊性原则又刚好是在市民社会中找到了觉醒和抒发自己的力量的场所,那么它所产生的问题,也是就其本质就会发生的内部矛盾,那么市民社会就在面对和解决这个难题上当仁不让。从中我们可以看到黑格尔对"公共干预"的看法。自由主义者们会认为,公共干预从本质上讲是对自由的约束;而黑格尔所认为的自由却是一种每个人都实现自身的权利的自由,因此,当贫困威胁到人的基本生存和自尊时,当然就侵犯了他们的自由,于是黑格尔便认为,公共干预是完全合理的。即使如此,"公共权力机构的角色不是要约束企业或造成收入上的强制平等,而是要确保机会平等,确保公共财富对所有人都是开放的"②。在黑格尔看来,一个健康的伦理国家,必须不仅仅保障公民的权利,也应当保护他们的福利。

那么对贫困的救助究竟应该采取怎样的方法呢?首先,黑格尔排除了家庭救助。关于这一点在"贫困作为'不法'"一节中已经有所讨论,在此不再重复。其次,也是很重要的一点是,黑格尔认为,贫困的救助也不该依赖道德,它不该是个别慈善家的事业。尽管对贫困者的同情是一种善意的本能,但个人的善意毕竟是一件具有偶然性的事情,而对穷人的帮助,实质上却是共同体对特殊性原则的保护,它是一件具有伦理性和普遍性的事情,完全应当由共同体出面进行。只有当共同体无能或故意不作为时,才会让穷人不得不求助于私人的救助。因此黑格尔说,对在济贫方面,越是完善的社会,就越不会

---

① 洛苏尔多:《黑格尔与现代人的自由》,丁三东等译,吉林出版集团,2008,第104页。
② 斯蒂芬·霍尔盖特:《黑格尔导论:自由、真理与历史》,丁三东译,商务印书馆,2013,第313页。

依赖个人的慈善事业。并且,黑格尔也提道,"贱民"的最大问题和最令人痛心之处,其实是极端贫穷所造成的道德堕落,穷人如果丧失了勤奋的勇气和自食其力的尊严,并因此对整个社会都产生了仇视和反叛的态度,这才是对个人和对社会最为有害的事。接受公共的救助,并不会对受助者的尊严增加伤害,因为帮助是来自伦理实体的,并且这种帮助所隐含的意图,是想让受助者振作起来后重新过上独立和有尊严的生活;但接受与自己平等的私人的慈善施舍时,即使施予者完全是出于善意,都毕竟暗含着损害受助着的尊严的可能性。

2. 来自市民社会内部的救助:警察、同业公会和紧急避险权

因此,黑格尔努力从市民社会的内部结构中去寻找一种公共、公开的救助的可能性。他最终在警察和同业公会中找到了一种合理合法且行之有效的方法。

首先我们来看一下"警察"。在黑格尔看来,警察在济贫方面的作用,是一种"救急"。在前文中已经提到了,"警察"在德语中和在黑格尔的语境中,不只是与刑法有关的事务,也非单纯的国家机关,而是市民社会内部自发的、为公共利益服务的组织。因此,大到与刑法有关的犯罪活动、平衡生产者和消费者之间的利益等等,小到路灯、搭桥、日常必需品价格的规定和卫生保健,都是警察所应该负责的事情。自然,黑格尔对于否定警察的职权之合理性的彻底的自由主义,和对于由公共机关来供养全体市民和规定全体人的劳动这两个极端,都是非常反对的。黑格尔心目中的警察,必须做到某种灵活和平衡。因此,黑格尔认为,警察在济贫方面的职责并非限制自由交易达成财产平分,而是通过一定的立法、设立一些专门机构和设施,对处于极端贫困和面临迫在眉睫的困难的人们提供直接的救助,例如设立济贫院等。

其次，我们看一下同业公会在济贫中的作用。黑格尔认为，同业公会是一个有可能针对贫困的真正根源作出相应措施的机构。黑格尔承认，没有什么简单易行的办法能够解决结构性的贫困。但既然他认为贫困的根本原因是有产者追求生产和财富最大化而造成的生产过剩，那么针对这一原因就能找到某种解决的"方法"（尽管并不是最终的答案），也即通过同业公会内的协商，避免生产过剩。同业工会必须对产量作出估计和协调，使业内的生产者们不要盲目地依赖需求的波动或生产效率的偶然状况。并且，工会还应当采取措施以保证生产机会在本行业内部得到公平的分配，使生产者和商家无需恶性竞争。因此，防止过度生产所必要的措施就可以由生产者自己通过协商来采取，于是人们也就更容易看到，这些措施是符合所有人——至少是本行业工作者的利益和尊严的，而无需国家来强制干涉。黑格尔认为，如果国家善于培育同业公会的组织能力和责任感，那么根本无需外在的"干预主义"，就能够在行业内部形成自发地调节生产规模的行为，并且这种调节并不仅仅是以利益最大化为目标的，而可以在最大程度上以个人权利和公共福利的一致为目标。由此，生产力的提高才不至于必然就是破坏性的。

同时，同业工会还能够成为每一个具体的个人的私人利益的依托和保护者。"每个人的自利最终与公共福利相一致"看似是一个非常抽象的说法，但它能够在同业公会中找到具体的体现。因为在同业工会中，人一方面与自己所自由选择的职业和他的私人利益相连；另一方面同业公会又以整个行业的身份而与社会上的其他行业互相协作，因此它是特殊性和普遍性之间的一个中项。在同业公会中，个人能够通过发挥自己的一技之长谋求自己的利益，但这一逐利行为不再是单纯"个人的"，而是以整个行业为自己的合理性来源，因此就自然地和社会上其他人的需要联系在一起。个人的偶然意见和利益,因此就被提升为指向一个共同目的而进行的自觉活动。正因为它是一个中项,在同业公会中,人们在平时能够得到职业上的帮助,并自发地与其他同业者相互团结和为他人提供帮助;当个人面临贫困时,也能自然而然地获得救助,并且这种救助是来自自己所归属的团体的,因而毫无"施舍"之嫌。"在同业公会中,穷人接受救济的偶然性消失了,同时也就让他们不再感到有什么不当的耻辱,而且富人对他的共同体负有义务,财富就不会引起其所有者的骄傲和别人的嫉妒,所以,只有在同业公会中,正直才获得其真实的承认和荣耀。"①

最后还必须强调黑格尔对"紧急避险权"的支持。"紧急避险权"指的是法律中的一种特殊规定:当个人面临生命危险时,保全生命是第一位的,此时若为保全生命而损害了他人或公共的利益,甚至于违法法律规定,都不应当被视为"违法"。黑格尔认为,自然意志的人格的定在,就是生命,因此他坚决主张,人应当拥有紧急避险的权利。"生命,作为各种目的的总和,具有对抗抽象法的权利。例如,通过偷窃一片面包就能保全生命,虽然因此侵害了某个人的所有权,但要把这种行为看作通常的偷窃,那是不公正的。"②伍德进一步补充说,事实上在黑格尔那里,还有一种主张在极度贫困的人那里,紧急避险权的适用范围应当适度扩大的倾向:"一般说来,紧急避险权一般说来涉及的是一种暂时性的危险或痛苦等例外状况。但是在黑格尔看来,当一个人陷于贫困时,紧急避险权就不再只是在一些意外的瞬间起作用了,因为贫困者的整个生命都落到了一个市民社会的成员所必须的最低标准之下。因此,紧急避险权就必须有一种普遍的

---

① 黑格尔:《法哲学原理》,邓安庆译,人民出版社,2016,第380页。
② 同上,第233页。

应用。"①

然而黑格尔也看到,出于对人的生命的保护而主张紧急避险权的扩大,事实上是在为犯罪的扩大埋下隐患。"其结果就是,紧急避险权的应用变成了一种普遍的事情;紧急状态压倒了所有人的权利,在这种状况下,任何人都没有权利了。于是贱民的心态就变成了犯罪的心态,在这种心态看来,任何对权利的暴力侵犯都是正当的。"②但黑格尔认为,这种危险的根源依然在于市民社会中的结构性贫困。前文已经提到,对于侵犯普遍的法律的犯罪行为,是应当为了恢复公义而加以惩罚的;而紧急避险权又要求,哪怕侵犯以暴力的形式进行,从理性上看都不该进行惩罚。"如果有时法庭决定对贱民的犯罪进行了惩罚,这种惩罚对于贱民来说也不具备任何伦理上的意义,而只不过是一种'倒霉',是生命暴露在赤贫之下时的另一种偶然性而已。"③于是,贱民问题所造成的道德困境,除了他们丧失了为人的尊严和产生对社会的仇恨之外,还延伸到了法律本身的合法性。

阿维内利(Avineri)认为,黑格尔的批评和分析是一针见血的,他的"解决方法"也有一定的价值和可行性。他尤其指出,黑格尔的分析之所以需格外严肃地加以思考,是因为黑格尔的见地"不仅仅是极有远见的,而且他以一种根本的智性上的诚实,承认了对于现代语境下由市民社会本身引起的问题,事实上是没有一种彻底的解决的——这一点与他的整个社会哲学中一贯的统一的与和解性的本质是完全相反的"④。确

---

① Allen W. Wood, *Hegel's Ethical Thought* (Cambridge: Cambridge University Press, 1990), p.253.
② 同上。
③ 同上。
④ Shlomo Avineri, *Hegel's Theory of the Modern State* (Cambridge: Cambridge University Press, 1972), p.154.

实,黑格尔的哲学最为典型的特征就是"体系"与"和解",因此他没有在贫困这一问题上强行"和解",的确是一种难得的"智性上的诚实"。这种诚实的真正的原因在于,无论是在黑格尔的有生之年,还是在今天,贫困作为市民社会本身的结构,都没有被克服——也许真如黑格尔以及后来的马克思所说的,这是现代市民社会的内在矛盾,无法通过某种外来的力量能解决它,也无法在市民社会乃至于现代的整个生产和生活方式的框架下解决它,也许这一根本性的矛盾只能留待历史中的扬弃。

第四节 教育、等级和同业公会:市民社会的深度伦理化

市民社会中的伦理性除了表现在需要的体系的合理结构和它对自身所产生的贫困问题的自愈中,还有更为深层的表现。黑格尔所理解的社会并不仅限于一个生产、交换和消费的"需要的体系",它还有更为深刻和广泛的伦理性。首先,黑格尔指出了,教育应当是属于市民社会的功能。教育的内容包括两个方面,一方面是关于技能和知识的;另一方面则可理解为广义的"公民教育",也就是说,它所关注的是对人的社会化,将单独的个人和实体性的精神联系在一起。其次,等级和同业公会不仅仅是上一节中解决具体的贫困问题的手段,它本身还具有伦理性的意义,也就是说,它使人们从任性的自由中摆脱出来,将自己具体化为某一种职业,从而在世界中和在与他人的关系中找到自己的位置。最后,同业公会是一种基于职业选择的自发共同体,因此它的成员一般来说有着同样的利益。因此,同业公会的代表就可以进入议会当中,为自己这一行业说话。于是,《精神现象学》中个人作为一个个单子,在面对权力时的分裂和无力的问题

就能够得到有效的解决,同业公会为市民社会中个人生活的"私人性"重新提供了政治参与的可能。

一、教育的双重功能:技能知识与伦理知识

在黑格尔那里,"教育"是一个非常重要的概念,它始终是与"伦理"相关联的。"黑格尔的青年时期,就已经开始了关于伦理性和教育之间的辩证关系的思考。通过对教育的思考,他在不断兴起的现代世界那'二元化了的'分裂的市民社会中,认出了古代人所应得的伦理结构。"[1]

1. 从家庭教育到社会教育:大革命时期的"人文主义教育"

事实上,黑格尔从在纽伦堡当中学校长时起,就已经开始了对教育问题的思考。并且,他在纽伦堡高级中学执教时期(1808—1816)所开设的各种哲学课程,也被视为他之后的哲学体系的一个雏形。[2] 同时我们也必须注意到,黑格尔任职中学校长之时,恰逢教育由于法国大革命的关系而进行世俗化改革的当口,并且黑格尔的任命就是由负责这一改革的他的好友尼特哈默尔作出的,黑格尔本人积极参与了这一改革。平卡德在《黑格尔传》中提道:"在巴伐利亚州,像在德国其他追求改革的州一样,教育事务从前政府是不插手的,反倒成为主要由教会行使权利的领域。现如今,正像实行改革的州没收教会土地来增加收入一样——正像蒙特格拉斯以极大精力在

---

[1] Christian Hofmann, "Sittlichkeit und Bildung in der globalen Moderne", in *Hegel Jahrbuch 2014: Hegel gegen Hegel*, hrg. Andreas Arndt, Myriam Gerhard, Jure Zovko (Berlin/München/Boston: De Gruyter, 2014), p.142.

[2] 关于黑格尔在纽伦堡执教时期的哲学课程和他的体系之形成的关系,参见梁志学、张东辉,《黑格尔纽伦堡高级中学教程:一个宏伟体系的雏形》,《哲学研究》2011年第1期。

巴伐利拉州所作的一样——实行改革的州同样开始发现教育本质上是州政府事务而不仅仅是牧师利益问题。"①在这种背景下,尼特哈默尔就同威廉·冯·洪堡一起,分别在巴伐利亚和柏林进行了一场以新人文主义著称的教育改革运动。

这场运动又和以下两种教育模式相对立,一种是德国传统的教育模式,另一种是受到德国启蒙运动启发而新出现的教育模式,它也常常被看作是"功利主义的"。传统教育模式的代表人物往往来自那些自己的财富、权利和权威在拿破仑革命时期被一扫而空的人,一般说来是一些保守势力,他们的教育理想在于:"不是在品位和教养方面塑造具有自力更生自我指导精神的个人(这在他们心目中最终通常等同于法国大革命的弊病和现代生活的弊病),而倒是培养人们去适应一种较为传统的较为按照阶级组织起来的具有等级和秩序的社会。"②而"功利主义"的教育模式则出于以下思想:"教育应该仅仅着眼于对人们进行职业培训,特别是对人们进行如下的职业培训,即他们所从事这些职业是因为他们的阶级地位和财富多寡据称注定他们从事与否。"③

黑格尔所主张的人文主义的教育则与这两者都有着不同的诉求。人文主义的教育的旨趣大概可以归纳为两个方面:一方面,它是一种倾向于法国大革命理想的精英式的个人自我建构:"到黑格尔时代,教养(Bildung)这个概念被区别于'Erziehung'即教育这个概念。教养本质上反过来把真教育和修养概念合并成人们要求自我建构。可以说,[从由教育(Gebildet)这一术语所代表的被动语态角度看一

---

① 特里·平卡德:《黑格尔传》,朱进东、朱天幸译,商务印书馆,2015,第289页。
② 同上,第290页。
③ 同上。

个人可能受过教育,但是从由教育这一术语所代表的主动语态角度看]一个人却必须使自己成为一个有教养的受过教育的人。教养要求人们自发活动、自我发展和自我指导。"①另一方面,人文主义的教育理想具有明确的政治色彩,也即一种挑战权威的,并且渴望在新的世界(法国大革命之后的新世界)中建立起新的秩序的理想。"挑战政治权威的主张纳入了教育和教育改革的政治学;对于像尼特哈默尔和黑格尔这样的人来说,现代生活是涉及教化和涉及那些有教化的人有权利去组成现代社会生活的新精英阶层。"②

在这一背景下,我们就能够理解,对黑格尔来说,受教育的权利既不属于教会,也不属于家庭,而应属于现代世界新兴的"社会"。黑格尔认为,教育是对人的社会化,是要让人摆脱偶然的任性,将精神性的东西注入青年的心中,因此就有必要由社会出面兴办公共教育,不能听凭父母根据自己偶然的好恶教育青年。"市民社会既然具有了普遍家庭这种性质,当然就有义务与权利,反对父母的任性和偶然性,在它力所能及的范围内兴办教育,[使子女们]变成社会成员,尤其是,当教育不是由父母本人而是由别人来完成时,要对教育进行监督和影响。同时,只要公共机关有能力兴办教育,就要去办。"③但值得注意的是,黑格人这里所说的"父母的任性和偶然性",应当是指传统的大家族中的家长,因为能够与市民社会争夺教育权的,往往不是现代意义的家庭(或者说,现代意义的家庭的支持者,是非常愿意让子女接受现代的教育的),而是上文中所提到的保守势力所主张的德国传统的教育模式。黑格尔在给尼特哈默尔的信中说:"我每天都会

---

① 特里·平卡德:《黑格尔传》,朱进东、朱天幸译,商务印书馆,2015,第49—50页。
② 同上,第290页。
③ 黑格尔:《法哲学原理》,邓安庆译,人民出版社,2016,第372页。

更加确信理论工作对世界的影响要比实践工作大得多。一旦观念领域被加以革命化,那实践中就不会遇到阻碍了。"①黑格尔看到了,塑造和论证一个"现代的"新的世界是一项复杂困难的工作,这不仅仅是一场革命所能完成的。新世界唯有在观念上为人所接受,才能真正行之有效地建立起来,而要想让人们接受新观念,唯有通过思想和教化的力量。因此,将教育权从大家族向社会的转移,必须被理解为是黑格尔实现"塑造世界"的理想的一种方式。

2. 教育在职业技术方面的功能

然而我们一定还记得,黑格尔在《精神现象学》中是从否定的角度讨论"教化的王国"的。在那里,教化(同样是 Bildung 这个词)使人从普遍性中"异化"。桑德考林(Sandkaulen)发现了黑格尔在前期和后期著作中赋予了这个词一彼此矛盾的含义。"让人惊讶的是,我们在'教育'这个关键词中可以发现许多层不同的意义,因此教育的概念不同于黑格尔哲学中的其他问题——比方说它就不同于'承认'这一关键词——在这一概念下,暗含着许多激烈的争论。……在教育这一关键词下,存在着一种所谓的现代'反思文化',这种文化通过知性的判断力结构,将活生生的生命中的统一性从根本上打碎了。"②然而,教育在《法哲学原理》中取得了一种正面的意义,这种差异的原因,同样在于《法哲学原理》采取的科学视角,本身就和《精神现象学》中意识视角不同。而当客观精神出现之后,人对它的理解和它本身之努力使自己被理解,就成了一个非常重要的任务。"总的说来,在《法哲学原理》中,教育起着核心的作用,这一点是毫无疑问的。黑格

---

① 转引自特里·平卡德:《黑格尔传》,朱进东、朱天幸译,商务印书馆,2015,第291页。
② Birgit Sandkaulen, "Bildung bei Hegel — Entfremdung oder Versöhnung", in *Hegel Jahrbuch 2014: Hegel gegen Hegel*, hrg. Andreas Arndt, Myriam Gerhard, Jure Zovko (Berlin/München/Boston: De Gruyter, 2014), pp.432-433.

尔在《法哲学》的导论中也提出了'教育的绝对价值'。"①

因此,具体地说来,"积极的"教育就具有两种功能,首先它是一种职业教育,目的在于让人获得知识、劳动的技能和劳动的习惯。并且,它也能够驯服人的直接的欲望。通过教育,人不仅习得了劳动的方式,还习得了一种社会化的"欲望"的方式,也就是说,人的欲望不再是直接的吃喝等需求,而成了一种"以有教养的方式"满足自己的需求。同时,也是通过教育,人能够根据自己的抽象的思想,为了更高的目标而克制、延迟甚至牺牲自己自然的需要(在特殊的时刻,这种牺牲甚至有可能达到牺牲生命的程度)。只有人能够克制自己、延迟满足、放弃欲望和作出计划。洛维特认为,在黑格尔看来,"人的精神自由并不体现在人没有任何自然的欲望,而在于人知道自己的欲望是什么,并且可以控制和引导自己的欲望"②。

维瑟-洛曼指出:"教育的目的在于,将个人培养成普遍生产中的一个特殊的劳动者。个人作为一个劳动者而参与普遍的生产的能力,必须通过一种特殊的教育来实现,个人也因此而作为一个(经济上)自立的个体而得到承认。"③也就是说,教育是让个人在生产和消费方面社会化的方式,而这种社会化也就意味着个人将自己的安身立命之所定位在市民社会中,整个社会的纽带就因而被每个人所承

---

① Birgit Sandkaulen, "Bildung bei Hegel — Entfremdung oder Versöhnung", in *Hegel Jahrbuch 2014: Hegel gegen Hegel*, hrg. Andreas Arndt, Myriam Gerhard, Jure Zovko (Berlin/München/Boston: De Gruyter, 2014), p.434.
② Karl Löwith, *Karl Löwith Sämtliche Schriften 5: Hegel und die Aufhebung der Philosophie-Max Weber* (Stuttgart: J. B. Metzlersche Verlagsbuchhandlung und Carl Ernst Poeschel Verlag, 1988), p.237.
③ Elisabeth Weisser-Lohmann, "Rechtsphilosophie als praktische Philosophie" in *Hegels Grundlinien der Philosophie des Rechts und die Grundlegung der praktischen Philosophie* (München: Wilhelm Fink Verlag, 2011), p.223.

认和主动地维系。

3. 教育在塑造伦理精神方面的功能

教育的第二种功能是塑造精神的普遍性。也就是说,教育使人能够以一种不同于欲望的方式,也即以理论的方式看待事物。"让人们能够按事物本身的样子看待它、能够对它具有一种非占有性的和实用目的兴趣,就是教育和科学伦理的旨要。"①于是,人就可以从自身中跳出来,分辨出哪些只是偶然的和非本质的东西、哪些是本质的和具有真理性的。这种分辨和判断使人从根本上摆脱了直接的欲望,而对世界采取一种理论的态度,也即以具有普遍性的方式理解自然界,以及理解人类世界中的理性。从根本上说,《法哲学原理》所采取的科学视角和对现代市民社会的理解,唯有通过教育才能得到传播和承认。因为所谓的科学视角,并非自然而然地就给予我们的,而是必须通过经验和反思才能习得的。

因此,在《法哲学原理》中的教育,获得了和《精神现象学》中不同的意义,它不再意味着人的内心领域和外部的社会要求之间的分裂,而是个人的特殊需要和劳动之间的中介。唯有通过受教育,个人获得了劳动的技能,这种技能使人能够在社会中获得一个受到他人需要的职业;通过职业行为所获得的报酬,个人能够间接地(也就是说,社会性地)满足自己的需要。同时,教育也是特殊性原则之通向普遍的精神的道路。受了教育的人所习得的最为关键的"能力"在于,他学会了用科学的和理论的方式看待社会,从而理解社会的合理性,并将自己视为合理的社会中的一个成员,而不再如在《精神现象学》中

---

① Karl Löwith, *Karl Löwith Sämtliche Schriften 5: Hegel und die Aufhebung der Philosophie-Max Weber* (Stuttgart: J. B. Metzlersche Verlagsbuchhandlung und Carl Ernst Poeschel Verlag, 1988), pp.236-237.

那样,成为一个孤独的,反抗所有普遍性的"单子"。

因此,我们可以将黑格尔的所有著作都理解为具有宽泛而言的"教育"意义。《法哲学原理》本身也是一种对克服伦理中的分裂的尝试,并致力于将这种尝试公开地表达出来,达到将关于伦理的知识传递给市民的目的。"由于在市民社会中产生一种现代所特有的伦理上的分裂(市民社会将实体性的伦理扬弃了,并进而带来了一种资本主义所固有的动力和竞争关系、带来了社会性的不公平和贫困),它同时又通过对社会对同一性的重建而克服了这种分裂——然而,并不是一种作为回到前现代的实体性的克服,而是作为具体的普遍性的克服,有了这种具体的普遍性,主体的自由的权利就能够取得一种确定的形式。所有的市民都以一种共和式的'统一'的方式接受这一普遍性,因此这种普遍性就是'作为通过教育的形式而知道和成为自身的精神'。"①由此我们可以看出,黑格尔认为,对伦理世界之破裂的克服,乃至于"精神"在历史中的实现,都不是一件"自在"之事,它的真正实现有赖于每一个市民对这种克服或实现的理解和认同,也就是说,只有通过教育,精神才知道和成为它自身。

二、家族伦理的替代者:等级和同业公会

黑格尔认为,在一种比较理想的状况下,市民社会的伦理性可以达到相当的深度,甚至能够弥补大家族的瓦解所带来的伦理空场。承担这种伦理性的,主要是等级和同业公会这两个市民社会中内部自发的组织。

---

① Christian Hofmann, "Sittlichkeit und Bildung in der globalen Moderne", in *Hegel Jahrbuch 2014: Hegel gegen Hegel*, hrg. Andreas Arndt, Myriam Gerhard, Jure Zovko (Berlin/München/Boston: De Gruyter, 2014), pp.145-146.

1. 社会的基本构成：等级

首先黑格尔论证了，市民社会是扎根于城市的，它的先决条件是城市生活的法则取代了乡村伦理生活的法则。因此在一开始，市民社会必然表现为乡村中的伦理的反题、表现为一种纯然否定的东西。也就是说，它一开始是对原先的伦理纽带的否定。黑格尔在《精神现象学》中通过对《安提戈涅》的阐释，详细分析了这种否定。他认为，这一悲剧的核心在于，它体现了以男性为代表的人的规律（城邦的法则）与以女性为代表的神的规律（家庭的法则）之间的斗争①。而这一斗争的结果是，所有公民在活着时都不属于家庭，而是属于城邦的；唯有当一个人死了，才"摆脱了他一长串的纷纭杂乱的存在而归结为完满的单一的形态"，才会"上升于简单的普遍性的宁静"②。也就是

---

① 黑格尔在分析《安提戈涅》时将"人的规律"与男性相等同、将"神的规律"与女性相等同，并因此得出结论说，男性是属于共同体的，而女性是属于家庭的并且始终是对共同体的嘲讽这一观点，更多的是在市民社会尚未完全从自身之内找到它的法则和伦理性，因而仍然需要来自传统家族的伦理对之进行补充的时刻的特殊观点。正由于市民社会自身的伦理尚未成熟、需要外来的伦理对之进行弥补，因此它对这一外来的伦理感到恐惧，生怕自己的力量不够强大、会被重新吞没进传统伦理当中。也正是由于它尚未成熟，因而还无法以概念式的语言对自己进行描述，而只能借助某种隐喻的和描述式的语言，也就是说，只能通过将城邦的法则和家庭的法则比喻为"人和神""男人和女人"，来对它进行某种间接的阐释，而非直接揭示它的真理内容。因此我们也就不难理解，在体现了意识视角的《精神现象学》中，黑格尔是从《安提戈涅》入手阐释这一斗争的（事实上，除了通过分析《安提戈涅》阐述精神从家庭转变为共同体之外，《精神现象学》中还有另一个对文学作品的精彩分析，即通过分析《拉摩的侄儿》阐述教化王国中的分裂的精神）；但在体现了知识视角的《法哲学原理》中，黑格尔放弃了取道文学作品迂回描述的方法，而是直接用概念的语言直接呈现市民社会的结构。不过，黑格尔对《安提戈涅》中的"悲剧"和"女性"的精彩分析，对之后的精神分析和女性主义思潮有很大的启发。其中尤以朱迪斯·巴特勒的《安提戈涅的主张》尤为精彩。[参见：Judith Butler, *Antigogne's Claim: Kinship Between Life and Death* (New York: Columbia University Press, 2000).]

② 黑格尔：《精神现象学下卷》，贺麟、王玖兴译，商务印书馆，1981，第10页。

说,唯有当一个人死了,重新回到了"简单的普遍性"时,才由同样象征着这种简单的普遍性的伦理实体的家庭和女性将他埋葬;而当人活着的时候,他的一切行动、一切权利,都须在市民社会中寻找。

而作为市民社会中的一员的人所主张的最为核心的权利,便是按照自己的个人喜好从事相应的行业。如前面所说,黑格尔承认,在自由的社会中,人与人之间有着来自于自然的不平等,并且这种不平等还会扩大为教育、能力和道德上的不平等;但黑格尔并没有鼓吹,由于这种不平等是追求自由所附带的结果,因此我们就该为了保护自由而放任不平等愈演愈烈和社会阶层日益固化。事实上,黑格尔在对"等级"的论述中,已经暗示了对机会平等的希望。"等级,作为自身变成客观的特殊性,一方面就这样地按照概念以它的一般差别来划分;至于另一方面,个体应属于哪一特殊等级,却受到天赋、出生和环境等的影响,但是最后的和基本的决定因素还在于主观的意见和特殊的任性,它们在这一领域中具有它们的权利,它们的功绩和它们的尊严。所以,在这一领域中由于内在必然性而发生的一切,同时也是以任性为中介的,并且对主观意识说来,它所具有的形态就是成为他自己意志的作品。"[1]也就是说,决定一个人究竟属于哪个等级的,只应该是他自身的主观意志和努力。

我们知道,在柏拉图的《理想国》中,人的等级几乎是不能流动的,虽然柏拉图也说,统治者的孩子未必就具有统治者的禀赋,但在其中起决定作用的毕竟是"天生的禀赋"。那样一个社会虽然如实地承认了人与人之间天赋的差异,但并没有为实现他们的机会平等作出任何尝试和努力,因为那个社会从根本上并不承认人与人之间的平等和个人意志的自由。黑格尔在《法哲学原理》序言中提到,柏拉

---

[1] 黑格尔:《法哲学原理》,邓安庆译,人民出版社,2016,第346页。

图已经意识到,在苏格拉底的身上已经体现出个体理性的觉醒。这种觉醒首先表现为,对公共的伦理感到好奇与疑问,而公共的伦理初遇这种质疑时,是无法给出足以说服个体理性的答案的。因此,城邦唯有通过杀掉苏格拉底,简单粗暴地取消他的疑问。而这种做法,一方面无法阻挡个体理性的觉醒之势,另一方面,城邦所采取的对立与压制态度又误以为,个体理性想做的是挑战和瓦解城邦的权威与伦理纽带,但事实上,个体理性想做的恰恰相反:它想要真正"理解"城邦的伦理性,将伦理法则从一种外在的强制,内化为自发的尊重。而城邦的压制和敌对态度使上述积极的尝试变得不可能。当城邦与个体理性相敌对,双方都遭遇悲剧性的灭亡:个体失去生命;城邦则失去它的权威赖以存在的真正合法性,这种合法性的本质在于,来自作为个别的理性思考者的城邦成员的认同。

查尔斯·泰勒指出:"黑格尔所谓的'国家'是政治上有组织的共同体。他心目中的榜样不是弗雷德里希大帝的国家,他对那个国家从来就没有敬佩过,而是古希腊城邦。"[1]而如今,自由的无限的人格终于能够"扬弃"古希腊城邦伦理原则。而"扬弃",从来都不是"抛弃"的意思。黑格尔直接从第三等级,也就是从以公共福利为己任的普遍等级(用最直接的话来说,就是统治者)入手,说明自由的人格所必然要求的机会平等和等级流动性。黑格尔认为,在国家中,也就是说在第三等级中,尤其注重个人的能力和自由选择,他非常反对国家的权力[2]和官职根据血缘继承。而对于行政公职人员也是一样的:个

---

[1] 查尔斯·泰勒:《黑格尔》,张国清、朱进东译,译林出版社,2002,第594页。
[2] 在这里必须提到一点:黑格尔反对政府官职的世袭,但国家元首不在此限。事实上黑格尔所设想的国家制度是君主立宪制。他认为,国家的主权是"国家"这一概念的最初阶段,它还只是一种自我确信的主观性,也就是说,它首先必须体现出意志的力量,即一种能最后决断的自我规定性。而这种自我意识和自我(转下页)

人之所以有资格担任公职,并不由他的出生这样的偶然情况来决定的;决定他们有资格担任公职的只能是客观的因素,即知识和才能。唯有以此为标准,普遍等级的工作才能称职和满足国家的需要。

在此我们需要说明一下,抽象的理智很容易认为,"等级"必定意味着"上下之分",必定会带来"上级"对"下级"的歧视和压迫,因而将它理解为一种巨大的、难以破除的不公平和对个人自由与尊严的妨碍。但黑格尔所说的"等级",严格说来是一种"各司其职",并且等级恰恰是对个人自由和被承认的权利和需要的保证。"被承认"是一种人性的需求,而如果人无法在等级和同业公会中得到承认,他就没有了身份认同和"等级尊严";这种孤立的状态使他的生活和享受都变成不稳定的,并且他的合理劳动所得也会被归结为营私自利。因此,当人不能从职业生活和等级中获得恰如其分的承认时,他对承认的渴望就会变质为一种没有限度的和永不满足的欲望。也就是说,当正当的自尊无法满足时,它就会变成虚荣。于是受尊重的不再是"本职工作",而是"外部表示"。因此当某个市民社会缺乏成熟的和平等的诸等级、缺乏普遍的职业氛围时,这一社会难免就陷入恶性竞争、人人都想欺压他人以便满足自己的恶劣氛围。因此,将"等级"理解为某种类似于种性制度的恶劣制度,是非常严重的误解。因为黑格尔在《法哲学原理》的一开始(并且这也是他所有著作中一贯的明确

(接上页)决断,只能由一个特殊的主体来承担。黑格尔认为,由君主最后签署国家的重大决策,象征着这个国家的事务是由"人"理性地和自觉地作出的,而不是根据迷信或主观任性而随意作出的。在这意义上,君主的存在是合理的。但黑格尔所设想的君主并非封建国王或独裁者,而只是君主立宪制下的虚位元首。他的一切行动都要遵守国家法律,并且国家的所有事务(立法的、行政的、外交的等等)都是由职业官员决定和执行,而不能听任君主为所欲为。因此黑格尔说:"况且,只要体制是巩固的,他就除了签署之外,常常没有更多的事情可做。"(黑格尔:《法哲学原理》,邓安庆译,人民出版社,2016,第 426 页。)

说法)就声明,"法是自由意志的体现",是等级间的分工和平等,而非"等级森严"和人格压迫,才是现代社会的根本原则。

2. 社会组织和个人认同的载体:同业公会

接着,黑格尔又论述了,同业公会同样是让市民社会深度伦理化的方式。如果说市民社会中的"伦理性"和"公共性"仅仅表现为对特殊福利的照顾,那么等级和警察(前文中已经提到了,黑格尔所说的"警察"包括一切对公共福利的关心措施,而不仅限于与刑事案件相关)就足以维持那种外部的手段。而同业公会所做的又更进一步,它不只是像外部的等级和警察团体那样,只为保护私人利益而生,它所做的,是一种本质上就具有伦理性的事情。也就是说,是特殊的个人超越了自身的局限,直接将普遍物作为自己的意志活动的目标。"根据理念,特殊性本身要以在其内在利益中存在的普遍东西,为其意志和活动的目的和对象,所以,伦理性的东西作为内在的东西就回到了市民社会;这就构成同业公会的规定。"①

霍尔盖特指出,黑格尔认为伦理自由有三种形式:第一是婚姻,它是从对自由的含义的思考中内在地推演出来的;第二是我们应该成为市民社会的参与者,这是由我们直接权利和道德权利的实行造成的;第三就是同业公会的成员身份。"由于同业公会是真正伦理的自由的具(备形)体(的)体现,因而它们必定会既建立在其成员关心其他成员的福利这个态度之上,又会促进这个态度。"②

黑格尔说,同业公会是除了家庭之外的构成国家的基于市民社会的第二个伦理根源。在这第二个根源中,最初在市民社会中分裂

---

① 黑格尔:《法哲学原理》,邓安庆译,人民出版社,2016,第377—378页。
② 斯蒂芬·霍尔盖特:《黑格尔导论:自由、真理与历史》,丁三东译,商务印书馆,2013,第325页。

的两个方面,也即被简化为私人利益的特殊性,以及抽象法的普遍性这两个环节,终于找到了一种内在的方式重新统一起来了。在这个统一中,个人的特殊利益成为了普遍的法的根源和对象,从而获得了具体的实现。因为个人首先在他的同业公会、自治团体等领域中主动接受他在普遍的共同体中的使命,他可以按照自己的喜好进入任何领域当中并成为其中的一员。而同业公会也会为个人的利益提供保护、为他的身份认同和尊严提供载体。在同业公会中,个人才终于摆脱了"单子式的个人面对分裂的共同体"这一绝望的命运。

在黑格尔看来,同业公会应当承担原来的大家族的任务,成为其成员的"第二个家庭";但这并不是说,同业公会必须要像家庭那样成为一种非常紧密的和以感情为纽带的联系,而是指,同业公会应当在成员的教育、培养等方面给予原来由大家族所提供的支持。这种纽带虽然比家庭来得疏远,但也更少偶然和任性的成分。它是作为成员的第二个家庭而出现的,尽管它与成员的具体需要保持一定距离。除非在济贫救急等特殊情况下,它不会直接提供给成员食品衣物,也不会如在家庭中那样直接给成员以感情上的安慰;但它所提供的工作岗位、职业技能培训等,却比基于个人偶然的血缘和感情联系更为普遍和实用,因此黑格尔认为,比起家庭,同业公会在照顾个人的利益方面更加节制,因而也就更加可靠和不受到偶然性的扰乱。

此外,同业公会也是个人的身份和尊严的载体,因为唯有在同业公会中,个人真实地成为了普遍社会的一个具体的环节,他能够确定自己的身份和价值究竟何在,而不只是"需要的体系"中一个自私的逐利者——至于这种逐利行为究竟是否对公共福利有利,则完全是听凭经济学家论证,个人对这个庞大的需要体系和自己在其中的位置,完全没有理解和认识的可能性。"同业公会的成员毋须用其他外在的表现来显示他的才干以及他的正规收入和循序渐进的上进心……只要他属于一个整体,而这种整体本身是普遍社会的一个环节,他又有志并致力于这种整体的无私目的,这也就获得了承认。因此,他在他的等级中具有他的尊严。"①

因此,霍尔盖特指出,同业公会是人的伦理自由的最后一个,也是最重要的表现形式,因为在这里,人找到了一种"生而为人"的普遍的规定。如果说宗教或自然法让所有人都能自认为是"造物";生产和交换的领域让人自认为是"独立的个人"和"市民";那么同业公会就是让人把自己的身份更加具体化为他安身立命和获得他人与社会承认的"职业"②,"在同业公会中产生的伦理意识……使我们意识到,我们不仅作为公民或上帝的造物而负有责任,我们还作为工厂主、商人、工匠而负有伦理的责任。因而,同业公会的成员身份使我们能够

---

① 黑格尔:《法哲学原理》,邓安庆译,人民出版社,2016,第379页。
② 黑格尔对于在同业公会的团结下的职业的看重,其实非常类似于韦伯对在《学术作为职业》和《政治作为职业》中对"职业"的看重。"职业"对于现代人来说不只是养家糊口那么简单,而是对"我是谁""我的理想何为"的一种寄托。因为在现代社会中,宗教、家族、浪漫主义意义上的"民族"无不被祛魅,人被还原为个人了,这是一种进步;同时人也就需要找到新的让自己被承认的身份,需要找到对"我是谁"的新的界定方式。黑格尔显然并不认同后来尼采所说的"天才"和"超人"的方式(在这方面尼采也以浪漫主义者为其先声)。事实上,黑格尔在重视伦理、传统、历史的方面,与浪漫主义者意见一致;但他非常反感某些浪漫主义将个人神化为"天才"、将哲学神化为某种不可教也不可学的"灵感"的做法。"黑格尔在纽伦堡担任编辑时期,就已经在他的公文中阐述过,他是怎样理解哲学的入门课的,以及哲学作为一门专业,该怎样进行教学。他认为,哲学是一门可以教授而且可以学习的科目,这一点是毫无疑问的,而且黑格尔非常厌恶那种自认为是'哲学思考'的似是而非又云蒸雾绕的空谈。"[Karl Löwith, *Karl Löwith Sämtliche Schriften 5: Hegel und die Aufhebung der Philosophie-Max Weber* (Stuttgart: J. B. Metzlersche Verlagsbuchhandlung und Carl Ernst Poeschel Verlag, 1988), p.228.]黑格尔始终主张,对个人的"我是谁"这一典型的现代问题的回答,不应当是浪漫主义式的"我是某种神秘的共同体的成员"或"我是独一无二的天才";在他看来,唯有在"我的职业"这一彻底世俗化的领域里,才能寻找到个人的身份和理想之寄托。

在我们日常世俗的活动中对我们的邻人展示我们的爱。"①

同时黑格尔也看到了,18世纪晚期和19世纪早期,人们强烈地追求不受约束的商业自由,因而将同业公会视为一种"约束"甚或是"聚集、煽动工人"的团体而对它强烈反对,他认为这是严重的误解②。霍尔盖特告诉我们,黑格尔"认识到,同业公告和行会在这个时期的英国基本上已经消亡了。当然,他也知道,它们在法国大革命期间依据1791年的《谢普雷法》(Loi le Chapelier)而被有意地废除了。(这部法律宣布,'废除相同身份或职业的公民组成的一切类型的合作组织',这是'法兰西宪法的根本基础之一',它甚至宣布,'聚集和煽动工匠、工人、学徒、日工,限制雇佣权的自由实施,限制双方同意的基础上工作权的自由实施',这些都是'犯下了煽动罪的')"③但黑格尔认为,同业公会绝不会成为出于抽象的平等而产生"煽动"的场所,因为它在本质上就不是由抽象平等的理念而产生的;相反,它是从伦理的理念中自然而然地产生的,因而赋予了市民社会中的人以一种与

---

① 斯蒂芬·霍尔盖特:《黑格尔导论:自由、真理与历史》,丁三东译,商务印书馆,2013,第327页。

② 认为同业公会就一定意味着"煽动",这样一种毫无必要的过度警惕心,让笔者想起了另一个例子:平卡德在《黑格尔传》中提到,在黑格尔担任中学校长期间,中学里是没有厕所的。因为当时的"教育家"们认为,一旦学校里有了厕所,学生们就会整天躲在厕所里偷懒而不去上课了。当时黑格尔对这一荒谬的想法所带来的不便十分恼火,因而他作为校长的工作中就有"推进建造厕所"这一部分。这在现在看来当然是十分不可思议的。然而,在"厕所意味着偷懒"和"同业公会意味着煽动"的想法中,我们不难发现某种类似性。因此我们也不难想象,假以时日,将同业公会和"煽动"联系在一起的想法,在后世市民社会更为发达和完善的时代,必定也会被人们嘲笑为不可理喻的荒谬愚蠢。——同时,对"偷懒"或"煽动"的担忧中,究竟有多大"好心",也是显而易见的。(关于厕所的例子,出自特里·平卡德:《黑格尔传》,朱进东、朱天幸译,商务印书馆,2015,第七章。)

③ 斯蒂芬·霍尔盖特:《黑格尔导论:自由、真理与历史》,丁三东译,商务印书馆,2013,第327页。

"个人"不同的身份:个人从此成了"社会成员"。"它通过使我们发现我们与特定人群——我们与这些人参与了一个共同的活动或职业——有着共同的目标,赋予了我们一种共同的公民身份感。"①

此外,平卡德认为,黑格尔对等级和同业公会的论述中,也暗示着一种现代生活方式中对多元性的包容。黑格尔的国家观经常受人诟病的地方就在于,人们经常误解它是为普鲁士官方辩护的;并且黑格尔对国家的"理性"的强调、将国家称为"地上的精神"也很容易被误解为一种国家主义。但平卡德指出,事实上"黑格尔在任何地方都没有说过,只有一种生活的方式或美德,是适用于所有人的。他坚持一种等级的多元性,并且他赋予了这些等级以一种'伦理的'解释,这都是想要澄清,一个现代国家必须在自身内包含生活方式的多元性甚至美德的多元性"②。也就是说,在黑格尔那里,一种"现代"的观念是一以贯之的,黑格尔在以"伦理"为目标,在市民社会的内部结构中寻求现代市民社会的整合的同时,也主张在这些结构中发现并保护其中使社会保持某种多元性、特殊性甚至分裂的因素。黑格尔一方面确实指出了"原子个人"的社会的问题,但他也并不主张一个泯灭区别的极权社会。事实上,等级和同业公会作为身份认同的载体,和它作为身份区别和特殊性的载体,这两种功能是一体两面的。

三、从伦理到政治参与

"共同的公民身份感"最终所需要的,是公民能够对普遍性的事务进行有效的参与。如果人们只是感到自己的利益必须在共同体中才能得到满足,那么一种契约论的国家观就是一件理所当然的事情;

---

① 黑格尔:《法哲学原理》,邓安庆译,人民出版社,2016,第327页。
② 特里·平卡德:《黑格尔传》,朱进东、朱天幸译,商务印书馆,2015,第525页。

而要让人民将国家认定为一个伦理的共同体,所需要的不仅仅是个人感到自己的特殊利益能在共同体中实现,还需要他们将共同事物当作自己的行动的目标。这种积极的身份认同所需要的是有效的政治参与。霍耐特认为,在黑格尔那里,个人的自由必须在一个更广阔的领域里加以考虑,也即自由不仅是个人自己想做什么就可以做什么或者是个人的自我实现,只有当整个社会就是自由的时、当个人学会在整个自由的社会机制中展现自己的本质时,才会有真正意义上的个人自由。"他从亚里士多德的构思出发,认为主体应当在机制化了的实践中学习,如何以机制的内在目标去设定自己的动机。"①因此在黑格尔那里,"政治参与"本身就是社会中必不可少的机制,它对于个人的自由来说也是构成性的。

可是,这样一种政治参与,其实从遥远的古罗马时代起,就已经变得非常之困难了。在希腊城邦中,人们互相都是认识的,"公民大会"也可以在诸如体育馆或广场这样地方非常方便地举行。由于幅员狭窄和人口稀少,公共空间自然而然地就是人们的生活空间,因此,政治参与是一件很容易的事情,每个人也自然会认为公共的事务就是自己的事务。

但在古罗马那样庞大的帝国中,政治却采取了相当不同的组织形式。"增长中的距离还需要新的政治控制的方法。罗马人在法学上和在组织与管理一个幅员辽阔的帝国方面所取得的伟大成就,对于政治生活的形式主义,对于将大批个人进行一般的和易于处理的分类,以及确立知道异乡人之间关系的规章制度的必要性,实际上都是清楚的证明。特大的城邦已取代城邦,因此在这一新的空间维度中,关于政治联合体为知交之间的友谊所支撑的就概念,不免显得已

---

① 霍耐特:《自由的权利》,王旭译,社会科学文献出版社,2013,第80页。

时过境迁。"①因此,从罗马帝国以来,政治活动就已经不再是人类经验的重要模式,新的权力组织依然对成员提出和希腊城邦时期相同的要求,但它本身却已失去了城邦的"政治性质",因此"成员身份的性质已变成一个更迫在眉睫的问题,因为人们现在被要求并被迫进行合作、作出牺牲、以联合体的名义履行职责,他们作为联合体的组成部分仅仅具有形式意义,有时,一如罗马将公民身份授予遥远的人民那样,仅仅具有虚构意义"②。因此在现代,一般说来政治参与的唯一方式就是在代议制下进行投票。

1. 现代政治参与的唯一可行方式:代议制

采取代议制是现代社会中一个合理的,甚至是唯一可行的方式。第一条原因自然是由于国家幅员辽阔,社会和国家的组织又十分复杂,这都使得个人对政治事务无法了解。其次则是由于,现代政治高度职业化,需要专门训练才能胜任,因此无法信任未经训练的民众的政治眼光和能力。黑格尔认为,如果认为任何法律没有经过全体同意,就不能有效,这是一种危险的虚伪的偏见,因为它只考虑了个人的主观因素,而不是出于对共同事务的真正关心。在这一意义上,黑格尔指出"人民"这一概念的抽象性:"以为只有人民才有理性和识见,才知道正义是什么东西,因为每个人民的党派都以人民代表自居,然而国家组织这个问题乃是一个高深的学术工作,而不是人民的工作。"③这绝不是说,黑格尔是罔顾人民利益的特权主义或精英主义者;相反,他认为"人民"不该沦为某种旗号,政治事务的运行和改进需得依靠经过专门培训并具有良好品格的职业政治家的努力,而非

---

① 沃林:《政治与构想》,辛亨复译,上海人民出版社,2009,第79页。
② 同上,第79—80页。
③ 黑格尔:《历史哲学》,王造时译,上海书店出版社,2001,第44页。

仅靠自称是"人民的代表"就能解决的。需得承认这一点,并致力于从人民中培养优秀的职业政治家、使他们被公正地选举出来进入第三等级工作,才是现代社会应当采取的方法。

黑格尔虽然承认以上两点,但他同时也认为,放任人民对政治不了解、不关心,只是让他们以直接民主的方式投票选举国家元首,这绝不是一个好办法。"通过许多单个的人所进行的选举,还可以指出一点:特别是在大国中,由于选民众多,一票的作用无足轻重,所以有人不可避免地对自己的投票抱漠不关心的态度,而且有投票权的人虽然赞扬这种权利并对其推崇备至,却不去投票。这样一来,这种制度就会造成和它本身的规定相反的结果,而选举就会被少数人、被某一党派所操纵,从而被那种正好应当保持中立的特殊的偶然利益所操纵。"①

黑格尔从根本上就不认为国家元首由选举产生是一种好的制度,因为选举产生的君主将只忠诚于选他上台的人,无法对共同利益有更为公正无私的考虑,因此直接选举本身就是不符合国家的本质的。在君主选举制的条件下,事实上国家的权力就需要仰仗私人意志的恩赐,因此主权这种特殊的权力就变成了私有的财产,会听任个人的偶然任性所决定,并且会使主权动荡不安而带来国家瓦解的危险。因此,黑格尔认为,以个人的身份在君主选举中投票,是一种空泛无效的参与,并且会倾向于暗示人们,政治只是某些私人的玩物。黑格尔更为主张的是一种以政治性的团体,也即以等级和同业公会为依托的代议制。"在我们现代国家的条件下,公民参加国家普遍事务的机会是有限度的。但是对于伦理之人而言,除了他私人目的之外,必然还要参加普遍活动。这种普遍物不总是现代国家提供给他

---

① 黑格尔:《法哲学原理》,邓安庆译,人民出版社,2016,第452—453页。

的,他可以在同业公会中找到。"①

2. 同业公会对代议制的必要补充

黑格尔认为,代议制的好处在于,议员可以是一些受过专门训练并且有志于为公共利益服务的人。由于他们是专业人员,就避免了直接选举和职业政治家以私人利益取代公共福利的弊端;又由于他们是直接从等级或同业公会中由其他成员选举出来的,因此选举人对被选出的代表有相当的了解;代表也对本等级或本行业内的共同利益以及具体的个人的贫困或急需有足够的了解和关切。黑格尔认为,议员必须来自社会生活的每一个重要部门(如商业、工业,等等),这一点是非常重要的。因为议员之作为"代表",不应该是个别的人或某种不确定的"群众"的代表,而必须是社会生活的某一具体的领域的代表,它所代表的是这个领域或这个行业的利益,这才是"代议制"之合乎理性的根本原因。

因此,黑格尔认为,市民社会内部的结构中的等级和同业公会完全应当被理解为政治参与的平台。由此,《精神现象学》中所批判的个人的单子化就找到了解决的办法,在等级和市民社会中,个人团结起来为共同的利益考虑;他们能够选出真正说出他们诉求的代表,在议会中为本等级说话。并且,每个行业也就在议会的讨论中达成了真正的团结,于是每个人追逐自己的私利在客观上有利于促进公共福利,也就不再是一句遥远的空话,而是能够为市民社会的每一个成员观察到。

于是,我们的话题自然而然就从市民社会转向了国家,并且我们也就能够看出,国家对于市民社会来说不是外在的力量;相反,当市

---

① 黑格尔:《法哲学原理》,邓安庆译,人民出版社,2016,第381页。

民社会本身健康发展、形成了一个一方面保护个人自由,另一方面个人也为公共利益考虑的良性循环时,就自然会形成一个个具体的行会或团体;这些团体的代表进行商谈的场所,自然就是以普遍性为自身的目的的国家。下一章将讨论,市民社会中的一切事务(道德、法权、需要的体系、济贫、等级、同业公会、政治参与等),是如何在国家的具体结构中找到对应的;以及讨论在市民社会中仅仅表现为偶然的和自发的东西的伦理性,是如何在国家中获得自觉的。黑格尔认为,无论是市民社会和国家各自的发展,或者它们之间的相互补充,都需要在历史中完成。归根结底,历史就是自由将自己在世界中不断更为具体地实现出来的过程。

第三章　市民社会与国家的调和何以可能
——逻辑的与历史的论证

第一节　理解"罗陀斯"：自上而下的合理化

黑格尔在《法哲学原理》的序言提到了一句希腊成语：这里是罗陀斯，就在这里跳罢。对黑格尔来说，他的罗陀斯，就是他所生活的时代中的国家。黑格尔说，哲学的任务就是理解存在的东西。每个人都是他的时代的产儿，而哲学则是被把握在思想中的它的时代；而所谓时代，其具体的载体就是当时的国家制度。而国家作为一种"自身是理性的东西"，是脱胎于市民社会的。并且，市民社会中已经具有的伦理因素，都能够在国家中找到相应的成熟而自觉的形态；市民社会中难以解决的问题和悖论，也能够在国家中得到解决。在市民社会的最高阶段，也即在警察和同业公会中，就有了国家的理念的萌芽：警察为市民社会保证了一种外部的秩序；同业工会则使个人能够为自己的特殊活动找到普遍的意义，因此，市民社会的领域本身就具有了国家的雏形。黑格尔曾经将市民社会称为"外部的国家"，那么国家也就可以理解为是一个"内化了的"市民社会，是自上而下地根据理念而对市民社会进行规范。

关于国家是怎样与市民社会形成这样既对应而又"更高"的关系的，黑格尔认为，哲学所能够做的和应当做的，是按国家的本来面目去理解它，而不是依照几条外在的理念或原则，去凭空构造一个国家。或者说，当我们能够如其所是地理解国家的内部结构，以及它与市民社会的渊源之后，也就不再有凭空构造一个国家的需要了。"这本书，仅就它以国家学为内容而言，它就该是把国家作为一种自身有理性的东西来把握和阐述的尝试，除此之外，它什么也不是。作为哲学著作，它必须绝对避免依照它应该如何存在来建构一个国家的做法。本书所能传授的，不可能达到教导国家它应该如何存在，相反而只旨在教导，国家，这个伦理世界，应该如何被认识。"①也就是说，黑格尔认为，国家学说的首要任务是以理性的方式，对国家加以"认识"，也即认识到国家是对市民社会的理性扬弃。

黑格尔非常强调国家和市民社会之间的内部联系。伍德认为："《法哲学原理》既是一种伦理理论，又是一种社会理论。它是一种建立在讨论人在现代世界中的自我实现之状况上的伦理理论，并且试图展示出现代社会机构是如何提供一种伦理式的自我实现的。"②因此，若想要全面地理解黑格尔的现代国家理论，就需要具体地分析国家在具体功能机构层面，是如何对市民社会中自发的组织进行回应和提升的。

一、三种错误的国家观

在讨论黑格尔究竟认为国家的本质是什么、它与市民社会的关

---

① 黑格尔：《法哲学原理》，邓安庆译，人民出版社，2016，第 13 页。
② Allen W. Wood, *Hegel's Ethical Thought* (Cambridge: Cambridge University Press, 1990), p.237.

系是什么之前,需要先看一下,黑格尔认为国家"不是什么",以及在对国家的本质进行哲学探究时"不可采取"哪些方法和态度。

首先,黑格尔指出,对国家之理念的讨论,不应该是一种发生学的讨论,也就是说,并不是要追究国家的起源。黑格尔在《法哲学原理》的导论中就说,对各种事物在时间上的出现和发展加以考察,属于纯然历史的研究,这种研究虽有其价值,但它和哲学上的考察无关。因为历史上的原因并不能等同于哲学上的概念的发展;因此,历史的说明和论证也不能取代哲学上对理念的论证。在具体到对国家的讨论时也是如此,黑格尔认为,去问一般的国家或任何一个特殊的国家的法,在历史上的起源是怎样的、具有怎样的传统,或者去问国家的权力究竟是从家长制的威信中还是从人们的恐惧或信任中,抑或是从同业公会的凝聚力中等等产生出来的,这一类提问都不是《法哲学原理》作为对国家的理念进行讨论的哲学著作所要讨论的。同样的,去问国家的法的基础究竟是什么,即它究竟是"自然法"还是宗教意义上的"神物"或是契约或习惯的产物,这一类提问同样是与关于国家的理念无关的。

接着,黑格尔批评了三种错误的国家观。第一种是认为,国家是对个人自由的限制。黑格尔在《历史哲学》中指出:"我们首先遇到的错误,是和我们的——国家是'自由'的实现——这个原则恰好相反。他们的看法是,人类天性上是自由的,但是在社会之中、国家之内,他被迫加入,无法抵抗,他不得不限制这种天然的自由。"[①]因为黑格尔认为,当我们说人类"生而自由"时,其实是假定了一种"自然状态",并认为在这种状态下,人们拥有他们的天然权利,并且可以无约束地行使和享有他们的自由。可是黑格尔指出,这种说法完全是一种假

---

① 黑格尔:《历史哲学》,王造时译,上海书店出版社,2001,第40页。

定,而不是事实。因此,这一类国家学说从根本上说,只是基于对"自由"的抽象想法而产生的假设,它既没有历史学上的意义,也不是对国家的真正理念的哲学讨论。

第二种则是从个人的角度按外部目的看待国家,即"把国家危急的偶然性、保护的必要性、强大和财富等等外在现象——不是当作国家历史发展的环节,而是当作国家的实体"①。在这种看法中,构成认识的原则的,是个人经验上的偶然状况,而非无论人外在境遇的强弱贫富如何,都具有的普遍而平等的理性思考。黑格尔对契约论的国家观的批评正是从这一点出发进行的。黑格尔认为,契约论的国家观虽然可以有各种各异的形态,但它们都具有以下三种特征:首先,它是从主观任性出发的;其次,通过契约而形成的统一意志只是双方当事人的共同意志,而不是自在自为的普遍意志;最后,契约所涉及的客体是某种外在的东西,因为只有外在的东西才受当事人的主观任性的支配,才能够被分离和割让。而黑格尔认为,真正的国家与以上三个特征都不符合。首先,任何人一出生便是特定的国家的成员。尽管个人在市民社会中属于哪个等级、从事哪个行业,是听凭个人的选择的,但个人对国家的从属则完全不同,人的国籍是事实上"天赋的",而不是后天任意选择的结果。其次,根据"契约"的本质,订立契约的双方都是个人,而国家并非个人。最后,在契约行为中,两个人是围绕物的所有权进行交往,而国家和个人的关系与物权无关。从国家的方面看,它的权力是具有普遍性的东西,而不是可供交换的随便什么物品;从个人的方面看,他的意志也是他作为人的本质的部分,而不是可随便"割让"而无损于人的自由和自主的东西。将权力和意志视为"契约"和"交换"的客体,从根本上就是错

---

① 黑格尔:《法哲学原理》,邓安庆译,人民出版社,2016,第385页。

误的。黑格尔认为,契约是一个私有制范畴内的规定,涉及的是完全附属于人格的私有财产,将契约的关系或一般私有财产关系移植到国家关系中,只会在国家法和现实世界的理论和现实中都造成混乱。

因此,黑格尔对契约论的批判主要涉及以下几点:首先,契约论国家观的出发点就是错误的。"黑格尔解释道,社会契约理论认为,国家是'以个人为基础的'或者'建立在个人的意志之上的。'"①因此它的根源是一种概念上的混乱应用:"黑格尔对社会契约论的最为普遍的反对是,它错误地将适用于市民社会的规则应用到了国家中。"②其次,由于它将一种具有普遍性的关系还原为个人意志的产物,并且将普遍的内容还原为所有权的交换,因此黑格尔认为,这样一种国家观会损害普遍的伦理实体的权威。由于以上两点错误,就产生了第三种也是最为严重的错误,即对国家的根本误解:从契约论的前提必然推导出,国家是为个人而存在的,但国家的存在又是个人"割让"其意志和自由的结果,因此从根本上是对个人的损害——或者说,个人为了自己的安全,必须放弃自己的意志,这就将个人与国家的关系等同于两个主体间的主奴关系。但在黑格尔看来,国家却根本不是由个人所割让出的部分的自由和权利所构成的"主人";相反,个人在市民社会中所无法实现的那一部分自由意志和权利,也即在市民社会中仅仅表现为特殊性的个人对实现自身的普遍性的要求,能够在国家中得到满足。也就是说,黑格尔对国家的理解是,并非原本在自然状态中"自足"的个人让渡了自己的一部分自由而组成一个外在的、保

---

① Alan Patten, *Hegel's Idea of Freedom* (Oxford: Oxford University Press, 1999), p.110.
② 同上。

护自己或压迫自己的国家,而是在社会状态中"特殊"的个人为了实现自己的普遍性,自己渴望建立一个普遍的领域,当这一渴望成为具体的意志时,从意志本身外化出来的定在,就是国家。

第三种错误的国家观则表现为只重视关于自上而下的统治的理论,将国家的全部复杂性简化为一种命令与服从的关系,并且对政体问题给予了过分的关注,而忽视了对国家内部的具体结构的考察。黑格尔在《历史哲学》种指出,在政治中"最先决定的便是统治者和被统治者间的区别"①;并且,"他们所讨论的主要之点,乃是身处政治领袖地位的人们的状况,而在这些理想中,对于政治组织的具体情节,并没有加以考虑"②。也就是说,一般人们是根据统治者的人数来区分政体的,即君主政体、贵族政体和民主政体,并且认为光是这一点,就足以决定宪法的根本原则;而只要选对了宪法,换言之,只要决定了统治者的人数,一切就都一劳永逸地解决了。

但黑格尔认为,国家的本质和宪法的原则绝不可被还原为统治者的人数这样外在的东西,相反,国家是由各种机构有机地结合而成的具体的东西。"黑格尔的论证中一个极为重要的假设就是,国家是一种社会机构,这一机构对于自由和理性的主体的发展和维持来说,是一种必须。"③以霍奈特为代表的承认理论认为,共同体的根基并不是所有人对社会契约的签订和遵守;相反,每一个个别的个人,对其他个人的人格的承认,才是共同体的根基。黑格尔认为,小范围的个人对另一个人的承认,基本上局限在家庭或爱情的范围内,而更大范围的、足以支撑整个共同体的承认,则需要由具体而微的公共机构来

---

① 黑格尔:《历史哲学》,王造时译,上海书店出版社,2001,第44页。
② 同上,第45页。
③ Alan Patten, *Hegel's Idea of Freedom* (Oxford: Oxford University Press, 1999), p.121.

作为平台。"黑格尔的论证中关键的一步是,指出了多元主体间的承认需要一种机构和实践的中介。黑格尔认为,只有通过一个特殊的机构,两个或多个个体能够承认彼此是自由的和理性的主体。在这一意义上,一个基于多元的承认的共同体,只有当它具有了某种特定的客观机构之结构时,才有可能存在。"①因此黑格尔明确表示了,国家和市民社会是不同的。当我们讨论市民社会时,必须从单个人的自由意志和自我意识出发,以它为目标衡量某种制度是否合乎理性的标准;而当我们讨论国家时,则是在讨论普遍的自由和理性,以此为标准考察某种制度是否为实现对自由和理性的普遍承认提供了合理的平台。

但同时,黑格尔也坚持认为,就像市民社会需要国家一样,国家也需要在对市民社会的关照中,才能实现自己的本质:"黑格尔相信,现代国家之通过普遍性而对特殊性的统一化,必须依赖于一个对现代国家来说独一无二的机构,即市民社会。市民社会为公共社会提供了一个空间,在这个空间中,个人才是作为自由的个人和以自己的方式追求自己的利益的主体。"②黑格尔认为,将国家向下等同于市民社会,从而将国家理解为契约的产物,这固然是一个错误;但一个没有市民社会这一中间组织的国家同样是危险的,因为缺少市民社会作为吸收特殊性的狂暴的中介,国家就会失去了重要的缓冲,而使得伦理实体更易于陷于分裂:"如果没有市民社会的话,我们就会得到一个建立在家长制或宗教原则上的国家,或者就是一个更加精神性的,然而更加简化的伦理生活,但这个国家总是会有一种原初的自然

---

① Alan Patten, *Hegel's Idea of Freedom* (Oxford: Oxford University Press, 1999), p.130.
② Allen W. Wood, *Hegel's Ethical Thought* (Cambridge: Cambridge University Press, 1990), p.239.

倾向,它无法经受自我意识的上升所带来的分裂,因此会变得无限地退回它自身。"①也就是说,没有了让特殊性原则施展自身的市民社会的话,国家就极容易退回抽象的普遍性,也即退回到理性觉醒之前的盲目、迷信和专制。

二、现代国家的理念:特殊利益和普遍精神的统一

平卡德告诉我们,黑格尔在写作《法哲学原理》时,正值普鲁士发生的一场激烈争论。争论涉及的是,在拿破仑突然垮台后,德国的改革者和反改革者发生强烈冲突,并且在1817年和1818年左右,改革就已经明显放缓。此时,德意志究竟应该采取何种政体?平卡德认为,《法哲学原理》其实体现了黑格尔对德意志的立宪问题的思考:"德国如果有宪法那么应该具有何种宪法,德意志的法律是不是应该(且怎样或基于什么)进行制定。"②而黑格尔在这场争论中所采取的立场,按平卡德的话来说,完全是改革派的。"黑格尔《法哲学原理》的内容和论证很大程度上成了对普鲁士改革运动合理性的竭力论证。"③然而,黑格尔自己的立场又不能被简化为"改革派"——或者说,"改革派"的立场本身并不能被简化为与保守派"对着干"。黑格尔一方面显然是反对保守势力的,认为"独断论式地"坚持一个民族的身份而反对修订德意志法律(萨维尼)是一种非常错误的看法,这种做法完全没有看到欧洲历史中通过法国大革命而确立的自我怀疑和反思精神。但改革派本身同样是一个复杂的群体,黑格尔事实上并不赞同改革中的"英国版本"。他依然坚持某种"伦理因素",只不

---

① Allen W. Wood, *Hegel's Ethical Thought* (Cambridge: Cambridge University Press, 1990), p.240.
② 特里·平卡德:《黑格尔传》,朱进东、朱天幸译,商务印书馆,2015,第505页。
③ 同上,第492页。

过这种坚持并不意味着照搬地方主义的一套,而更多地将它看作一种有待在改革中被更新的东西。"黑格尔对法律编纂和立宪主义的现代争论,使他对关于'伦理'的看法作出重新思考,此时黑格尔得出结论,一种现代的伦理不仅仅是可能的,而且如果关于合法性的现代观念和道德本身的力量想要站得住脚,那么这种现代的伦理还是必不可少的。"①也就是说,黑格尔认为,古希腊那种"美好的伦理生活"早已一去不复返了;在现代世界中,基于个人的道德主义必须取代古代的伦理。然而,在前文中笔者已经讨论过,个人主义的道德同时是一种非常危险的东西,它需要一种新的伦理实体作为基础。在黑格尔看来,这个基础必须是一个现代立宪制的国家。在国家中最为核心的要素有两个:个人的自由和特殊利益,以及国家本身的更高的合法性也即普遍的精神,是两个核心的问题。

1. 国家中的特殊利益

在黑格尔那里,国家的理念是由以下几点构成的:个人的特殊利益和权利、普遍的利益,以及它们两者的互相渗透。

首先,我们来看一下国家中特殊利益的方面。黑格尔认为,只要我们具体地考察国家的理念,就会发现在国家中,特殊性的环节是一个本质性的环节,"特殊利益真的不应该被搁置一边,或竟受到压制,而是要把它同普遍东西一致起来,以此方式而使它自身和普遍东西都得到保存。"②也就是说,对个人而言,他对国家服从的义务和他作为公民的权利是没有任何矛盾的,并且,后者是个人所直接具有的东西,因而是前者的前提。并且,个人在国家中还能够获得他在市民社会中所得不到更高层次的满足。个人有服从国家的义

---

① 特里·平卡德:《黑格尔传》,朱进东、朱天幸译,商务印书馆,2015,第508页。
② 黑格尔:《法哲学原理》,邓安庆译,人民出版社,2016,第392页。

务以及其他法律上的、职业上的和伦理上的义务。同时,在履行义务中,他作为公民,其人身和财产得到了保护,他的特殊福利得到了照顾。并且,在通过自己的职业而为国家效劳和履行义务的过程中,个人也找到了成为这一整体的成员的自我意识和自尊感,从而使他的实体性的本质得到了满足。

因此,在国家中,自由得到了更为具体的规定:伍德认为,"国家是一个客观的和集体的目标,并且它所实现的自由,不是个人在他自己的行为中的自由。……个人只有通过国家才能得到自由,因为个人的最深层次的需要是他的理性本性的实现,即他们的普遍性;而这一点只有当他投身于一个作为集体的目标和自身的目标的国家中时,才能得到实现"①。或者说,个人是在消极自由已经得到了保证,并且已经显出它的狭隘之处而越来越让个人感到不满的情况下,而追求一种积极的自由的场所。这种积极的自由的价值,就体现在国家中。因而在黑格尔那里,"积极的自由"有着明确的指向,即参与国家活动、对公共事务关心②。

---

① Allen W. Wood, *Hegel's Ethical Thought* (Cambridge: Cambridge University Press, 1990), p.238.
② 在谈到"参与国家活动、对公共事务关心"时,我们有必要略谈一下阿伦特对这个问题的论述。阿伦特指出,在历史上有过许多"黑暗时代",这些时代的特点就是"公共领域被遮蔽,而世界变得如此不确定以至于人们不再过问政治,而只关心对他们的生命利益和私人自由来说值得考虑的问题"。在阿伦特看来,身处这样一种公共领域被遮蔽的黑暗时代,就会发展出一种特殊的"私人人性"。这种私人人性首先只追求自己活着,其次则格外追求一种"人性的踪迹"和"人类的尊严"。阿伦特认为,对政治的"言谈"本身就是对人性的一种"证明",也只有通过言谈,才能把公民聚集为一个城邦(polis),因为从根本上说,谈论政治就是关心我们共同的世界。但既然在公共领域中谈论政治已经不可能,那么唯一可能的,就是朋友之间的言谈。笔者在第一章第四节谈道,黑格尔在讨论伊壁鸠鲁主义时,事实上是将这一社团中的"友谊"视为在罗马帝国这一"黑暗时代"中保持人性和尊严的一种方式,但他却也认为,这种方式相比较于家庭和国家,毕竟是更为"不具有伦理性的"。而阿伦特更为关注的则是:"在一个已经变得非人的世界中,我们必(转下页)

2. 国家中的伦理原则和宗教问题

在黑格尔那里,个人和普遍性的联结并不是某种神秘的东西,也不是非理性的、与宗教有关的献身,而是有具体的实存。这种实存首先体现在风俗、传统中。而"风俗"(Sitten)一词也是"伦理"(Sittlichkeit)的直接来源。"国家是伦理理念的现实,这个伦理的精神,作为启示出来的、自身明白的、实体的意志,这种意志思考自身并知道自身,而他所知道的,要在它所知的限度内来履行。国家直接存在于习俗中,而间接存在于单个人的自我意识及其知识和活动中。"[①]也就是说,只有在国家这一更大的背景下,基于个人的感情和任性的家庭,才能跳出自身的桎梏,发展为范围远超过个人的狭小领域的市民社会。因为唯有国家为个人提供了一种对普遍性的直接感受。因此,黑格尔认为,国家是比市民社会更高的阶段,同时又构成了市民社会之所以能够诞生的逻辑前提。在国家中,家庭和市民社会中只是隐约地存在着的东西,方能够以它的本来面目直接呈现出来,因此唯有在国家的直接性和本质中,市民社会中的伦理因素才能够被恰当地理解。

(接上页)须保持多大的现实性,才能使人性不被简化为一个空洞的词语或幻影?"也许在"黑暗时代"中,黑格尔所强调的"伦理性"这样的词也像他同样强调的"真理"一样,成了一个太过抽象和绝对的概念。我们可以用一些更为贴近生活经验的词语,如"正确性""客观性""事实性"等,去取代"真理";也许,我们也可以用一些更为"私人人性"的词,比方说"友谊",去取代"伦理性"。一种"无须证明"的朋友(而非"患难见真情"的朋友)、一种私密的言谈(而非已然不可能的公共领域中的政治的言谈),甚至于是发生在已故的作者和在世的读者之间的未曾谋面的知音之感,都可以是让过去的一切"变得属人",使发生在历史中的庞大事件变得"人性化"的方式。在阿伦特看来,这种"旁观",在一定意义上,其实也是"对公共事务关心"的方式。私人言谈中的参与者,也吊诡地实践了一种"普遍的"和"人性的"爱。(参见陈家琪:《让我们分享阿伦特的爱》,《社会科学报》2016年6月30日。)

① 黑格尔:《法哲学原理》,邓安庆译,人民出版社,2016,第382页。

经过了风俗习惯和市民社会这两个"外部的国家"之后,国家就达到了自觉,同时自由的理念和精神也就达到了自觉。黑格尔认为,自在自为的国家就是获得了充分自觉的伦理性整体,是自由的现实化。值得一提的是,黑格尔在强调国家的重要意义时,经常会借助神学的话语。例如他说,"国家是立于世上的精神",以及"国家是把神的意志作为当前的意志,作为向一个世界的现实形态和有机组织开拓发展的意志。"①,等等。事实上,即使是在启蒙运动之后,去神学中寻找对国家学说的论证也并非罕见,康德就有过类似的说法。康德在《以世界公民为目的的普遍历史概念》中将人类历史的发展和目的比作"自然的隐秘计划"和"天意":"大体上,可以将人类的历史看做自然实施其隐秘计划的过程……对自然——毋宁说是天意。"②

因此,我们难免会对黑格尔的国家和宗教的关系感到迷惑,并且我们有足够的理由认为,谈论西方政治哲学时,宗教是一个绕不过去的话题,并因此而对西方的政治哲学的基础感到疑惑。因此在这里很有必要说明一下,至少在黑格尔那里,是怎样看待国家和宗教的关系的。在《法哲学原理》第270节中,有一个很长的附释专门讨论这个问题。黑格尔指出,有一种说法认为,宗教的主要功能是在公共灾难、动乱和压迫的时代为人们提供慰藉,以安慰其所受到的冤屈和痛苦,并为他们提供某种希望;另一种流行的看法则认为,宗教是劝说人们反对尘世的利益、漠视现实世界中的事务,而国家恰恰以这些事务为追求,因此从宗教的角度看,国家的一切统治管理行为都是无足轻重的,甚至是有害的。黑格尔认为,这两种看法都是错误的。对于第一种认为宗教是人民面对公共灾难时的慰藉的看法,黑格尔指出

---

① 黑格尔:《法哲学原理》,邓安庆译,人民出版社,2016,第388页,第400页。
② 康德:《康德政治著作选》,金威译,中国政法大学出版社,2013,第15页,第19页。

了这种慰藉的虚妄无能:"假如对暴政的一切反感,真的会因为被压迫者在宗教中找到了安慰而被捐弃,那么同样也不应忘记,宗教也会采取一种形式,使人们受到迷信枷锁的最残酷的奴役,结果把人类贬黜到动物之下……这简直会被视为何等的嘲弄。"[1]关于第二种认为宗教更"超凡脱俗"的看法,黑格尔则指出,一种弃绝尘世的宗教极有可能以迷信的形式出现,这甚至会使人堕落到比动物都不如,并且开了愚昧和暴政之门。

因此黑格尔认为,对于"宗教"不可一概而论,在我们谈论国家和宗教的关系之前,首先需要澄清的是,当我们谈论宗教时究竟是在谈论什么。黑格尔认为,只有回到宗教的本质和概念,才能说明这一点。而宗教的本质是以绝对真理为其内容的。当我们抛开宗教中所有迷信的成分后,就会发现,它事实上是对不变的本质的探寻,它致力于在一切变幻中和在现实的目的、利益、财产的满足和消逝中,意识到某种不变的、真理性的东西。黑格尔认为,从变迁的表象中发现永恒不变的真理,是思想的自由的体现,这才是真正意义上的"自由"。因此黑格尔认为,说宗教是国家的基础,这完全是正确的,但这却并不是因为,宗教是某种面对暴政或不幸时的"慰藉",更不是因为它是对尘世的事务的蔑视,甚或是因为它本身就与政治权力有千丝万缕的联系和斗争,而只能是因为宗教的本质是"不变的"东西。

在此,黑格尔表达了两层意思:首先,就宗教是一种情绪上的对真理的信念而言,它是国家的基础,因为它真正道出了国家的"理念"。在这里黑格尔所主张的,既不是政教合一式的宗教,也不是逃避现实的宗教,而是一种"民众的宗教"。"一种民众的宗教,或者说市民的宗教,能通过具体的(宗教)形象塑造我们的行为。……黑格

---

[1] 黑格尔:《法哲学原理》,邓安庆译,人民出版社,2016,第398—399页。

尔认为,民众的宗教必须尊重个人良心的自由,并且宗教自由是民众宗教中的重要因素。"①其次,宗教也仅仅是基础,而不能替代国家的具体内容。黑格尔明确说:"普遍精神或世界精神是和上帝不同的东西。它是精神的合理性在它的世俗的存在。它的运动在于使它自己成为它所是的东西,也就是说,使它自己成为它的概念所是的东西。"②国家的内容截然不同于宗教的内容,而具有自己的理念和现实化。

3. 对国家制度的讨论

于是,对国家之理念的讨论,就必须过渡到对国家之制度的讨论。黑格尔认为,如果始终抱着抽象的概念不放,那么很容易将有缺陷的然而活生生的制度与理念相比较,苛责它的不吻合,但活生生的国家制度才是相比于空谈理念,更需要关注的。"对每个国家,人们都可以根据他们所拥有的原则,说明它是个坏东西,在它身上人们都可以找到这种或那种缺陷,但是国家,尤其现代发达的国家,总是在自身中含有它实存的本质要素的。……国家不是艺术品;它立在世上,从而立足在任性、偶然和错误的领域中,恶劣的行径可以在许多方面破损国家的形相。……尽管有缺陷,肯定的东西,即生命,依然绵延着。这个肯定的东西就是这里所谈的东西。"③这个肯定的东西,就是国家的法规和由此构成的制度。这些法规和制度是发展了和实现了的合理性,也就是说,它们是理念外化而成的定在,因此它们就

---

① Thomas A. Lewis, *Religion, Modernity and Politics in Hegel* (New York: Oxford University Press, 2011), p.26.
② 黑格尔:《世界历史哲学讲演录:导言:历史中的理性》,第 213 节;《世界历史哲学讲演录:第 1 卷:历史中的理性》,第 262 页。转引自:特里·平卡德:《黑格尔传》,朱进东、朱天幸译,商务印书馆,2015,第 532 页。
③ 黑格尔:《法哲学原理》,邓安庆译,人民出版社,2016,第 388 页。

构成巩固的国家基础,以及个人对国家的信任和忠诚的基础。

前面已经提到,黑格尔认为,国家的本质和它的起源是两回事,起源问题并非哲学讨论的对象;对于制度,黑格尔的看法也是一样的,他并不想追究制度的来源究竟是什么。因为在他看来,国家的制度就和国家本身一样,是一种一直存在的东西,并且必须被理解为是普遍性外化而成的实体。黑格尔也认为,我们不该问"国家制度应该由谁来制定"这样的问题,因为这个问题假定着不存在任何国家制度,而只存在着一群没有本质的联系的群氓。但事实上,国家制度绝不可被理解为由群氓无中生有地制造出来的,而必须被理解为是具有合理性的;它的所有变更也是在基于对这一合理性的本质的认可的前提下,依照宪法所规定的程序来对法的定在的外部细节所进行的改变,其目的也并非从头再造一套制度,而是依据理念对制度进行改进。

但这并不意味着黑格尔认为,但凡是一个国家,它的制度就是好的,也并不意味着在哪怕最糟糕的情形下都只能维持原状。因为黑格尔认为,真正的国家是以一套普遍的"宪法"为基础的;而"宪法",本身就已经暗含着,拥有宪法的国家是一个"现代国家"。它的行为和目的都与现代的精神,也即与主观性的自由相一致;而在此基础之上,一个国家的历史和当下的实际情况使它适用于哪种特殊的制度,倒是无关紧要的。"现代世界总的原则是主体性的自由,这就是说,在精神的总体性中存在的所有本质性的方面,都在自我发展中达到了它们的权利。从这一观点出发,人们几乎不能提出这种无意义的问题:君主制和民主制究竟哪一种形式更好些?我们只可以这样说,所有国家制度的形式,如其不能在自身容忍自由主体性的原则,也不知道去适应成长着的理性,那都是片面的。"①

---

① 黑格尔:《法哲学原理》,邓安庆译,人民出版社,2016,第417页。

如果一个国家和生活于其中的人,本身就与现代的原则相违背,那么它所必须做的事情就是从根本上去适应现代原则,而不是误以为"现代"与否仅仅是取决于政体是君主制或民主制,并将某种假想中的制度照搬过来。黑格尔认为,这种抽象和空洞的做法只会产生"绝对自由的恐怖"。赫伯特·施耐德尔巴赫(Herbert Schnädelbach)认为,黑格尔的国家是一个纯粹现代的国家,因为它从制度上就保证了一个相对独立的经济社会,和一个相对独立的政治国家:"黑格尔的现代特色在于……他的政治哲学从本质上是一种国家哲学;同时他也从政治的和社会的生活出发,对现代国家进行观察。"①

三、从市民社会中警察权到国家中的行政权

第二章第二节讨论了,黑格尔将警察和同业公会看作市民社会内部的伦理因素;而在国家中,它们分别在行政权和立法权中找到了自觉的形式。

先来看一下行政权,行政权是在一个更高的层次上再现了审判权、警察、同业公会等市民社会中已经出现过的事物,为它们注入了对普遍性的关注。黑格尔是这样界定行政权的:"执行和运用君主的决定,一般说来就是推行和完成已经决定了的东西,即现行的法律、制度和公益设施等诸如此类的东西,这和作决定这件事本身是不同的。这种隶属化的事务本身就是行政权,它涵摄审判权和警察权。这两种权力与社民社会中的特殊物有更直接的关系,并使普遍利益在这种目的中产生效力。"②

---

① Herbert Schnädelbach, *Hegels praktische Philosophie: Ein Kommentar der Texte in der Reihenfolge ihrer Entstehung* (Frankfurt a. M.: Suhrkamp, 2000), p.344.
② 黑格尔:《法哲学原理》,邓安庆译,人民出版社,2016,第432—433页。

在行政权中所面临的首要难题,是分权和集权之间如何平衡的问题。为了从市民社会的具体层面对市民的生活进行管理,必须将行政事务分为一些抽象的部门,而这些部门又归属于专门的主管机构来进行管理。因此最为理想的状态是,各个部门即能够照顾到市民社中的各种需要,主管机关对下级机关的活动有能够一目了然;同时,行政的力量也不能过度参与和干涉市民社会中特殊性的活动。黑格尔指出,人们为了使行政权内部的管理井井有条和为了尽量避免疏忽了市民社会中急迫而具体的问题,所采取的方式往往是任命一位国务总理或首相,其下又设数位部长,使上级集中领导行政事务。这种统治制度首创于法国革命中,经过拿破仑的加工后仍然存在于法国,并且影响到了普鲁士。这种方式能够带来很高的效率,并且对普遍的利益有充分的关心;但黑格尔担心,这种方式很容易引起对市民社会中本身的伦理因素的压制,因此有过度集权的危险。

黑格尔提到,在中世纪,同业公会和地方自治团体过于独立自主,几乎成为国中之国,于是同业公会成了与公共利益敌对的东西;而在当时的法国,情况却又走向了反面,也即完全取消了同业公会和自治团体,因此就缺少了特殊利益和普遍利益在其中交汇的集团。黑格尔认为,中世纪那种同业公会过度强大并且与公共利益相脱离甚至敌对的情况固然是不应当有的,但当时法国完全取消同业公会和自治团体的做法同样不可取。黑格尔认为,国家的力量其实扎根于这些自发的团体,政府必须尊重这些自治团体的合法利益并通过行政职能增进这种利益,同时又必须监督它们。在这种双重的关系中,个人才得以把他的私人利益跟整体的利益结合起来;国家也才得到了个人基于他自己的理性判断而作出的认同。从人民的角度来看,他们也应当成为有组织的,因为只有这样,他们才能具有力量并参与政治权力，否则人民就只是一大群分散的原子，无法进行任何有意义的共同决策和行动。综合这两个方面，黑格尔说："合法的权力只有在各特殊领域的有组织状态中才是存在的。"①因此，分权和集权之间的矛盾是一个十分为难的问题。

我们可以看到，市民社会最容易出现的问题是过度的分散，个人或各个同业公会都只关心自己的利益而不顾公共福利；而行政权最容易出现的问题则是过度集中，从而妨碍了市民社会中的自由，并且它自身也容易堕落为复杂冗余的官僚体系或堕落为腐败。黑格尔认为，市民社会易于分裂的问题，需要靠它本身的伦理因素，即等级和同业公会，以及国家的行政权去克服；而行政权易于过度集中的问题，就需要靠市民社会中同业公会形成一个强有力的团体，使相比于行政权显得非常弱小的个人能够团结起来为自己的利益和自由说话，抵抗行政权可能的干涉。"国家和被治者之免受主管机关及其官吏方面滥用职权之危害的保障，一方面直接处于主管机关及其官吏的等级制和负责机制中，另一方面处在自治团体、同业公会的权能中，因为这种权能自为地防止官吏在其担负的职权中夹杂主观任性，并以自下的监督补足自上的监督无法顾及官吏每一细小行为的缺陷。"②

在讨论行政权时，黑格尔还谈到了"中间等级"的问题，由于这一问题至今都对现代国家和社会十分重要，因此黑格尔的思考也依然很有意义。黑格尔所说的"中间等级"，指的是即非僧侣或贵族，也非相对比较远离政治生活的普通民众，而是专指政府成员和官吏，他们是一些将公共福利作为自己的职业的人。黑格尔认为，这一等级对于国家十分重要，因为正是他们在很大程度上决定了国家的日常事

---

① 黑格尔：《法哲学原理》，邓安庆译，人民出版社，2016，第435页。
② 同上，第437—438页。

务和长远走向,并且他们也代表了一个国家的法律的尊严和知识水平。黑格尔指出,国家的整体意识和最高的教养水平都表现在中间等级中,同时中间等级也是国家在法制和知识方面的主要支柱。没有中间等级的国家,是还停留在低级阶段和"不够文明"的。因此,黑格尔认为,这个中间等级的形成,是国家的最重要的利益之一;而只有在社会中大部分人群能够构成具有实际功能和力量的集团,并且这些集团拥有相当的权利、官僚界因此不敢胡作非为的地方,才能做到这一点。也就是说,这一中间等级即是行政权中的官员的主要来源,也是对行政权进行监督的自发力量。

总之,黑格尔将行政权视为与市民社会中的警察和同业公会相对应的机构:在市民社会中,公共利益是由自治团体、等级、同业公会来管理的,并由警察进行执法和济贫等更为急迫的工作;而在行政权中,则统一对上述各种组织、团体和机构进行统一的管理和安排,既要对市民社会中个人的自由和任性的活动提供保护,又要注意不使这些活动威胁到公共利益;于是市民社会中自发的伦理因素就在国家的行政权中得到了自觉。因此,黑格尔在对行政权的讨论的最后提到,当我们从国家的实体性的角度观察市民社会时,就会发现,爱国心的根源其实并非某种抽象的民族主义,而是扎根于同业公会中,也就是说,恰恰是在最为追逐个人自由和私利的场所中,已经有了爱国的情感的种子:"在特殊领域被赋权而产生的同业公会精神,本身内在地转变同时转变到国家的精神中,因为它靠国家才有维护特殊目的的手段。这就是公民爱国主义的秘密所在:他们知道国家是他们自己的实体,因为国家维护他们的特殊领域,他们的合法性、权威性和福利。"①黑格尔认为,唯有在工会精神中,特殊性直接与普遍物

---

① 黑格尔:《法哲学原理》,邓安庆译,人民出版社,2016,第433—434页。

产生了联系,因而政治方面的爱国心得以深入人心和具有力量的根源,就在于工会精神中。

四、从市民社会中的政治参与到国家中的立法权

第二章第四节讨论了,黑格尔认为市民社会中的等级和同业公会具有双重的面相,一方面它们是个人的职业、谋生和逐利的方式;另一方面它又代表着在需要的体系中具有必然地位的某一群人的共同利益,因此它是连接个人的利益和公共利益的纽带。于是,同业公会天然就是政治参与的平台,只不过这种参与最初是自发的,还没有形成某种被国家的宪法固定下来的形式;而在国家的立法权中,这种自发的政治参与取得了一种有法律规定的形式,并且成了咨议和立法机关,从而使个人真正能将公共的利益作为自己的目标;同时也使他们对国家的关切能够在现实中决定国家的命运。黑格尔对立法权的具体规定是:"立法权所涉及的是法律本身,在此限度内法律需要进一步规定,而且按其内容来说完全具有普遍性的国内事务。"①我们必须注意到,在黑格尔看来,立法权是国家的一部分,它是以国家为其基础的,而不是相反。黑格尔认为国家必须被理解为一种事实,它不是从立法权中产生的,但它却可以从立法权的工作中听到来自特殊性的声音和发现自身的不足,从而不断地生成和改进自己。

黑格尔认为,立法权具有三个环节,分别是作为最高决定权的君主权、作为咨议环节的行政权和作为主观自由和普通公众代表的等级要素。其中,君主权是国家的统一意志的象征,它的"决定权"并非指由君主独裁,而是指国家的重大决定必须由国家元首同意和宣布,是对一国之独立的精神的象征。行政权则参与了国家这一整体中各

---

① 黑格尔:《法哲学原理》,邓安庆译,人民出版社,2016,第439页。

个方面的活动,对其中的基本原则和各种特殊的权利有具体而细致的认识,因此它的意见对于立法权来说具有实质的重要性。最后,等级的要素则是主观自由的表象,也就是说,个别的人通过等级的要素参与到国家中,以自己的理性对国家的决定进行讨论、建议和形成决策,如此,国家的决定就不是自上而下的强制,而是被个人的理性所认可的东西,因此它是启蒙以来的现代世界的必须环节。

有一种看法认为,立法权的三个环节必须相互反对、相互制约;各个等级之间也同样应该相互制约,这样才能让国家免于专制的危险。而黑格尔认为这种看法是很片面的。因为这种看法暗含个人与普遍性之间的敌对,并认为只有每一个普通的个人所组成的"全体",而非受过训练的政治家,才知道自己需要什么和国家需要什么,并且用"人民"的名义为这种个人的任性论证。但黑格尔认为,"人民"事实上是非常抽象的说法,是一种毫无规定性的含糊之词,而"知道人意志什么,尤其知道自在自为存在着的意志即理性意志什么,是深刻的认识和洞见的结果,这恰巧不是人民的事情"[1]。

因此,黑格尔所主张的代议制,并不是根据地理区域划分为多个选区进行投票的"民主"。这是由于,"人民"只是对聚合的人群的抽象的说法,而完全忽视了这群人为什么聚合、他们有什么共同的利益或团结的理由,因此所谓的"民主"投票只有看谁票数多这唯一一种决定方式,所以黑格尔担忧"多数主义议会很可能会忽略少数派的利益"[2]。基于地理的选举,"意味着选举出的代表没有考虑到他们是不是能够代表'整个'社会基本的重要利益,甚至没有考虑到他们是不

---

[1] 黑格尔:《法哲学原理》,邓安庆译,人民出版社,2016,第443页。
[2] 特里·平卡德:《黑格尔传》,朱进东、朱天幸译,商务印书馆,2015,第526页。

是能够代表他们所应该代表的人的基本和重要利益"①。而黑格尔主张的代议制,其基本的划分依据是市民社会中的阶层和同业公会。唯有在这样的团体中,人们才是根据他们的职业、身份认同和基本利益与尊严而形成团体的;在这种团体中人不再是毫无规定性的"人民",而有了内部的团结和为共同利益而参与国事、与其他等级和同业公会交流的途径。

同时黑格尔认为,立法权不应该是各个等级互相敌对,又各自与政府互相敌对的场所。黑格尔说:"相信这种敌对关系具有必然性是一种令人沮丧的错误。政府不是与其他党派对立的党派,乃至于双方似乎都要力争使自己取胜,争得上风似的。"②他认为,各个等级参与立法权并同意承担赋税,这既不是在为自己的等级"夺取"什么,也不屈服于外在的权威之下。基于等级的选举的真正意义是:国家能够通过它们而与人民的主观意识发生联系;同时人民也能够基于对他们来说具有归属感的群体来参与国事。

总之,黑格尔认为各个等级是普遍的政府和特殊的个人之间的中介,各等级一方面忠实于国家和政府的普遍意志和主张,另一方面又忠实于特殊集团和单个人的利益。由于这种中介作用,王权就不至于成为独断专行的赤裸裸的暴政;同时,自治团体、同业公会和个人的特殊利益也不至于各自孤立起来,不会因为对国家的自由本质无知而结合为群氓,成为反对有机的国家的力量。

在第二章第四节中,我们在市民社会内部对等级和同业公会加以考察,发现它是一个政治参与的平台;而在国家中,"政治参与"上升为国家中具体的立法权。各个等级和同业公会对政治的兴趣,也

---

① 特里·平卡德:《黑格尔传》,朱进东、朱天幸译,商务印书馆,2015,第526页。
② 黑格尔:《法哲学原理》,邓安庆译,人民出版社,2016,第444页。

从一种自发的、偶然的兴趣,上升为代议制政府中产生代表的明确而固定的平台。如果说在市民社会中,伦理性的因素只是一种自在的东西,那么在国家中它就成为了自为的。但我们可以看到,这种自为的和强有力的伦理性,并非在国家中才凭空产生的,而是直接从市民社会中脱胎而来,是以市民社会中需要的体系和以生产与交换的市场中的必然结构为依据的。

五、社会舆论对代议制的补充

值得注意的是,黑格尔认为,立法权的体现方式应该是代议制的,而不是直接民主。一般说来,人们很容易认为,既然所有人都是国家的成员,那么所有人就都应该参与一般国家事务的讨论和决定,因为他们都有权以自己的意志决定国家的事务。但黑格尔认为,这种想法是一种抽象的理智,它死抱住每一个人都是国家成员这种抽象的规定,但它没有看到,事实上具体的国家是一个由各种特殊集团所组成的整体,国家的成员首先是这种等级的成员,并且,他的意见之所以重要和能够影响国家的决策,恰恰是因为他拥有"等级的成员"这一具体的身份,而非因为他拥有"国家的成员"这一十分笼统而抽象的身份。

黑格尔认为,唯有代议制的方式在个人的参与和政治家所需的职业素养之间找到了平衡,因而能够兼顾人民的呼声和普遍利益,既不至于让普通人远离政治,也不会使立法权完全被个人的私利所控制。选派议员的意义在于:这些议员受过特定的教育和培训,因而能够比其他人更好地理解普遍事务,并且他们的公务活动本身也是一种能够得到报酬和受到尊重的职业,因此他们不会狭隘地为某一个自治团体或同业公会的特殊利益而罔顾普遍利益,而会在实质上维护这种普遍利益。

黑格尔指出,代议制的一个重要的基础其实是信任。它首先是一些个人(选举人)对另一些个人的(议员)的道德和智力的信任:"我们信任某人,是因为我们对于他按其最佳的知识和良心把我们的事务作为他自己的事务来处理这件事上看出了他的见识。如此一来,单个人的主观意志这一原则就失效了,因为我们所给予的信任是对一种实事、对一个人的原则、举止态度、行为方式,对他具体品行的总的信任。"[①]在黑格尔看来,这种对议员个人品德和能力的信任,以及对国家会为个人利益考虑的信任,是整个代议制能够健康运作的基础。

在现代国家,一般人们会将以代议制的方式起作用的立法权视为国家常设的政治体制,但由于现代国家人口众多、社会生活十分复杂,每个特殊的个人都会有自己特殊的利益和意见;而立法权只能关照最具普遍性的重大决策,不能也不该对更为具体的社会和个人事务加以干涉和调节。但有时,市民社会中的具体事务难免会陷于困境而需要裁决和帮助;个人也难免会对于那些对于自己休戚相关,但对国家来说又"不够重要"的事情感到必须发表意见。因此在现代国家中,社会舆论必须作为对国家的立法权和需要的体系中的私人利益之间的空隙的一种必要的补充,而被政治哲学和具体的政治实践纳入考虑。

黑格尔对舆论的界定是,它是个人所享有的主观自由的一部分,即个人有自由对普遍物发表自己的判断,并且应当将这种意见表达出来。同时,当个人仅仅以个人的身份对普遍物表示意见时,我们也很难指望他对普遍物一定具有很深入的了解和有智慧的见地,并且

---

① 黑格尔:《法哲学原理》,邓安庆译,人民出版社,2016,第451页。

每一个具体的个人对普遍事务都各有其不同的出发点和不同的看法,因此公共舆论往往呈现出一种纷繁复杂和自相矛盾的表象。所以黑格尔说,公共舆论是一个"本质的东西"和"非本质的东西"并存的领域。

具体说来,黑格尔对公共舆论的看法可分为三个层次。首先,就他的哲学体系本身来说,特殊性的东西和普遍性的东西不过是真理的不同阶段,它们的内容本身是不冲突的,个别的个人其实天然地就是普遍物的一部分,反之亦然。所以公共舆论是对整个国家的"常识"的反映,并且它的积极表达也能够提高人们所具有的常识的水平。因此他说:"公共舆论自身包含永恒的、实体性的正义原则,整个国家制度、立法和一般普遍状态的真实内容和结果,以健康的人类理智为形式,这种理智是以成见形态贯穿在所有人当中的习俗的基础,乃至包含了现实性的真实需要正确趋向。"①

其次,他也看到公共舆论毕竟是一个"意见"的领域,人们虽能够从中发现真理性的内核,但它自在地并不是真理,而是一个众说纷纭的混合体。关于国家的真正真理,却要到国家正式的和必然的体制中,即到君主权、行政权和立法权的设置中,以及到以关心公共事务为业的普遍等级那里去寻找。"由于在公共舆论中真理和无穷错误如此直接地混杂在一起,使得人们对这一种还是另一种都不能真正认真对待。……实体性的东西又是不能从公共舆论中找到的,相反,正因为它是实体性的东西,所以就只有从它本身和为了它本身才能被识认。"②因此黑格尔说,公共舆论即值得重视,又不值一顾。其中不值一顾的部分是它的具体意识和具体的表达(这种表达往往是冲

---

① 黑格尔:《法哲学原理》,邓安庆译,人民出版社,2016,第455页。
② 同上,第456页。

动的和众说纷纭的),而其中值得重视的部分则是在混乱的表达中所隐隐约约地体现出的本质基础。

最后,黑格尔身为"他的时代的产儿",特别提出,在"现代"这一"我们的时代"中,公共舆论尤其具有重大的意义。因为我们的时代与古代之不同和它最大的成就,就是个人的理性的觉醒。权威、习惯和风尚在古代足以成为国家的合法性基础,尽管真理只是自在地隐含在这些东西中,而它本身并非国家的真理所应当采取的形式。现代人则要求通过自己的理性,直接在真理当中认识真理,因此国家不能只是借助一些间接的东西,如权力或习惯等来说明自己,而必须直接以理性的方式说明自己,并让自己接受理性的法庭的考察。因此,如果说在个人的理性尚未觉醒的时代,公共舆论是为了政治清明和为了平衡各种利益而采取的"权宜之计";那么在现代,它就是一种从理性中直接取得权利的必然。因此黑格尔说:"对于所有的时代而言,公共舆论都曾是一支巨大的力量,特别在我们的时代更是如此,主体自由的原则具有了这种重要性和意义。现时应该有效的东西,不再是通过权力,也很少通过习惯和伦常,而确实通过识见和理由,才成为有效的。"①

而为了让必然存在和必须加以重视的舆论更"值得重视",就需要对公民进行教育。第二章第四节中已经提到,黑格尔认为教育有两种功能,它首先是一种职业教育,目的是为了让人获得知识、劳动的技能和劳动的习惯;其次则是一种精神的教育,旨在让人从自然本性中的肤浅和自私自利中摆脱出来,获得精神性的自我规定。在这里,我们就看到了黑格尔所设想的教育的第三个层次,即一种具体的公民教育,旨在让人对自己所身处的国家的普遍事务有所了解,认识

---

① 黑格尔:《法哲学原理》,邓安庆译,人民出版社,2016,第455页。

到自己作为伦理世界的一部分所必须主张的理性和利益,同时认识到自己身为个人对共同体的归属感和责任心。

因此,黑格尔指出,等级、同业公会、社会舆论等组织的任务并非越俎代庖地取代正式的国家权力机关的工作,直接去执行国家的工作;它的使命是成为一个选举的平台,以及对自身的成员进行政治的教育平台,使成员具有关于普遍事务的知识、技能和责任心。"等级制度的使命并不在于,通过它而使国家事务的咨议和决定自在地做到最好,它不过对这方面构成增益而已,相反,它的特殊使命在于,通过参与对普遍事务的共同了解、共同讨论和共同决定而顾及到不参与行政的市民社会之成员,从而使形式的自由这一环节达到它的法权。"①因此,黑格尔认为,等级会议的记录必须公开。这种公开是国家直接以正式和公开的方式展现自己对公共舆论的尊重和反应;同时,公共舆论也在这种公开的回应和讨论中更好地理解国家事务乃至国家的理念本身。

第二节　历史哲学的尝试

黑格尔认为,国家是对市民社会中本身就存在的伦理原则的呼应并为它赋予一种明确的和自觉的形式。但正由于伦理性的因素在市民社会中和在国家中采取了不同的表现形式,因此我们就又回到了黑格尔在《精神现象学》中对现代世界的批判:现代世界是一个分裂的世界。现代的个体性原则为自己创造了市民社会这一领域,这一领域为了更切实地保护个体性原则的缘故,必须将自己和国家区别开,国家也必须尊重这种区别,它不能因为市民社会中的结构在自

---

① 黑格尔:《法哲学原理》,邓安庆译,人民出版社,2016,第453页。

身中都有了,并且还做得比市民社会中更好,就取消市民社会。因为这种分裂正是现代的成果,国家可以在一定程度上纠正市民社会内部人们的单子化问题、贫困问题等等,但这种纠正毕竟是外在的,它只是一种暂时的和局部的纠错,而非彻底解决。现代市民社会和现代国家的二元关系,以及市民社会中最为让现代人困扰的贫困问题和去政治化问题,事实上依然是无法解决的,并且也不该通过取消两者之一的方式寻求一种外在的解决。事实上,黑格尔并没有直接给出关于如何解决这些问题的答案——他将真正的解决留给了时间、留给了历史。因此,在本书的最后对黑格尔的历史哲学稍加讨论,是非常有意义的,因为它在一定程度上为黑格尔不完美的方案指出了方向。更为重要的是,黑格尔的历史观其实是贯穿在他所有哲学讨论中的"底色"。可以说,如果缺少了对历史哲学的关照,我们几乎无法对黑格尔的任何观点有一个"圆圈式的、首尾相连的"理解和阐释。

论及黑格尔的历史哲学,也许我们很容易被他对具体的历史时期的描述和臧否所迷惑,并局限于讨论,他对某一时期(如希腊)的夸赞或对某一历史时期(如"东方")的批判是否符合实情、是否带着太多主观的偏见与好恶。但是黑格尔的历史观并不是历史学家意义上的"历史",而是哲学家眼中的"历史哲学",并且这种"历史哲学"的立足点始终是当下的时代。因此,当我们阅读黑格尔时,应当按黑格尔本人的意图和面目去理解他。黑格尔的意图并不是给予我们关于历史的知识和评判,而是始终带着对当下的观察,以当下的眼光重构历史。

黑格尔的历史哲学以对规定了自己时代的那些原则的考察为基础。同时,他一方面并不认为这些原则的诞生只不过是偶然性或"命运"的作弄,也就是说,他并不认为我们在面对当下时,只能被动地接受,而无法理解和改变时代。另一方面,黑格尔也并不认为规定了我们当前历史时期的那些原则,都是我们这一代人——或者最多也是二十年前的人——根据某种仅仅是自身认定的"概念",而凭空制造出来的。也就是说,他并不认为人们应当对历史和传统毫无了解和尊重,而幻想自己可以打破旧的世界、重新建立一个与过去毫无关系的新世界。

黑格尔的历史观,事实上是一种非常特别的对"现代"进行理解和阐释的方式。也就是说,他将"现在"理解为"过去"的产物。他相信,我们现代世界中能够找到的所有原则,那怕它已经被其他原则扬弃了而不再是眼下的核心原则了,都曾经是过去某个时期的核心原则,并且是过去的人们抱着和现在的人一样的热情与理想,努力争取到的。因此现代的一切都可理解为一种历史的遗留和馈赠。过去的每一个历史时期,都在某个具体的民族身上得到承载,这一具体的民族和这些具体的个人,受到了某种时代精神的感召——或者也可以说是感到了自己心目中的某种理想和冲动,因而根据这一精神或理想,将自己的民族塑造成某种样子。以最受关注和批评的黑格尔对"东方"的论述为例说明这一点。众所周知,黑格尔批评在"东方专制"的时代,只有君主一人是自由的。但事实上,黑格尔说"只有君主一人自由"的完整背景却是:在古老的东方,人们不再将自己的命运归结为"命运",不再从诸如飞鸟的轨迹等极度外在和偶然的东西中寻找对自身行动的决策,而是确定了君主的决定权。从现代人的眼光看来,一个国家只有君主一人自由,无论如何也谈不上是好的制度,但黑格尔却看到,这种制度对于刚从迷信中挣扎出来、决定了由一个人类而非由"神"来为自己决定命的人民来说,是极为勇敢的。他们战胜了愚昧和听天由命的盲目;确定了人类的自由、理性和尊严。因此当我们进行历史哲学的思考时,就不必苛责这一民族没有将自由扩展到全部人,而应看到它所奠定的"人"这一原则。在东方,这"人"只是君主一人,在后世看来是欠缺,但对当时时代的人而言却是一种巨大的进步和彻底性。

事实上,黑格尔也以同样的态度看待东方、古希腊、古罗马、日耳曼。他对任何一个时期,都是更侧重揭示这些时期的人们为我们奠定了哪些伟大而宝贵的原则。同时,黑格尔也站在他的时代或者他所讨论的时代之后的那个时代的立场上,理智地看待每一时期的内部矛盾和缺陷。比方说,东方的内部矛盾就在于,为了将人的理性这一原则推到当时所能达到的最大的彻底性,人们唯有将所有的自由和理性归到君主一人身上,而牺牲了国内其他人的自由和理性。但这是因为,当一个原则刚刚出现时,它还并未深入每个人的心中,如果让每个人都发表意见,那么无疑大多数人的意见是诉诸迷信而非诉诸理性。因此,东方将自由只保留给君主而否定了众人的意见和舆论的价值,是一种"值得"的牺牲。当这一原则渐渐确定下来,为越来越多的人所接受,那么它本身的不足也就自然会越来越明显。于是其他的民族的使命就是将这自由的范围扩大,使它的深度加深。

去讨论黑格尔所作的历史分期究竟是否和事实符合、讨论每一"承担天命"的民族之间究竟是否有这样的继承关系,这是没有多大意义的。重要的事情在于,我们需要理解黑格尔对待历史的这种态度:当代的一切都是过去的时代的产物,我们应视其为瑰宝,而非视其为可以随意取消的废墟。同时我们也应该以对待真正的遗产的态度对待它们,也就是说,应该勇于发现其中的矛盾并扬弃它们。在黑格尔看来,对过去的真正理解就意味着扬弃过去;对当下的真正理解就意味着用"灰色的理论"将现实中合乎理性的东西凝固下来;而当现实的青色变为理论的灰色时,"当代"就将自己变为和"古代"一样的遗产,它准备好了结束自己的这一时代并遁入历史的黑暗中,而将世界留给以后的人们,让他们去发现我们的理论中的可贵遗产和内部矛盾。

因此,我们应当这样理解黑格尔所说的"历史的终结":黑格尔是站在他自己的时代中、视自己为时代的一员——同时也是视自己为过去的时代的产物,从而说出,在他的位置上,历史已经"终结"。因为现代的现状所围绕的原则和历史初生时的萌芽,其实是同一个原则,也即精神的自由和理性。因此这是一种圆圈运动,是真正的无限。也正是在这一意义上,黑格尔绝不会赞同后世对他的某种解释,即认为历史真的"结束"了,人们除了变成无所事事的"末人"之外别无出路。既然黑格尔认为他自己的时代能够问心无愧地将自己理解为过去的整个历史的"终结",认为自己的时代达到了某种圆圈式的完善,那么他也会愿意相信,之前的和之后的每个时代,都会发现前人的问题,并贡献出自己的解决方案,以备后世的扬弃。换言之,每个时代都可以而且都必须要求自己是一种"终结",也即在自己的阶段中达到真正的无限圆圈运动。因此笔者倾向于认为,黑格尔的历史观,并非一种以未来的目的为导向的"目的论",这种目的论难免"为了达到目的可以不择手段"之咎,也不是一种断定时间之徒劳和人类之盲目和无助的循环的"命运"观,而是一种基于对现时代的理解而揭示过去之合理性的"回溯式的"目的论。也就是说,他不是将过去和现在视为实现未来的目的的手段,而是将现在视为过去的目的,并愿意相信这种代际之间的团结可以持续下去,也就是说,每个时代都愿意回到那些最初的、最简单的原则,如自由、理性、真理,并以自身的定在,为这些最为简单的理念赋予新的具体内涵。

一、历史与时代精神的变迁

因此,我们就先看一下,黑格尔从他自己所处的时代出发,对他之前的世界历史所作的理解。黑格尔认为,我们应当这样看待世界历史的每一个阶段:"在它之中包含着世界精神之理念的那个必然环节,即当下就是它的阶段,具有它的绝对权利,有活力的民族生活在这个环节中,则能顺利实施其行动,获得幸运和荣誉。"①黑格尔认为,历史的每一个阶段都和其他阶段不同,并且这种不同并非泛泛的"另一群人"和"另一个时代",在他看来,真正的不同不是外在的和时间或民族上的差异,唯有特殊的原则才是将一个时代和另一个时代区别开的东西。他将这种原则称为"民族精神":"民族的宗教、民族的政体、民族的伦理、民族的立法、民族的风俗,甚至民族的科学、艺术和机械的技术,都具有民族精神的标记。"②因此,一个民族的兴盛,是因为它在某一段时间内创立了一个原则,并将它作为一种永恒的财产确定下来,后世的人们必须扬弃它所创立的原则。在一个民族为这一原则奠基时,就是它在世界历史中占据统治和引领地位的时期。而既然原则已经被创立了,它就会将自身发展到完成、并显示出自身的内在矛盾和不足,它的发展的后果是,从自身中产生出了扬弃它自己的更高级的原则,这时,一个民族就自然而然地走向衰亡,而世界历史则从这种衰亡中走向更高的阶段。

黑格尔自己将世界历史分为四个时期,它同时也是精神外化在现实中的四个阶段和四种不同的原则,按照这四个原则,世界历史可分为四种王国:东方的、希腊的、罗马的、日耳曼的。

---

① 黑格尔:《法哲学原理》,邓安庆译,人民出版社,2016,第475页。
② 黑格尔:《历史哲学》,王造时译,上海书店出版社,2001,第64页。

1. 东方

从精神本身来看,此时"在最初作为直接的启示中,世界精神以实体性精神的形态为原则,这是同一性的形态,在这种形态中,单一性沉没在它的本质中,还没有得到自为地存在的权利"①。

从精神在世界历史中具体的承载者的角度来看,东方人(尤其是黑格尔所理解的古代中国人)是这一阶段的代表。这一历史时期人类精神生活的特点是,人刚摆脱了自然的束缚和迷信,而认识到人是自由的。只不过,只有君主一人,象征了"人"的理念,因此只有君主是自由的,其他人都不自由。同时,正由于除君主外的其他人都不自由,君主也就得不到与自己平等的其他"主人"的承认,而只能得到"奴隶"的承认,因此这个唯一自由的人也一个专制君主,而不是我们现代意义上的自由人。

2. 希腊

从精神本身看,精神的"第二个原则是这种实体性精神的知识,以至于这种精神既是积极的内容和成果,又是作为精神的活的形式这种自为的存在。这一原则就是优美的伦理性的个体性"②。

就具体历史中的民族看,承担了这种个体性的最初觉醒的民族是古希腊人。在古希腊,自由获得了比东方更广的范围,也就是说,从只有君主一个人自由,扩展到城邦的全部公民都有自由;同时自由也获得了更深的内涵,也即从自由就是对国家的重大事务作决策,它深入到城邦公民的生活和交往的全部活动中。只不过在古希腊自由依然是少数人的特权,奴隶和妇女都是没有自由的,并且古希腊哲学和艺术的繁荣,其实也在一定程度上依赖那些被贬低为奴隶的人的

---

① 黑格尔:《法哲学原理》,邓安庆译,人民出版社,2016,第477—478页。
② 同上,第478页。

劳作。因此黑格尔认为,被后世奉为典范的希腊民主制度,其实依然不是一种让人满意的自由:"希腊人蓄有奴隶,而他们的整个生活和他们光辉的自由的维持同奴隶制度是息息相关的:这个事实,一方面,使他们的自由只像昙花一现,另一方面,又使我们人类共有的本性或者人性泯没无余。"①

3. 罗马

从精神的角度看,"第三个原则是这种认知着的自为存在在自身中的深入,以达到抽象的普遍性,从而成为同样是废弃精神的客观性的无限对立面"②。

就历史中这一时期的具体表现来看,在罗马时期,自由达到了这种分裂的阶段。黑格尔认为,在这里人们的生活分裂成了私人的领域和普遍性的领域这两个极端,但正是由于它们的分裂,所有两方面都采取了一种堕落的形式。这种对立具体表现为采取贵族制形式的实体性的权力,和采取民主制形式的自由人格原则之间的对立。黑格尔认为,两者的敌对和分裂对双方来说都是非常有害的东西,这种分裂使普遍性领域成为对权力的迷信和贪婪,使私人领域产生悬殊的贫富差距和产生敌视公共生活的"贱民"的心态。最后,整体的分解将造成个人的绝对自由的狂暴和伦理生活的毁灭。在这种情况下,不同民族和国家的个体性也会消亡在抽象的平等中,唯有武力才是这一阶段的历史中的唯一标准。

4. 日耳曼

最后,黑格尔认为,精神的最高阶段就是将以上两个分裂的领域弥合起来、让理性和自由在尘世中实现为一个合乎理性的世界。"第

---

① 黑格尔:《历史哲学》,王造时译,上海书店出版社,2001,第18页。
② 黑格尔:《法哲学原理》,邓安庆译,人民出版社,2016,第478页。

四种形态的原则是精神的上述对立面的转化,转而在它的内心中接受它的真理和具体本质,并在客观性中归于一家,达到和解。因为这种回复到最初实体性的精神,就是从无限的对立面那里返回的精神,这种对立产生并认识它的真理之为思想合乎规律的现实世界。"①

就历史中具体的民族而言,黑格尔认为,以色列人对这种分裂有最为清晰的意识,正因为其自觉,所有以色列人最为感受到分裂的痛苦。当整个世界并未准备好在现实世界中扬弃分裂时,以色列人已经以宗教的方式表达了对和解的强烈渴望,并且这种渴望也预告了和解终将在现实中达成。最后,黑格尔认为,日尔曼人就是这一和解的使命的承载者,他们实现了客观的真理和主观的自由之间的和解。正是在这一意义上,黑格尔认为日耳曼民族处在"历史的终结"处,因为在这里,自由的客观的方面和主观的方面同时完整地呈现在了个别的意识面前,从而达到了自觉。

笔者在前文中已经讨论了,黑格尔对现代社会的批判就是,现代社会是一个特殊性原则刚刚兴起,因而还无法将自身与普遍性原则相认同,从而造成分裂的时代。而分裂的东西自然而然地希求一种和解,但由于在真实的世界中,自由依然只是少数人的特权,也就是说,真实的世界尚未作好和解准备,那么人们就只能求助于幻想中的和解。这种和解就是宗教。在上一节中笔者已经提到,黑格尔认为宗教的本质是对真理的向往和认识,而在政治实践的领域内,真理表现为"每个人都是自由的"这一原则;但同时,宗教只是对这一原则的向往,是一种内在的和情绪性的东西,而不是这一原则实现之后的本来面目,因此宗教的和解也只不过是一种外在的和解,也就是说,世界依然分裂为上帝之国和凯撒之国,在人格化的上帝面前,人人自由

---

① 黑格尔:《法哲学原理》,邓安庆译,人民出版社,2016,第478页。

平等;但同时他们在尘世王国中只能屈服于现实的不自由和不平等。

因此,对两者的和解首先表现为用宗教外在地解决尘世中的冲突。同时,也正是因为在现实中并无真正的和解,因此宗教中的和解必须采取一种人格化的上帝的形式,就好像在古代东方,人的自由必须采取君主制的形式,当真理无法以其本来面目直接呈现在人的理性面前时,它就只能和必须以一种象征式的方式,呈现在人的情感面前。此时的人们并非理性地思考真理,而是用通过虔诚的感情崇拜真理的人格面具,也即崇拜一个上帝。但随着特殊性原则的深入自身——用黑格尔历史哲学的话语来说,当历史发展到了日耳曼人时期——特殊性原则就开始在自身中发现伦理性的因素,开始认识到,自己和普遍物并无敌对,反而是要在普遍物中才能找到自身的意义。因此,黑格尔在《法哲学原理》中对于市民社会本身的伦理因素的揭示,和他对国家的政治结构能够呼应社会的结构、并将社会中自在的伦理因素提升为自在自为的国家制度的论述,是他的历史哲学叙事的一部分,也即是他对历史作为自由的不断具体化过程的信念的一种在政治实践领域中的表达。

二、历史哲学视野下的市民社会及"历史的终结"

黑格尔认为,如果我们要如前所述那样,将整个历史理解为一种自由不断获得更广的范围和更多的具体性的历史的话,那么我们就必须假定历史本身是有理性的,这种理性才是对"代际间的团结"的保证——它比其他任何人们出于偶然的利益而结成的国家间的同盟都要牢固。固然,好几个国家可以结成联盟,并成立一个法院以调停彼此间的争端,但黑格尔认为这些联盟都像永久和平一样,始终是相对的和局限的。

因此,当我们想要从历史哲学中寻求对市民社会的问题的解决时,并不能够直接去历史上存在过的东西中寻找资源。黑格尔认为,对历史的僵硬照抄、以古非今是毫无意义的。他认为,想要从希腊人、罗马人或者东方人那里取得现代政治的模板,是一件荒谬绝伦的事情。因为市民社会是一个现代的现象,它本身就比古代的东西更为复杂和高级;因此,尽管黑格尔个人的喜好和倾向使他非常欣赏古希腊自由公民的那种自由、愉悦和充分发展的个体性,也欣赏希腊城邦中的伦理情感,但他依然意识到,我们现代的国家比希腊城邦进步得多。这种进步是历史遗留给我们的,其内涵远远超出希腊城邦伦理和文化的限度,因此想要通过照搬希腊的直接民主的方式解决现代市民社会中的问题,是完全不可能的。

此外,黑格尔也不赞同将历史中的理性理解为一种向着既定的"完美"目标前进的僵硬的目的论。因为黑格尔认为,所谓历史中的向着更好的方向进步的理性,只是一种大致的走向。正由于历史的过程是一种活生生的东西,因此它自然会有种种缺陷、能够宽容各种变化。黑格尔在讨论国家时就说,如果从抽象的原则出发,那么任何国家都能被指出许多缺陷,国家不是艺术品,而是活生生的东西,因此"完美"不是好的国家的标准,唯有"生命"才是最重要的和肯定的东西。

因此,我们在寄望于时间和历史能够从当下世界中诞生出新的原则而解决眼下悖论般的难题时,首先应当意识到,有时在历史的一些时期中会存在着倒退:"我们简直可以说,前代文明的全部巨大的收获,似乎已经整个儿摧毁了。在那些时期以后,很不幸,一切又须重新从头做起,要靠了在旧文明的废墟上搜得的残余,费去无限的精力和时间,历尽无限的折磨和痛苦,以图恢复多年以前曾经赢得过的那种文明的千万之一。"①因此,前文所提到的四个历史阶段的分期,只是一种非常大概的说法——或者说,当我们直接观察历史中的理性时,固然能够看到理性发展的各个阶段的区别,但当我们深入历史事件中时,就会发现大量的缺陷、倒退和断裂,而非简单的线性发展。

同时,黑格尔也并不认为世界历史是一个全凭暴力决定的场所,似乎哪个国家具有更强的武力,它就一定是当时最体现理性和自由的国家。黑格尔认为:"世界历史不是其强力的法院、即不是一种盲目命运的抽象而无理性的必然性之法院。"②因为精神是自在自为的理性,世界历史的各个时期是理性的不同环节从精神的自由的概念中引出的必然发展,从而也是精神的自我意识和自由的必然发展。这种发展与同时期中各个国家的武力强弱没有任何关系。

但这也并不意味着黑格尔对历史采取一种相对主义的态度,或是认为无论怎样的解决方案都是可以接受的。一方面认为,历史中具体的各个民族、各个国家,都会按照它自己的意识、意见和任性去行动,按它自认为合理的或者非如此不可的方式解决它所面临的具体问题。因此历史就像哲学史一样,看似是一个错误和遗骸的陈列馆。另一方面他相信,世界历史的整体是一个法院,它能够宽容一切尝试;但从较长的时间尺度来看,理性的法庭终究会展现出,究竟什么才是理性发展的轨迹,于是也就自然地展现出,究竟是哪些个别的民族或国家,在哪些阶段刚好抓住了理性的步伐,这些民族或国家就会在属于它的时期成为世界的引领者。而对于"精神的运动",黑格尔认为,事实上我们需要一点耐心,因为历史的进程所需的时间远远超过个人的寿命,黑格尔指出:"个人自由通过基督教的传播诚然开

---

① 黑格尔:《历史哲学》,王造时译,上海书店出版社,2001,第56页。
② 黑格尔:《法哲学原理》,邓安庆译,人民出版社,2016,第473页。

始开花了,并在另外的一小部分人类中间成为普遍原则,迄今已达1500年。但所有权的自由在某些地方被承认为原则,可以说还是从昨天开始。这是世界史中的一个例子,说明精神在它的自我意识中前进,需要很长时间,也因此告诫俗见,稍安毋躁。"①因此,即使个人无法看到结果,但一代代人的努力最后所产生的合力,总会呈现出合乎理性的结果。

对于个人来说,对历史的理性的认识就同时是关于教育和理解的问题,以及关于实践的问题。说它是关于教育和理解的,是因为个人唯有受过哲学的教育,从根本上认识了理性,才能够从历史的混乱和偶然中看出理性。如果人对理性本身一无所知的话,那么他就只看到了历史中的偶然、断裂和倒退,而看不出任何人类的努力的意义。

说它是关乎实践的,就直接与本书的话题,即如何看待现代市民社会所带来的进步和难题相关了。首先,黑格尔从意识视角出发,阐述了现代市民社会的根源是个体性的觉醒;它的问题源于,刚刚觉醒的个体性原则尚无法采取一种具有普遍性的形式,因此从表面上看,它与那些普遍性的和实体性的东西相分裂了。在这种分裂中,特殊性原则表现为一种败坏的东西,并为个人带来了孤独、贫困和痛苦;而普遍性原则则表现为一种空洞的东西,它成了人的"内心"的领域,是人们在现实世界中感到空虚和不满后所逃遁的场所,而不再呈现出更为具体的和独立的意义。

其次,黑格尔通过历史哲学的论述指出,当我们有了对历史中的理性的认识,就会发现,其实特殊性原则和普遍性原则是一回事,它们的分裂只是它们各自发展出自己完善的形态过程中的一个阶段。

---

① 黑格尔:《法哲学原理》,邓安庆译,人民出版社,2016,第123页。

当我们从它们自己所产生的定在(市民社会、国家、宗教和哲学)出发去考察它们时,就会发现,它们虽然各自分裂,但这种分裂却已经可以被理解为是对自由和真理的不同的理解。"在国家中自我意识在有机体发展中找到它的实体性的知识和意志的现实性,正如在宗教中找到了它的这种真理(作为理想的本质)的感情和表象;但在科学中找到了对这种真理的那种自由的概念化的认识,这种真理作为在它们相互补充的各种表现中,即在国家、自然界和理想世界中,是作为同一个东西。"①

最后,黑格尔认为,对于具体的个人的实践来说,我们所拥有的哲学知识无论如何都不可能用来"指导现实",因为从哲学的知识出发指挥现实"应该"怎样,总是会倾向认为现存的一切从根本上就是不合理。因而试图破坏现有的一切而只凭抽象的概念建立一个新世界,只会带来历史中的"断裂"或"倒退"——也许这种倒退对于整个历史的理性其实并无多大害处,但对生活于这一时期的人来说却是一种灾难。在黑格尔看来,哲学所应采取的方式是,对理性进行理解,同时也对现存的东西进行理解,如此我们就能从充满偶然性和缺陷的表象中分辨出,哪些东西属于"理性的内核",而哪些东西确实只是一种偶然和错误。这就要求人们意识到,"这里就是罗陀斯"。也就是说,任何时代都是真理和可怕的错误交织的时代,而唯有"这里"是"我们的"时代。在这个时代中,市民社会和国家的二元关系是一种事实。我们应当赞赏和保护市民社会中的个人自由和理性精神;也应当看到市民社会并非仅仅是特殊利益角逐的战场,也就是说,它不只是一个"商业社会",也是内部就有伦理性的因素。同时,我们也不应当将这组二元关系中的另一极,也即国家,贬低为

---

① 黑格尔:《法哲学原理》,邓安庆译,人民出版社,2016,第481页。

专制的象征或虚夸为彼岸的安慰,而应看到它和市民社会间深刻的同构。市民社会具有自下而上地希求国家中的伦理实体的倾向;国家也具有自上而下地呼应市民社会中的特殊性的倾向。这种同构性来自于"理性"本身的同一。因此,论及该如何解决它们眼下所呈现出的根本性分裂该如何解决,黑格尔认为,其实我们只需要一点耐心,我们只需在罗陀斯中跳舞,就是在为历史提供一种更高的原则作准备。

不过,笔者认为在对黑格尔的历史观进行了正面的讨论之后,必须在最后提及一下,这种历史观必须"不是"什么,如此才能抵抗一种麻木的乐观主义目的论带来的危险。黑格尔的历史哲学常被误解为一种"目的论",也就是说,被误解为,无论人们是否作出正确的努力,"理性的狡计"都会把历史带向一个最终的"目的"。这个"目的"带有神秘主义的色彩,并非凡人所能认识。因此,在"实现目的"的过程中,人们的努力反倒是不重要的,他们所遭遇到的战争、痛苦也是不重要的。"大人物们"尽可以打着"理性""目的"的旗号为所欲为,而他们所带来的灾难倒会被"理性的狡计"这一"神秘的历史力量"带向那个"即定的目标"。但这样理解和批评黑格尔是悖离他的本意的。"理性的狡计"只不过是当人们暂时采取一种"灰色的理论"的态度,对历史和现实作出的哲学式的认识;但在理论的态度中所假设的某种排除了一切经验因素(如性别、民族、时代等)的认识的主体,只不过是当人们想要进行哲学思考时所作的假设,而非对理论本身的要求;事实上,黑格尔不断地在各种著作中批评抽象的理智。"黑格尔主义中的乌托邦内容必须被抛弃。那种认为理性可以直接侵入到社会中的个人的生活世界中去,并和它达成和解的想法——也就是说,所有急迫、痛苦和所有矛盾最终都会被克服的想法,并非黑格尔本人的思想;在这一点上他绝对是个现实主义者。"①因此笔者认为,黑格尔在面临"现代"时所作的努力,就是先采取一种"意识视角",努力承认现代特殊性原则的伟大之处,以及它尚未成熟时所带来的全部难题;然后再采取一种"科学视角",努力观察以这一原则为基础的现代社会究竟有怎样的结构,并试图说明,现代的问题无法诉诸于古代的原则去解决,但这并不意味着它无法解决。事实上,难题和矛盾中就孕育着解决的方法;而科学视角能够让我们看清楚社会中足以解决这些问题的内部结构和伦理原则。但最终笔者想说明的是,在黑格尔那里,"科学视角"只意味着认识历史中的理性,而并不意味着排除历史中的复杂性。因此,市民社会就像它所诞生的土壤也即"现代性"一样,都还是一个"未完成的计划"。

---

① Andreas Arndt,"Hegels Philosophie versagt vor dem Schönen", in *Gebrochene Schönheit: Hegels Ästhetik — Kontexte und Rezeptionen*, hrg. Andreas Arndt, Günter Kruck, Jure Zovko (Berlin: Akademie Verlag GmbH, 2014), p.207.

结　语

最后,笔者想对全书作一总结,并且提出一些进一步的问题——这些问题都是本书没有直接进行详细讨论的,但它们确实从已经讨论过的问题中派生出来,激起更多的迷惑与好奇,有待下一步的深入研究。因此这一"结论"与其说是理论上的结论和断言,不如说是开放的问题和怀疑。

首先,黑格尔在《精神现象学》和《法哲学原理》中对市民社会的论述和背后的态度,可说是一破一立。而"破"与"立"所针对的却是同一个对象:现代性。《精神现象学》中对"教化王国"的批判所致力的,是对现代性所带来的问题进行反思和批判。黑格尔认为,现代性带来的矛盾主要体现在两个方面:其一,是个体性原则裹挟着怀疑主义的巨大破坏力,瓦解了在历史上曾经行之有效的社会结构和权力结构的"权威"和"坚固"。换言之,人们不可能再相信和安于在一套外在的和世代不变的社会结构中生活,而是要求将一切事物都放在理性的法庭上对它们加以审视,迫使它们为自己进行合法性论证。但在这一时代变迁的关口,固有的社会和权力结构并未做好准备应对"理性"的质问并为自己辩护。因此,它们被新生的个体性原则视为"非理性的"和"不合理的"东西,必须烟消云散。其二,经济的力量以惊人的速度扩大，生产方式的变革迫使社会关系、政治哲学中的基本原则也随之改变。也就是说，政治哲学的基本隐喻改变了，因为生活世界中的最为重要的事情改变了：在古代的中国，"平天下"以"修身"为起点；在古代的西方，"统治者""战士"和"平民"所组成的社会结构，以"头脑""心脏"和"腹部"的心灵结构为起点；但在现代世界，我们已无法将人的肉体、私人修养和人际关系作为映射社会结构的模型。在今天，更为合适的模型也许是"公司"——一个来自经济学领域的概念。黑格尔已经从当时英国社会的状况中，隐约预见到了这一趋势。

在某种意义上，黑格尔所面临和体会到的，是一种"三千年未有之大变局"。看到这一背景后，也许我们更能理解黑格尔对法国大革命（代表了个体性原则从觉醒走向极端化的整个过程）既激烈赞赏又激烈反对的矛盾态度、对罗马帝国时期的"分裂"和"苦恼"的同情之感，以及以赛亚·柏林所说的黑格尔对英国社会状况的批判中的"酸葡萄"心理。黑格尔在《精神现象学》中对"教化王国"的讨论篇幅虽然不长，却完整地反映了他青年时期智性上的主要焦虑：我们究竟应该如何看待个体的理性对外部社会秩序的质问？如何看待"利益"对"道德"的取代和"个人自由"对"伦理实体"的入侵？黑格尔的态度确实是矛盾的，因为他一方面坚持现代性在唤醒个人的理性和自由、在改变社会的生产方式和组织方式上的决定性成果。这种成果，既是对过去的时代所无力解决的内部矛盾的扬弃，也是某种历史的"必然"；另一方面他又坦率地承认，现代性本身也有自己的内部矛盾，这种内部矛盾同样是无法在自身中解决的。

其次，黑格尔在《法哲学原理》中对市民社会的论述，从根本上采取了与《精神现象学》不同的态度。他不再对市民社会进行"批判"或

"赞扬"，而是进行"分析"。换言之，"下判断"的方法让位于"理解"的方法。其根本原因在于，黑格尔对现代性的基本态度是承认和接受——这是他不同于任何同时代的或后世的浪漫派人物的关键之处。黑格尔并不认为，我们可以拒绝或回避时代精神的变革，而是必须接受它。而正面的和接受的态度，事实上立刻就带来了理解上的变化：黑格尔与同时代人的不同之处在于，他在《法哲学》中并没有将市民社会简化为经济社会，而是指出了市民社会中的另一个经常被忽视的因素——伦理原则。从《法哲学原理》的目录中就可以看出，市民社会被归入"伦理世界"。也就是说，黑格尔从根本上将市民社会这一现代性的产物纳入了伦理世界的秩序，而不是将它视为外在的"他者"甚或"敌人"。这一基本的态度是非常关键的。

在此基础上，黑格尔就对现代市民社会的内部矛盾给出了他自己的解决方案。他认为，社会本身就是"伦理的"——我们可以非常简洁地将"伦理"解释为，以秩序的和法律的方式保证自由。因此，在社会内部就会自发地形成一系列的组织和机构，关照社会的运转，也就是说，现代性所带来的由自由的个人进行物质生产和享受的生活方式，可以在它自身所新建的平台上行之有效地展开。这样一个社会是相对独立自足的：它根据产业进行分工和生产、由警察等组织进行保护和监督、以同业工会为单位对成员进行职业上的再生产和提供身份认同。而社会中所难以解决的内部矛盾，则留待更高的阶段"国家"来解决。

但黑格尔也遗留下了以下五个有待解决的问题。第一，黑格尔对问题的敏锐感受和阐述，是天才性的，并且他所指出的问题，至今依然困扰着当下的世界。然而，当我们讨论他如何解决这些问题时，模糊和分歧就立刻出现了。这种"解决"究竟是怎样的？黑格尔自己给出了一个清晰的方案,但同时,关于这种方案在"理性"上的根据,却给出了相当模糊的解释——甚至说不上是"解释",而只是一种"说法"甚至信念。他的方案很清楚:国家中的具体机构,无论从形式上还是从内容上,都是与市民社会中的机构——对应的,并且政治权力的介入就足以使国家中的机构具有更大的普遍性和能力,因而能比市民社会中相应的机构做得更好。所以黑格尔认为,国家在很大程度上能够解决市民社会中的主要问题:贫困问题、碎片化的逐利行为带来的生产不均衡问题,以及成员的身份认同问题。然而,究竟为什么国家是比市民社会"更高级"的呢?黑格尔是以怎样的等级序列为前提讨论何者有资格扬弃何者呢?对此,除了诉诸于黑格尔的整个哲学体系之外,再无其他"根据"了。黑格尔所说的"精神""历史"或"绝对"究竟是什么意思,关于它的形而上学体系究竟有没有意义,是一个非常复杂、有争议的问题。

第二个问题是,国家究竟能否如黑格尔所说的那样,解决市民社会中属于经济领域的问题,如贫困和生产的不均衡?黑格尔自己承认,贫困是植根于生产方式内部的,对利益的追逐必然会使得贫富差距无限制地扩大,因此"济贫"是一种治标不治本的方式。但他依然认为,贫困的根本原因在于,市民社会是一个特殊利益的领域,而国家则是普遍的实体,因此,国家天然地就会为普遍的利益考虑,它的公正无私的性质也使得它至少能够缓解贫富差距和由此带来的社会问题。但这一设想的现实效果是相当可疑的。国家在改善市民社会中的生产不均衡现象方面的作用,同样受到了大量的质疑。一种经典的质疑来自经济上的自由主义传统。他们的观点和立场各不相同,但普遍都认为,国家的干预只会影响市场本身的正常运转,并且福利政策也往往在实际中造成经济不景气,这一后果首先会影响穷人的生活。同时，他们也担心国家的权力损害个人的自由，因此他们主张一种"最小政府"，尽可能地弱化国家的角色。另一方面的更为彻底的质疑则来自马克思。他认为，现代资本主义生产方式是一种压倒性的力量，从根本上说，黑格尔所设想的国家所代表的普遍性和实体性的力量能够控制市民社会中的市场的力量的解决方案，是根本不可能实现的。情况倒是反过来，社会中的资本的力量会侵入国家、侵入任何实体性的因素中，使它们被资本挟持和利用。在当今世界中，国内资本和大型跨国企业对主权的挑战和挟持，都能印证马克思的说法的前瞻性。如果我们认为这种观点对现实中的情况是具有解释力的，那么我们就只能承认：关于市民社会内部的经济方面的难题，黑格尔所提出的问题是极有意义的，但他的解决方案可以说是失败的。

第三个问题在于：黑格尔认为国家作为"普遍性"的一方，应当将自身的价值渗透到作为"特殊性"的一方的市民社会中。这种观点真的是一种毫无疑问的共识吗？黑格尔认为，现代性破坏了传统的政治结构和社会结构，因此社会需要从自身的伦理因素中发展出新的、能够适应自身的新的结构，并且这些结构需要在国家中得到呼应和进一步的完善。对于这一问题，有些思想家从积极的方面主张进一步地强调社会的伦理性和自发性，认为社会的结构越是丰富，其中的自治团体和各种组织越是完善，它就越能自我纠错，这一方面的观点尤以社群主义为代表。也有思想家（如葛兰西）认为，社会的独立性不仅仅是一种关于经济生活的和"中立"的东西，它还意味着某种特殊的价值和文化。这就意味着，在国家和市民社会之间，并不如黑格尔所设想的那样，国家能够扬弃市民社会并为它提供更高的价值和意义，而是存在一种竞争的关系。现代国家必须通过对市民社会的文化渗透来取得自己的合法性；如果国家只是取得了政治权力而没有完全驾驭市民社会，那么它的合法性就是成问题的和无法持久的。因此，国家和市民社会之间差异和冲突，就不仅仅是经济的，而且还是文化和意识形态的争夺。或者说，"市民社会"已成为另一种形式的文化和权力，而从根本上挑战着黑格尔认为能够解决冲突的"普遍性"。

第四个问题则在于：黑格尔希望社会中的伦理因素和与之相关的同业公会、自治团体等组织能够为社会中孤立的个人提供真正的政治参与和身份认同——也就是说，他希望保留某种"关心公共事务"和"团结"的可能性。但我们也有足够的理由认为，这种方案在现实中有可能是无效的。问题并不在于社会组织本身是无效的，而在于，社会组织越是完善，它所带来的后果就越是一种人群的区隔和失去共同价值，而无法带来团结。关于这一点，马克斯·韦伯作出了非常精彩的论述。他认为，在现代的背景下，职业身份是对个人来说最为重要的身份认同来源，但基于职业的身份认同，是并不考虑某种具体的职业本身的合理性的，更加不考虑职业分工这一基本的前提的合理性。因此，韦伯虽然认为，以职业分工为依托的社会秩序，是比传统中以天生的社会阶层为依托的秩序更为进步的；但他同样指出，无论是政治秩序中的科层制官僚系统，还是社会秩序中的劳动分工的合理化形式，都并非理所当然就"合乎理性"。它在带来稳定的认同感的同时，其代价是失去对社会整体的感受和对价值与意义的感受——换言之，失去黑格尔所希望的"普遍性"。

最后一个问题是，黑格尔对市民社会的讨论和对它的扬弃，事实上是在一种历史哲学的关照下进行的，因此他的历史哲学本身就是一个必须纳入考虑的问题。在他的观点中，"国家"是一种民族精神和时代精神的体现,因此是具有高度普遍性的东西。并且他认为我们应当从各个国家的兴衰变迁和交替登场的时间进程中,看出"精神"本身的发展。他认为世界历史是一个自由不断扩大和具体化的过程:从古代东方的"只有一个人自由",到希腊的"一部分人的自由",再到现代的"所有人的自由"。而现代的"所有人的自由"恰恰就体现在市民社会的崛起中,因为市民社会是个体性原则展现它的理性、追逐它的利益的场所。正是在这一意义上,黑格尔将"日耳曼"视为"历史的终结"。这种说法其实暗示着一种可能性,即无论是历时地或是共时地看,不同的国家都可类比为市民社会中的不同的个体,"国家"这一概念虽然是普遍的,但具体的国家却是特殊的东西,它们在历史中的力量消长和对比,也就可以类比为市民社会中孤立的原子式的个人间的竞争,因此,我们就会提出关于历史中的正当性的问题:在不同的国家之间、不同的时代精神之间,事实上有进步与落后、"更好"与"更坏"的区别。如果我们同意黑格尔的标准,即以"自由的程度"为标准对它们进行评判,那么我们究竟会对现代性背景下的市民社会作出怎样的判断?我们是否能将"现代"——或历史中的任何一个"地上的精神"和"时代的精神"——视为可能的最大程度的自由?就如"现代性是一个未完成的事业"一样,如何在历史中衡量某一具体的市民社会或国家的位置和价值,这也是一个悬而未决的问题。

参 考 文 献

[1] HEGEL. G. W. F. Frühe politische Systeme[M]. Frankfurt a. M. : Verlag Ullstein GmbH, 1974.
[2] HEGEL. G. W. F. Phänomenologie des Geist, herausgegeben von Johannes Hoffmeister, Der Philosophischen Bibliothek Band 114[M]. Hamburg: Verlag von Felix Meiner, 1952.
[3] HEGEL. G. W. F. Grundlinien der Philosophie des Rechts, herausgegeben von Johannes Hoffmeister, Der Philosophischen Bibliothek Band 124a[M]. Hamburg: Verlag von Felix Meiner, 1955.
[4] HEGEL. G. W. F. Einleitung in die Geschichte der Philosophie, herausgegeben von Johannes Hoffmeister, Der Philosophischen Biblitek Band 166[M]. Hamburg: Verlag von Felix Meiner, 1966.
[5] HEGEL. G. W. F. Vorlesungen über die philosophie der Weltgeschichte,
    erste Hälfte, Band I: die Vernunft in der Geschichte, herausgegeben von Johannes Hoffmeister, Der Philosophischen

Biblitek Band 171a[M]. Hamburg: Verlag von Felix Meiner, 1955.

zweite Hälfte, Band II: die orientalische Welt; Band III: die griechesche und römische Welt, Band IV: die gemanische Welt, herausgegeben von Johannes Hoffmeister, Der Philosophischen Biblitek Band 171b-d[M]. Hamburg: Verlag von Felix Meiner, 1976.

[6] HEGEL. G. W. F. Einleitung in die Geschichte der Philosophie, herausgegeben von Johannes Hoffmeister, Der Philosophischen Biblitek Band 166[M]. Hamburg: Verlag von Felix Meiner, 1966.

[7] HEGEL. G. W. F. Enzyklopädie der philosophischen Wissenchaften (1830), neu herausgegeben von Friedhelm Nicolin und Otto Poggeler, Der Philosophischen Biblitek Band 171b-d[M]. Hamburg: Verlag von Felix Meiner, 1959.

[8] HEGEL. G. W. F. Phenomenology of Spiri[M]. Translated by Miller. Oxford: Oxford University Press, 1977.

[9] HEGEL. G. W. F. Elements of the Philosophy of Right[M]. Edited by Allen W. Wood, Translated by H. B. Nisbet. Cambridge: Cambridge University Press, 1991.

[10] HEGEL. G. W. F. Political Writings[M]. Edited by Laurence Dickey and H. B. Nisbet, translated by H. B. Nisbet. Cambridge: Cambridge University Press, 1999.

[11] AVINERI S. Hegel's Theory of the Modern State [M]. Cambridge: Cambridge University Press, 1972.

[12] BEISER C. The Cambridge Companion to Hegel [M].

Cambridge: Cambridge University Press, 1993.

[13] BULTER J. Antigogne's Claim: Kinship Between Life and Death[M]. New York : Columbia University Press, 2000.

[14] BUSCH H. Hegels Begriff der Arbeit[M]. Berlin: Akademie Verlag, 2002.

[15] ETTER B. Between Transcendence and Historicism: The Ethical Nature of the Arts in Hegelian Aesthetics[M]. Albany: State University of New York, 2006.

[16] FORSTER M. Hegel and Skepticism [M]. Cambridge/Massachusetts/London: Harvard University Press, England, 1989.

[17] GIESE G. Hegels Staatsidee und der Begriff der Staatserziehung [M]. Halle/Saale: Max Niemeyer Verlag, 1926.

[18] HARRIS H. Hegel's Development: toward the Sunlight 1770—1801[M]. New York: Oxford University Press, 1972.

[19] HENKEL M. Staat, Politik und Recht beim frühen Hegel[M]. Berlin: Berlin Verlag Arno Spitz GmbH, 2002.

[20] JAMES D. Art, Myth, and Society in Hegel's Aesthetics[M]. London: Continuum International Publishing Group, 2009.

[21] KOJEVE A. To the Reading of Hegel[M]. Edited by Allan Bloom, translated by James H. Nichols. Jr. New York: Cronell University Press, 1969.

[22] LEWIS T. Religion, Modernity and Politics in Hegel[M]. New York: Oxford University Press, 2011.

[23] LÖWITH K. Karl Löwith Sämtliche Schriften 5: Hegel und die

Aufhebung der Philosophie-Max Weber[M]. Stuttgart: J. B. Metzlersche Verlagsbuchhandlung und Carl Ernst Poeschel Verlag, 1988.

[24] LUKACS G. The Yong Hegel—Studies in the Relations between Dialectics and Economics[M]. Tanslated by Rodney Livingstone. London: Merlin Press, 1975.

[25] NICOLAUS H. Hegels Theorie der Entfremdung [M]. Heidelberg: Manutius, 1995.

[26] PATTEN A. Hegel's Idea of Freedom[M]. Oxford: Oxford University Press, 1999.

[27] PIONTKOWSKI A. A. Hegel's Lehre über Staat und Recht und seine Strafrechtstheorie [M]. Berlin: Veb Deutscher Zentralverlag, 1960.

[28] RITTER J. Hegel und die Französische Revolution [M]. Frankfurt a. M.: Suhrkamp Verlag, 1965.

[29] ROSENKRANZ K. Georg Wilhelm Friedrich Hegel's Leben [M]. Berlin: Verlag von Dundet und Gumblot, 1844.

[30] SCHNÄDELBACH H. Hegel's praktische Philosophie: Ein Kommentar der Texte in der Reihenfolge ihrer Entstehung[M]. Frankfurt a. M.: Suhrkamp, 2000.

[31] SINGER. Hegel[M]. Oxford: Oxford University Press, 1983.

[32] STERN R. Hegel and the Phenomenology of Spirit [M]. London: Routledge, 2002.

[33] WEISSER-LOHMANN E. Rechtsphilosophie als praktische Philosophie: Hegels Grundlinien der Philosophie des Rechts und

die Grundlegung der praktischen Philosophie [M]. München: Wilhelm Fink Verlag, 2011.

[34] WOOD A. W. Hegel's Ethical Thought [M]. Cambridge: Cambridge University Press, 1990.

[35] WYSS B. Hegel's Art History and the Critique of Modernity [M]. translated by Caroline Dobson Saltzwedel. Cambridge: Cambridge University Press, 1999.

[36] ARNDT A. Hegels Philosophie versagt vor dem Schönen[C]// ARNDT A, KRUCK G, ZOVOK J (Hg.). Gebrochene Schönheit: Hegels Ästhetik — Kontexte und Rezeptionen. Berlin: Akademie Verlag GmbH, 2014.

[37] CLAESGES U. Das Doppelgesicht des Skeptizismus in Hegels Phänomenologie des Geistes[C]//Skeptizismus und spekulatives Denken in der Philosophie Hegels, herausgegeben von Hans Friedrich Fulda und Rolf-Peter Horstmann. Stuttgart: Klett-Cotta, 1996.

[38] HARDIMON M. O. Skepticism, Speculation, and Guidance: Hegel on the Pyrrhonian Guide to Action [C]//Skeptizismus und spekulatives Denken in der Philosophie Hegels, herausgegeben von Hans Friedrich Fulda und Rolf-Peter Horstmann. Stuttgart: Klett-Cotta, 1996.

[39] HOFMANN C. Sittlichkeit und Bildung in der globalen Moderne [C]//Hegel-Jahrbuch 2014: Hegel gegen Hegel, Herausgegeben von Andreas Arndt, Myriam Gerhard, Jure Zovko. Berlin/München/Boston: De Gruyter, 2014.

[40] IVANENKO A. Wissenschaft vor Wissenschaft: Das Problem des Erreichens des Standpunktes der Wissenschaft in Hegels Phänomenologie des Geistes und in Fichtes Spätwerk[C]//Hegel-Jahrbuch 2014: Hegel gegen Hegel, Herausgegeben von Andreas Arndt, Myriam Gerhard, Jure Zovko. Berlin/München/Boston: De Gruyter, 2014.

[41] SANDKAULEN B. Bildung bei Hegel — Entfremdung oder Versöhung[C]//Hegel-Jahrbuch 2014: Hegel gegen Hegel, Herausgegeben von Andreas Arndt, Myriam Gerhard, Jure Zovko. Berlin/München/Boston: De Gruyter, 2014.

[42] SENIGAGLIA C. Strukturen der Moderne und Inhalt der Globalisierung in Hegels Denken[C]//Hegel — Jahrbuch 2013: Hegel und die Moderne 2, Herausgegeben von Andreas Arndt, Myriam Gerhard, Jure Zovko. Berlin: De Gruyter, 2013.

[43] 黑格尔.精神现象学.上卷[M].贺麟,王玖兴,译.北京:商务印书馆,1979.

[44] 黑格尔.精神现象学.下卷[M].贺麟,王玖兴,译.北京:商务印书馆,1981.

[45] 黑格尔.法哲学原理[M].邓安庆,译.北京:人民出版社,2017.

[46] 黑格尔.美学(1—4)[M].朱光潜,译.北京:商务印书馆,1979.

[47] 黑格尔.哲学史讲演录(1—4)[M].贺麟,王太庆,译.北京:商务印书馆,1983.

[48] 黑格尔.历史哲学[M].王造时,译.上海:上海书店出版社,2001.

[49] 黑格尔.小逻辑[M].贺麟,译.北京:商务印书馆,1996.

[50] 黑格尔.逻辑学(上、下)[M].杨一之,译.北京:商务印书馆,1982.

[51] 黑格尔.黑格尔政治著作选[M].薛华,译.北京:中国法制出版社,2008.

[52] 黑格尔.黑格尔早期神学著作[M].贺麟,译.北京:商务印书馆,1988.

[53] 黑格尔.黑格尔通信百封[M].苗力田,译编.上海:上海人民出版社,1985.

[54] 安东尼·M·阿里奥托.西方科学史[M].鲁旭东,张敦敏,刘钢,等,译.北京:商务印书馆,2011.

[55] 汉娜·阿伦特,等.耶路撒冷的艾希曼:伦理的现代困境[M].孙传钊,译.长春:吉林人民出版社,2003.

[56] 汉娜·阿伦特.康德政治哲学讲稿[M].罗纳德·贝纳尔,编.曹明,苏婉儿,译.上海:上海人民出版社,2013.

[57] 亚里士多德.诗学[M].陈中梅,译注.北京:商务印书馆,1996.

[58] 亚里士多德.尼各马克伦理学[M].廖申白,译注.北京:商务印书馆,2003.

[59] 以赛亚·柏林.浪漫主义的根源[M].亨利·哈代,编.吕梁,等,译.南京:译林出版社,2008.

[60] 以赛亚·柏林.浪漫主义时代的政治观念:它们的兴起及其对现代思想的影响[M].哈代,编.王崟兴,张蓉,译.北京:新星出版社,2011.

[61] 皮埃尔·布尔迪厄.区分[M].刘晖,译.北京:商务印书馆,2015.

[62] 亚历山大·布罗迪.剑桥指南:苏格兰启蒙运动[M].贾宁,译.杭州:浙江大学出版社,2010.

[63] 贝奈戴托·克罗齐.维柯的哲学[M].R. G. 柯林伍德,译.陶秀璇,王立志,译.北京:大象出版社,2009.

[64] 登特列夫.自然法:法律哲学导论[M].李日章,梁捷,王利,译.北京:新星出版社,2008.

[65] 笛卡尔.第一哲学沉思集[M].庞景仁,译.北京:商务印书馆,1986.

[66] 弗格森.文明社会史论[M].林本椿,王绍祥,译.沈阳:辽宁教育出版社,1999.

[67] 米尔顿·弗里德曼.资本主义与自由[M].张瑞玉,译.北京:商务印书馆,1988.

[68] 邦雅曼·贡斯当.古代人的自由和现代人的自由[M].阎克文,刘满贵,译.冯克利,校.上海:上海人民出版社,2005.

[69] 哈贝马斯.现代性的哲学话语[M].曹卫东,等,译.南京:译林出版社,2004.

[70] 哈贝马斯.作为意识形态的技术与科学[M].李黎,郭官义,译.上海:学林出版社,1999.

[71] 霍耐特.自由的权利[M].王旭,译.北京:社会科学文献出版社,2013.

[72] 斯蒂芬·霍尔盖特.黑格尔导论:自由、真理与历史[M].丁三东,译.北京:商务印书馆,2013.

[73] 康德.纯粹理性批判[M].邓晓芒,译.杨祖陶,校.北京:人民出版社,2004.

[74] 康德.法的形而上学原理[M].沈叔平,译.林荣远,校.北京:商务印书馆,1991.

[75] 康德.历史理性批判文集[M].何兆武,译.北京:商务印书馆,1991.

[76] 弗里德里希·李斯特.政治经济学的国民体系[M].陈万煦,译.

蔡受百,校.北京:商务印书馆,1983.

[77] 洛克.政府论下篇[M].叶启芳,瞿菊农,译.北京:商务印书馆,1996.

[78] 马尔萨斯.人口原理[M].朱泱,胡企林,朱和中,译.北京:商务印书馆,1996.

[79] 曼海姆.保守主义[M].李朝晖,牟建君,译.南京:译林出版社,2002.

[80] 赫伯特·马尔库塞.单向度的人[M].刘继,译.上海:上海译文出版社,2006.

[81] 马克思.1844年经济学哲学手稿[M].刘丕坤,译.北京:人民出版社,1979.

[82] 詹姆斯·尼古拉斯.伊壁鸠鲁的政治哲学[M].溥林,译.北京:华夏出版社,2004.

[83] 曼瑟尔·奥尔森.集体行动的逻辑[M].陈郁,郭宇峰,李崇新,译.上海:三联书店,1995.

[84] 特里·平卡德.黑格尔传[M].朱进东,朱天幸,译.北京:商务印书馆,2015.

[85] 柏拉图.柏拉图全集第四卷[M].王晓朝,译.北京:人民出版社,2003.

[86] 柏拉图.理想国[M].郭斌和,张竹明,译.北京:商务印书馆,1986.

[87] 莱昂·罗斑.希腊思想和科学精神的起源[M].陈修斋,译.桂林:广西师范大学出版社,2003.

[88] 卢梭.论科学与艺术[M].何兆武,译.北京:商务印书馆,1963.

[89] 卢梭.社会契约论[M].何兆武,译.北京:商务印书馆,2005.

[90] 卢梭.爱弥儿上卷[M].李平沤,译.北京:商务印书馆,1996.

[91] 卡尔·施密特.陆地与海洋[M].林国基,周敏,译.上海:华东师范大学出版社,2006.

[92] 詹姆斯·施密特.启蒙运动与现代性:18世纪与20世纪的对话[M].徐向东,卢华萍,译.上海:上海人民出版社,2005.

[93] 列奥·施特劳斯.自然权利与历史[M].彭刚,译.北京:生活·读书·新知三联书店,2003.

[94] 亚当·斯密.国民财富的性质和原因的研究[M].郭大力,王亚南,译.北京:商务印书馆,2008.

[95] 斯宾诺莎.伦理学[M].贺麟,译.北京:商务印书馆,1997.

[96] 查尔斯·泰勒.黑格尔[M].张国清,朱进东,译.南京:译林出版社,2002.

[97] 维柯.新科学[M].朱光潜,译.北京:人民文学出版社,1997.

[98] 沃林.政治与构想[M].辛亨复,译.上海:上海人民出版社,2009.

[99] 邓正来.国家与社会[M].北京:北京大学出版社,2008.

[100] 邓正来,亚历山大.国家与市民社会:一种社会理论的研究路径[M].北京:中国政法大学出版社,1992.

[101] 布莱克维尔政治学百科全书[M].邓正来,主编译.北京:中国政法大学出版社,1992.

[102] 黄凤祝.城市与社会[M].上海:同济大学出版社,2009.

[103] 黄仁宇.万历十五年[M].北京:中华书局,2006.

[104] 谢地坤.走向精神科学之路[M].南京:江苏人民出版社,2003.

[105] 薛华.黑格尔、哈贝马斯与自由意识[M].北京:中国法制出版社,2008.

[106] 张世英.自我实现的历程[M].济南:山东人民出版社,2001.

[107] 朱学平.古典与现代的冲突与融合[M].长沙:湖南教育出版社,2010.

[108] 邓安庆."康德伦理学体系的构成"[M]//林宏星,林晖,编.复旦哲学评论.第2辑[M].上海:上海辞书出版社,2005.

[109] 张康之,张乾友:对"市民社会"和"公民国家"的历史考察[J].中国社会科学,2008(03):16-28+204-205.

[110] 周俊,郁建兴.Civil Society 的近现代演变及其理论转型[J].哲学研究,2009(1):80-88.

[111] 陈家琪.浅析黑格尔与孔子的保守主义思想特征[J].云南大学学报(社会科学版),2011(03):58-66+98.

[112] 陈家琪.让我们分享阿伦特的爱[N].社会科学报,2016-06-30.

[113] 陈家琪."法的命令是:成为一个人,并尊重他人为人"——读《心灵秩序与生活秩序》[J].同济大学学报(社会科学版),2019(5):1-9.

后　记

　　本书是以我的博士论文为底稿,因此算是对我的整个求学时代的一种记录。在求学生涯中,我最先要感谢的,也许是黑格尔,以及我所引用的,还有我仅仅阅读过却没有引用过的所有作者。我对其中的某些了解多些,对另一些一知半解,对更多的则一无所知。但他们每一个都是我首先要感谢的。感谢这世上有一个存在于思想中、以思想为内容的世界。在不可企及的过去,它刻在龟壳、石碑、木头、竹片上,后来它长时间地居于白纸黑字,现在慢慢搬进电脑屏幕。有些被阅读、有些被无视、有些被忘记,但所有的都值得感谢。

　　我最切近地要感谢的,是我的博士导师陈家琪先生。多年前我刚成为陈老师的学生时,陈老师就对我说,读书好比挖井,无论在哪里往下挖,只要挖得够深,就会发现所有的事都是相通的。这一定是一句我永远不会忘记的话。我所知的陈老师是践行着这句话的,有时我听到他想得极深,有时我又见到他飘得极远;有时极热情,有时又极潇洒。感谢陈老师教导我、影响我,能在青年时代认识一位值得奉为榜样的老师,是我的幸运。

　　我还要衷心感谢所有帮助过我、教导过我、对我提出过建议的老师们:徐卫翔老师、刘日明老师、黄凤祝老师、孙周兴老师、张尧均老师、赵千帆老师、王鸿生老师、朱大可老师、韩潮老师、邓安庆老师、王凤才老师、居飞老师，等等。还有我在洪堡大学联合培养时的导师安德烈阿斯·阿恩特（Andreas Arndt）。尤其是徐卫翔老师，他始终愿意发现我的优点，鼓励我、帮助我。以及孙周兴老师，他犀利地指出我在书面表达方面的不足与盲点。我永远都会感激他坦率而切中要害的批评。

感谢我学生时代所有的同学和朋友，和其中的有些讨论黑格尔，和有些讨论黑白声，这些发展出了老友间黑话的朋友，都是最可贵的。

感谢我的父母和其他家人，其实我总能在某个注脚中看出，某一段文字，其实可以极远地、依极曲折的线索追溯到我家长辈中的某君。这种联系是无法论证的，因为这是来自最亲密的家人的爱和支持。

感谢我的爱人，我那位更愿意自己的名字谦逊地隐于莲心的爱人。

最后，我要感谢在此书出版过程中给予我巨大帮助的各位人士：我的母亲，她始终鼓励与催促我积极争取出版。同济大学出版社的各位老师，尤其是丁会欣老师，对文稿进行了严谨细致的编辑。本书为"江西省高校人文社会科学研究2019年度项目"成果，项目批准号为：ZX19202。本书的出版受到南昌大学人文学院的慷慨资助，在此一并致谢。

刘心舟

2019年7月，上海